シリーズ みんなで育てる家庭養護 里親・ファミリーホーム・養子縁組

家族支援・自立支援・地域支援と当事者参画

編集代表 **相澤 仁**

編集 **千賀則史・野口啓示**

明石書店

シリーズ

みんなで育てる家庭養護
里親・ファミリーホーム・養子縁組

シリーズ刊行にあたって

　里親家庭で暮らした経験のある人が、当時をふりかえり「手をかけること、手をつなぐこと、手を出さないこと、などなど。野の花のような里親さんの手は、私に長い人生を歩んでいくための生きる力を育んでくれたに違いありません」と語ってくれています。家庭養護のもとで暮らした経験のある多くの子どもたちは、里親家庭やファミリーホームなどにおける養育支援を通して、同じように生きる力を育み人生を歩んでいます。

　未来を担うかけがえのない子ども一人ひとりが心身ともに健やかに成長発達し、健幸な人生を送ってもらうことを願い、家庭の中に受け入れ、養育支援する里親・ファミリーホームなど、家庭養護は極めて重要なシステムです。

　周知のとおり、2016（平成28）年の児童福祉法の改正により、子どもが権利の主体であることが明記されました。また、国および地方公共団体の責務として、家庭において養育されるよう保護者を支援するとともに、それが困難や適当でない場合には家庭と同様の環境（里親、ファミリーホーム、養子縁組）における子どもの養育を推進することになり、家庭養護優先の原則が法律上に規定されました。

　この改正法の理念を具体化するため、厚生労働省に設置された検討会で「新しい社会的養育ビジョン」がとりまとめられ、里親への包括的支援体制（フォスタリング機関）の抜本的強化と里親制度改革、永続的解決（パーマネンシー保障）としての特別養子縁組の推進、家庭養育優先の原則の徹底と年限を明確にした取組目標など、その実現に向けた改革の工程と具体的な数値目標が示されました。

　これらを受けて、都道府県においても「社会的養育推進計画」を策定し、家庭養護の推進に取り組んでいます。こうした抜本的な改革が行われたにもかかわらず、それを実践していくための里親、ファミリーホームおよびそれを支援する関係機関・関係者などに対する総合的なテキストは出版されていないのが現状です。

　このシリーズでは、こうした制度改正などの動向を踏まえ、里親、養親および支援する関係機関・関係者を対象の中心に据えた、実践に役立つ、子どもとともに学び、ともに生活し育ちあう、といった臨床的視点を入れた養成・研修のテキストとして作成しました。これまでの子どものケアワーク中心の個人的養育から、今後目指すべき方向性としての親子の関係調整などを含めた関係機関との連携によるソーシャルワーク中心の社会的養育を基本に据えた、子どもの権利擁護や子どものニーズに合った実践のための基本的な考え

方・あり方について言及し、里親、養親および関係機関・関係者による養育や支援の一助となることを目的として作成しました。

　具体的に言えば、里親家庭やファミリーホームなどで生活する子どもやその家族とかかわる方々に、子どもを健全に育成するには、自立を支援するには、あるいはその家族を支援するにはどのようにかかわればいいのか、そのために地域や関係機関とどのように連携・協働すればいいのか、その一助となるために作成しました。

　実践において迷ったり、考え直したいときなどは、ぜひともこのシリーズを開いてみてください。子どもや家族とのかかわりにおける悩みや迷いを解決するためのヒントが得られることでしょう。どうぞ、このシリーズを、みなさんが家庭養護を必要としている子どもの健全育成や自立支援およびその家庭支援について、深く検討していくための資料として活用してください。

　当然のことながら、子どもの健全育成や自立支援およびその家庭支援をするために必要な内容がすべて網羅されているわけではありませんので、当事者である子どもはもとより、里親、ファミリーホームおよび関係者のみなさんのニーズにお応えできない面もあります。

　あくまでも参考書のひとつですので、みなさんが里親家庭やファミリーホームで生活している子どもやその家族とよりよいかかわりをするためにはどのように対応したらいいのか、それについて検討するためのしくみや基本的な考え方・ポイント、実践上のヒント、エピソードなどについて提供しているものです。その点について十分に認識のうえ、ご理解、ご活用ください。

　このシリーズが、研修テキストなどとして活用され、里親家庭やファミリーホームなどで暮らす子どもの健全育成や自立支援について考えるための契機となれば幸いです。

　最後になりましたが、本シリーズの刊行にあっては、編集・執筆全般にわたってご指導をいただいた編集委員の方々をはじめ執筆者の方々はもちろんのこと、本シリーズの刊行をご快諾いただき、刊行全般にわたりご教示いただいた明石書店の方々、深澤孝之氏、辛島悠氏、ならびにご協力いただいた方々に、この場を借りて心より深謝申し上げます。

編集代表　相　澤　　仁

はじめに

　日本では、子ども虐待の増加などに伴い、社会的養護の質・量の拡充が喫緊の課題となっています。そうした中で、里親・ファミリーホームなどは、社会的養護の担い手として、児童相談所、里親支援機関、市町村などの関係機関と協働して子どもを養育すること、また、併せて子どもの家族への支援を行うことが求められています。

　「社会全体で子どもを育む」を理念とする社会的養護は、相互に支え合う関係を前提としており、里親・ファミリーホームなどは、支援の客体であるだけではなく主体でもあります。被虐待歴や発達障害などがあり、愛着形成が難しいケースの里親委託などが増加している状況を考えれば、今後、里親支援の充実は必要不可欠です。しかし、その一方で、里親・ファミリーホームなどの当事者が支援の主体となる可能性、さらには子どもなどの当事者参画のあり方についても同時に考えていく必要があります。

　支援者－被支援者という関係性を超えて、人と人とが苦悩を共有し、共に支え合うことができる社会でこそ、「子どもの最善の利益」という児童福祉の目的を果たすことができると思います。実際に、里親や支援者が子どもなどの当事者とかかわる中で、人生における大切なものや生きる意味について気づかされることは決してめずらしいことではありません。また、里親としての活動や里親支援を通して、地域社会や家族との絆を深めることもあります。支援者と被支援者が共に救われる現実に出会うとき、共に苦悩や葛藤に向き合うことで支え合う関係に目覚めることができると思います。そのため、本書では、里親・ファミリーホームなどによる家族支援・自立支援・地域支援と当事者参画について、当事者の視点やエピソードなどを加えながら紹介します。

　具体的には、第1章では、まずは家族の定義を確認するところから始め、里親家族、養子縁組家族に加えて、社会的養護を必要としている家族の特徴について説明します。第2章では、家族支援の必要性と意義、社会的養護における家族支援の現状と課題について概観します。第3章では、家族支援の具体的な方法として、安全パートナリングやペアレント・トレーニングを紹介し、第4章では、児童相談所における家族支援の実践として、里親から実親への家族再統合に向けた支援、児童自立支援施設から里親への措置変更ケースに対する支援を取り上げます。第5章では、養子縁組制度について説明し、養親として養育すること、子どもの成長や自立に向けた支援について紹介します。第6章では、特別養子縁組で、子どもを託すことになった妊産婦への相談・支援の実際についてお伝えします。

また、第7章では、里親家庭における自立支援の現状と課題について、第8章では、ライフチャンスと当事者参画の視点から社会的養護を必要とする子ども・若者の自立を実現するために必要なことについて考察します。そして、第9章では、里親・ファミリーホームの協働による地域支援・子育て支援についてまとめます。

　本書においては、「家族とは何か」という本質的な問いから出発し、家族再統合支援、養子縁組家庭への支援、実親となる妊産婦への支援、里親家庭における自立支援、当事者参画を促進する支援、さらには里親・ファミリーホームによる地域支援・子育て支援について幅広く紹介していきます。いずれの執筆者も社会的養護にかかわる実務家もしくは当事者であり、自らの体験に基づいて、「現場の生の声」を届けます。

　本書は、児童相談所、里親支援機関などの支援者、里親、ファミリーホーム、将来里親や養親になろうと考えている人、里親制度に関心がある人など、社会的養護にかかわるあらゆる人に読んでいただきたいと思います。本書が里親、ファミリーホーム、関係機関、社会的養護を必要とする子どもにとって役立ち、ひいては地域共生社会の共創への一助となれば幸いです。

　　2021年3月

　　　　　　　　　　　　　　　　　　　　　　　　　千　賀　則　史

目　　次

第1章　家族論

第2章　家族支援（家庭環境調整）

第3章　家族支援の方法

第 **1** 章

家族論

Key Word

家族／家族機能／里親家族／養子縁組家族／社会的養護を必要とする家族

1. 家庭的養護から家庭養護へ

　従来は、できる限り家庭的な養育環境の中で、特定の大人との継続的で安定した関係の中で養育を行う里親を「家庭的養護」と言ってきた。2011（平成23）年7月に公表された「社会的養護の課題と将来像」において、社会的養護においては、原則として、里親やファミリーホームの家庭的養護を優先するとともに、児童養護施設、乳児院等の施設養護も、できる限り小規模グループケア、グループホームなどの家庭的な養育環境の形態に変えていく必要があることが提言された。また社会的養護の現状では施設等の運営の質の差が大きいことから、施設運営等の質の向上を図るため、各施設種別の運営理念等や里親及びファミリーホームの養育理念を示す「指針」を作成することが提言された。それを受けて、2012（平成24）年3月に里親及びファミリーホーム養育指針などが作成された。その際に「家庭養護」と「家庭的養護」の用語の整理が行われたのである。

　里親及びファミリーホームについては、要保護児童の委託を受けて養育者の家庭の中で養育が行われることに注目して「家庭養護」を用い、施設において地域小規模児童養護施設や小規模グループケアなど家庭的な養育環境を目指す小規模化の取組には、「家庭的養護」を用いることとした。なお、両者を合わせて言う際には、「家庭的養護の推進」を用いることとした（図1-1）。

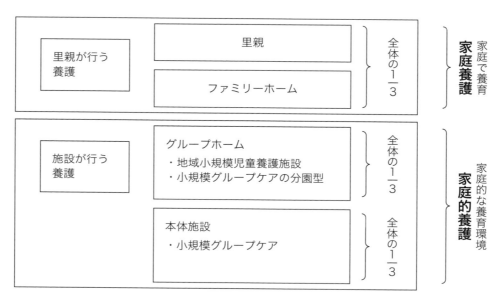

図1-1　社会的養護における家庭養護と家庭的養護に関する概念整理
出所：厚生労働省「第13回社会保障審議会児童部会社会的養護専門委員会資料」2012年の資料より。

里親家庭を「家庭的養護」ではなく「家庭養護」と再定義したのである。この動きは、里親の行う「家庭的養護」、施設が行う「施設養護」という表現を避け、施設も「家庭的養護」を目指すという方針を明確化したものであり、里親家庭を「家庭養護」と再定義することによって、里親家庭が一般の家庭と同じ機能を持つものであることをより明確化したとも言える。子どもが里親家庭に委託されるということは、その里親家庭の家族の一員として同様に生活していくことになるということである。

> **Episode**
>
> 　子どもが養育者をどのように呼ぶのかについてのさまざまな議論が児童養護施設等ではあった。「先生」と呼ばせたり、「兄さん・姉さん」と呼ばせたり、あだ名で呼ばせたりする施設もある。しかし、里親家庭では、「お父さん・お母さん」と呼ばせているところが少なくない。これも、里親家庭の特徴だと言える。

　その後、2016（平成28）年の児童福祉法改正において家庭養育優先の原則（児童福祉法第3条の2）が規定され、なお一層「家庭養護」は推進されることになったのである。それを具体化するためにまとめられた「社会的養育ビジョン」では、家庭における養育環境と同様の養育環境である「『別の家庭における養育』とは、特別養子縁組、普通養子縁組、及び里親養育（養育里親、親族里親、専門里親）による養育を指す。なお、家庭養育にはファミリーホームが含まれるが、その養育者が里親登録を受けている場合に限り家庭養育の一形態とみなすべきである。」と述べ、「『できる限り良好な家庭的環境』とは、小規模施設における小集団を生活単位とした養育環境を意味しており、具体的には、地域小規模児童養護施設や分園型グループケアを指す。」と述べている。

2. 家族とは

　もちろん、里親委託は児童福祉法を根拠とした制度であり、里親委託される子どもは被措置児童となる。しかしながら多くの里親は、委託される子どもをわが子と同様に受けとめ、そして育てようとする。つまりは、里子を家族の一員としてみなし、共同生活を行おうとするのである。そして、里子は里親家族の一員となる。また、里子も里親家庭を家族だと感じることができたとき、里子の生活は心身ともに安定する場合が多いのである。も

ちろん、一般の家庭でも、さまざまなことが家族内で起こるし、あたりまえのことである。里親と里子の関係がすべて家族的になるのかというと、難しい課題が生じる場合もある。

では、そもそも家族とは何なのだろうか。ここでは、家族社会学の家族の定義を紹介することによって、家族というものを考える中で、里親・養子縁組家庭の特徴を整理したい。

❶ 家族の定義

家族社会学者の森岡清美は1980年代に「家族は親族からなる集団である」と述べ、親族とは、血縁と姻縁のいずれかによって結ばれていると、認知しあっている人々をいうと説明したうえで、家族を「夫婦・親子・きょうだいなど少数の近親者を主要な構成とし、成員相互の深い感情的かかわりあいで結ばれた、幸福（well-being）追求の集団である」と定義した。また、広辞苑によると、家族とは「夫婦の配偶関係や親子・兄弟などの血縁関係によって結ばれた親族関係を基礎にして成立する小集団」と定義されている。森岡の定義と同様に婚姻や血縁関係を前提に家族が定義されている。

これらの定義をみると、家族にとって血縁が重要視されているのが分かる。これらの定義を参考にしつつ、里親家庭そして養子縁組家庭をみるとき、これらの定義が当てはまらないことに気づく。しかし、里親家庭そして養子縁組家庭が家族ではないとは誰も言わないであろう。それはなぜなのか。それは、森岡の定義にみられる「成員相互の深い感情的かかわりあいで結ばれた、幸福（well-being）追求の集団である」という家族の持つ機能において、共通性があるからである。里親家庭そして養子縁組家庭がこれらの家族機能を担っているので、我々は里親家庭そして養子縁組家庭を家族だとみなすのであろう。

❷ 家族機能

では、家族はどのような機能を果たしているのであろうか。家族の機能とは「家族が社会の存続と発展のために果たさなければならない様々な活動（それを怠ると社会が消滅・崩壊の危機を迎えるような活動）、および内部の家族メンバーの生理的・文化的欲求を充実する活動」と定義されている。また、前出の森岡は、家族機能は生殖・経済・保護・教育・保健・娯楽等と多面であるが、家族が果たすこれらの機能が、いずれも家族員の幸福追求に方向づけられているのが特徴であると述べる。例として、森岡は会社などの経済機関が果たす経済機能が利潤追求に方向づけられているのに対し、家族においては、家族集団の繁栄のために、あるいは直接に個々の家族員の幸せを思ってなされると述べる。それゆえ、人は家族において他では味わえない満足感を得るのである。家族の機能は幸福追求を目的としているのがその特徴だと言える。

このように家族の機能が家族員の幸福追求を目的としていると捉えると、里親家庭そし

て養子縁組家庭も同じく幸福追求を目的としているということでは家族である。特に、里親家庭においては、里親申込みの動機のトップが「児童福祉への理解から」（41.7%）となっており、「子どもを育てたいから」（30.8%）や「養子を得たいため」（10.7%）よりも多い。児童福祉への理解から生まれる子どものためになりたいという使命感を里親の多くは持っており、子どもとともに幸福追求を里親は家庭の中で行っていると言える。

　また、里親と委託された里子はいっしょに住み、生活協同集団を形成しているのも家族とみなされる特徴の1つである。

　ここでは、家族社会学での家族の定義から里親家族・養子縁組家族を捉えようとするとき、その定義から外れることを敢えて紹介することで、家族とは何であろうと問題提起した。しかしながら、家族の機能をみてみると、里親家族・養子縁組家族も同様の家族機能を持ち、家族の持つ幸福追求の集団という特徴を持っている。では、実際には、里親家族・養子縁組家族はどのような家族なのであろうか。以下では、里親家族そして養子縁組家族を対象として行われた調査をもとにそれぞれの家族の状況を紹介する。

> **Episode**
>
> 　筆者は妻とファミリーホームをしている。長女と呼べる元里子が30歳になるので、ずいぶん長くやってきたものである。里子との生活の中で、さまざまなことに気づかされる。うちにいた里子の1人がこんなことを私に聞いてきたことがあった。「お父さん、もしお父さんに実子がいても、ファミリーホームをしていた？」。突然の質問だったので、私は答えに窮してしまった。そんな私の代わりに、妻が笑顔で「もちろん」と答えた。子どもは満足したように部屋に戻っていった。子どもがいなくなったあとに、私は妻に、なぜ「もちろん」と答えたのかを尋ねた。すると妻は「私はもちろん、そう思っているのだけど、あの子は私たちを試したのだと思う。自分が実子の替わりなのかどうかを試したのだと思う。彼女は実子の替わりの自分ではなく、自分自身を尊重してくれているのかどうかを試したと思う」と答えた。

3. 里親家族とは

　ここでは、実際の里親家族の実態を我々が2017年に厚生労働省研究として行った全国調査をもとに紹介したい。全国で実際に里子の養育を受託している里親家庭（4038か所）を対象にアンケート調査を行った。1214家庭から回答を得た（回収率43.2%）。

❶ 里親の状況

　里父の年齢は、50代が347人30.7％と一番多く、次いで40代323人（28.6％）、60代283人（25.0％）となった。30代（73人、6.5％）・20代（0人、0％）は少なかった。70代以上は104人（9.2％）であった。里母の年齢は、40代が405人（33.8％）と一番多かったが、50代も401人（33.4％）であった。その次が60代の254人（21.2％）となっており、30代（75人、6.3％）・20代（3人、0.3％）は里父同様に少ない。そして70代以上が61人（5.1％）であった。里父そして里母ともに、若い年代が少なかった。

　里父の就労状況をみると、会社員が600人（53.0％）であった。次いで自営業の231人（20.4％）となり、パート・アルバイトなどの非正規雇用で働いている人が84人（7.4％）、無職が96人（8.5％）となっていた。パート・アルバイトや無職の人は定年退職後に年金で暮らしているのではないかと考えられる。里母の就労状況は無職（専業主婦含む）が一番多く554人（46.3％）であった。しかし、正社員が139人（11.6％）、自営業が138人（11.5％）となっており、パート・アルバイトなどの非正規雇用で働いている人311人（26.0％）を含めると49.1％の人が働きながら里子養育を行っていた。里母の多くが専業主婦であるというイメージが強いのだが、必ずしもそうではないことが示された。

　里親世帯の平均月収をみると、30万円～40万円の世帯が308人（25.6％）と一番多く、次いで20万円～30万円の世帯が289人（24.0％）、50万円以上が216人（18.0％）であった。30万円以上の月収がある世帯が60％を超えており、高所得の方が多いことが特徴としてあがった。

　また、登録している里親種別（複数回答）は、養育里親が1045人、次いで養子縁組里親が345人、専門里親が126人、そして親族里親が55人となった。

　里親になろうと思った動機（複数回答）で一番多かったのが、「子どもが欲しかったため（養子縁組希望あり）」で543人であった。次いで「社会的に意義があると思ったため」の521人、「養護問題（虐待・孤児など）に関心があったため」の384人とこれら3つの項目が動機としては多いようであった。また、「実子の子育てがひと段落したため」が179人、「特別な理由はなく、子どもが好きだから」が139人、「周りに里親をしている方がいたため」が126人であった。

　現在受託している里子の人数は、1人を受託している里親が一番多く910人（78.4％）、次いで2人が217人（18.7％）となった。3人以上受託している里親は少なかった。これまで養育を受託した里子の人数をみると、1人が最も多く525人、次いで2人の236人と半減し、そのあとも3人の86人とさらに半減したのち、徐々に少なくなるのだが、20人以上受託したという方もおられる。受託数については、少ない人数の方が多いが、複数名受託されている方も多いことが示された（図1-2 ～ 1-9、表1-1）。

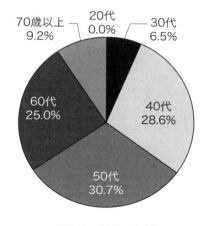

図1-2　里父の年齢

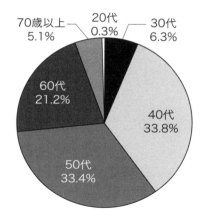

図1-3　里母の年齢

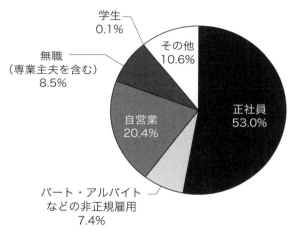

図1-4　里父の就労状況

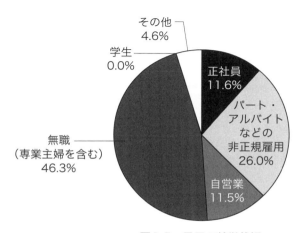

図1-5　里母の就労状況

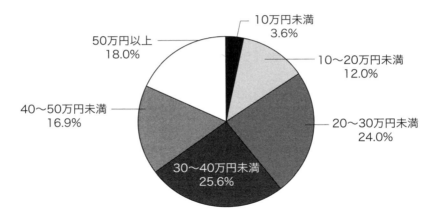

図1-6　里親世帯の平均月収

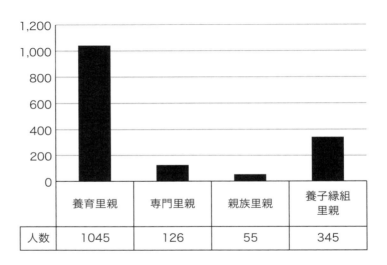

	養育里親	専門里親	親族里親	養子縁組里親
人数	1045	126	55	345

図1-7　登録している里親種別

表1-1　里親になろうと思った動機

里親になろうと思った動機について 〔複数回答可〕	人数
子どもが欲しかったため（養子の希望あり）	543
社会的に意義があると思ったため	521
養護問題（虐待・孤児など）に関心があったため	384
実子の子育てがひと段落したため	179
特別な理由はなく、子どもが好きだから	139
周りに里親をしている方がいたため	126
子どもが欲しかったため（養子の希望なし）	114
周囲（知人・友達など）にすすめられたため	100
実子にきょうだいがあった方がよいと思ったため	67
その他	201

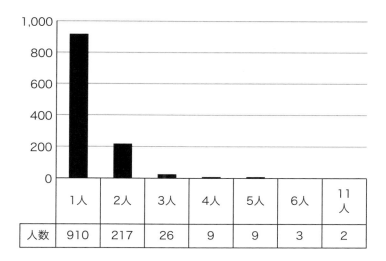

	1人	2人	3人	4人	5人	6人	11人
人数	910	217	26	9	9	3	2

図1-8　現在受託している里子の人数

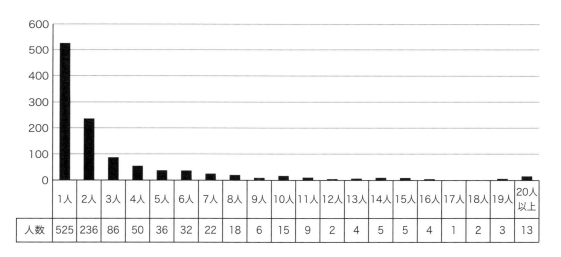

	1人	2人	3人	4人	5人	6人	7人	8人	9人	10人	11人	12人	13人	14人	15人	16人	17人	18人	19人	20人以上
人数	525	236	86	50	36	32	22	18	6	15	9	2	4	5	5	4	1	2	3	13

図1-9　これまで養育を受託した里子の人数

❷ 里子の状況

　現在受託している里子の性別は男児が789人（52.4％）、女児が716人（47.6％）であった。また、受託している里子の年齢は3～5歳の里子が多いようであるが、どの年齢にも、あまり年齢の差が見られなかった。児童養護施設に入所する児童は15歳以降少なくなる傾向にある。これは、里親に委託される児童の多くが家庭復帰を見込めないケースが多いので、高年齢児になっても里親委託が継続しているためと考えられる。また、里子の受託時の年齢は0～4歳が多かった。一番多いのは、0歳の269人で次いで乳児院からの措置変更が多い2歳が216人であった。年齢とともに、委託される人数は減っていくが、高校に

進学する15歳も少し人数が増える傾向にあった。

里子に障がいがあると答えたのは、310人（21.2%）そして被虐待経験については、469人（33.1%）があると答えた。養育の難しい里子も多く委託されていることが示された（図1-10、図1-11）。

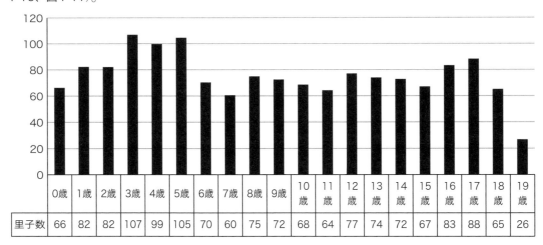

	0歳	1歳	2歳	3歳	4歳	5歳	6歳	7歳	8歳	9歳	10歳	11歳	12歳	13歳	14歳	15歳	16歳	17歳	18歳	19歳
里子数	66	82	82	107	99	105	70	60	75	72	68	64	77	74	72	67	83	88	65	26

図1-10　現在受託している里子の年齢

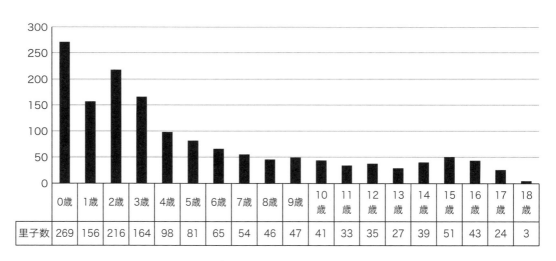

	0歳	1歳	2歳	3歳	4歳	5歳	6歳	7歳	8歳	9歳	10歳	11歳	12歳	13歳	14歳	15歳	16歳	17歳	18歳
里子数	269	156	216	164	98	81	65	54	46	47	41	33	35	27	39	51	43	24	3

図1-11　現在受託している里子の受託時の年齢

❸ 里親の幸福度と負担感

里親の幸福度を「現在、あなた自身はどの程度幸せですか。『とても幸せ』を10点、『とても不幸』を0点とすると、何点くらいになると思いますか」という質問項目で評価してもらった。その結果、平均値は8.2点であった。2011年に内閣府が国民に対して行った調査では、6.4点となっており、一般サンプルと比較して非常に高かった。

　里親の負担感については、各質問において、「全く感じていない」を1、「感じていない」2、「感じている」を3、「とても感じている」を4として回答を得た。その結果、「体力的な負担」（平均値2.48）と「自由な時間が制限される負担」（平均値2.42）において負担を感じている方が多いようであった。また、「経済的な負担」（平均値2.04）を感じられている方は少ないようであった（図1-12、表1-2）。

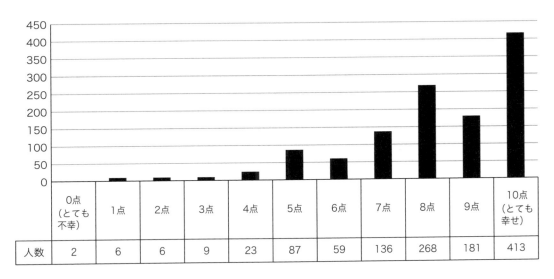

	0点（とても不幸）	1点	2点	3点	4点	5点	6点	7点	8点	9点	10点（とても幸せ）
人数	2	6	6	9	23	87	59	136	268	181	413

図1-12　里親の幸福度

表1-2　里親の負担感

項目	回答カテゴリ			
6. あなたは、里子の養育に「精神的な負担」を感じていますか	全く感じていない 187 (15.7)	感じていない 426 (35.7)	感じている 508 (42.5)	とても感じている 73 (6.1)
7. あなたは、里子の養育に「経済的な負担」を感じていますか	全く感じていない 300 (25.1)	感じていない 594 (49.6)	感じている 257 (21.5)	とても感じている 46 (3.8)
8. あなたは、里子の養育に「体力的な負担」を感じていますか	全く感じていない 118 (9.8)	感じていない 469 (39.1)	感じている 528 (44.1)	とても感じている 83 (6.9)
9. あなたは、里子の養育に「あなたの自由や時間が制限される負担」を感じていますか	全く感じていない 141 (11.8)	感じていない 487 (40.8)	感じている 496 (41.5)	とても感じている 71 (5.9)

単位：名（%）　※名は、有効回答のみ

❹ 里親不調

　里親不調（委託解除となった）の経験をたずねた。その結果、里親不調がなかった人が927人（83.0％）であった。また、里親不調を1回経験された方が147人（13.2％）あり、2回以上の里親不調を経験さえた方が43人（3.8％）であった。里親の不調になった原因をたずねたところ、一番多かったのが、「障がい児や被虐待児などのケアに対応しきれなかったため」の45人、次いで「里親家庭に危害（暴力、器物破損、性被害など）が及んだため」の36人となり、里子の行動上の問題から里親不調になったケースが多かった。また、「里子が家庭復帰を強く望むようになったため」の28人といった里子と実親との関係、そして「マッチングの相性がよくなかったため」の22人といったケースワークの問題なのではないかと思われるケースもあった。

　「里親側の養育に不適切な箇所があったため」の10人といった里親に問題があったケースや「経済的な負担が重くなったため」の5人と、数は多くないが、里親側の問題で、里親養育を諦められたケースがあった。

　自由記述からは、中学生、高校生といった思春期の課題に里親が対応することの困難さが語られる記述が多く見受けられた。「お財布から札を全部取ってしまう」「道具の破壊、壁に穴があちこち」というような家庭の中での行動を原因とするものがあれば、「万引き」「高校を退学」、「家庭では普通でしたが、学校で先生に暴力をふるったり」と学校や地域での問題で里親不調となった場合もあった（表1-3）。

表1-3　里親不調の原因

里親不調の原因となったものは何ですか。〔複数回答可〕	人数
障がい児や被虐待児などのケアに対応しきれなかったため	45
里親家族に危害（暴力、器物破損、性被害など）が及んだため	36
里子が家庭復帰を強く望むようになったため	28
マッチングの相性がよくなかったため	22
里親や里親家族の急な事情（病気・介護・転勤など）のため	22
実親との調整上のトラブル（同意・交流など）のため	17
里子の忠誠葛藤（里親と実親との間での迷いなど）による反抗のため	16
近隣と里子とのトラブルがあったため	14
里親側の養育に不適切な箇所があったため	10
経済的な負担が重くなったため	5
その他	70

❺ まとめ

　40代以上の比較的年齢の高い夫婦で里親をしている方が多かった。受託している里子の数の大多数が一人であることを考えると、長く里親をした結果、年齢が高くなった里親が多いわけではないと考えられる。実際、里親登録時の里親の年齢も、40代50代が多く、不妊治療をしてきた夫婦がその限界から里親を選択された人が多くいるためとも考えられるが、実子の子育てが一段落したのを機会に里親を始める人が多いことは意外と知られていないことである。実際に庄司順一らが行った調査では、里子が委託されるときに里親家庭に実子（養子を含む）がいる割合は43.5％と、半数近くの里親家庭に実子がいるということが示された。収入をみると、比較的経済的に余裕のある世帯が多い。また、里親になろうと思った動機を見てみると、「子どもが欲しかったため」が一番多かったのであるが、社会に貢献したいという項目を選ばれる人も多かった。また、里親の多くは幸福と感じていた。内閣府の行った調査において幸福度に影響を与える要因としてあがっている「所得の高さ」「結婚している」といったことが多くの里親に当てはまることも幸福度が高くなった要因だと考えられ、里親の幸福度が高いというのは注目されるべきことである。家族社会学者の森岡清美は、家族を幸福（well-being）追求の集団と定義していることを紹介したが、近親者ではない里子を受け入れた家族の幸福度が高いことの意義は大きい。しかしながら、里親も養育に関する負担感は感じており、里親不調を経験されている方も17％いた。

- -

4. 養子縁組家族とは

- -

　次に、養子縁組家族の状況を日本財団が2016年に行った調査報告書をもとに紹介したい。この調査は長期的に養子を養育している家庭の生活実態を明らかにすることを目的としているため、特別養子縁組または未成年普通養子縁組で迎えた子どもが満15歳以上の家庭を対象としている。民間養子縁組団体や里親会、養子縁組当事者団体など、全国8つの民間団体の協力のもとに行われた。調査票は878世帯に配付され、養親から294件（回収率33.5％）そして養子から211件（回収率24.0％）回収された。

❶ 養親の状況

　父の年齢は60代が56.9％と一番多く、次いで50代が24.7％、40代の14.5％となって

いた。平均年齢は64.0歳で、最小値は40歳、最大値は88歳であった。母の年齢も60代が48.2％と一番多く、次いで50代が36.8％、40代が11.0％となっていた。平均年齢は61.5歳で、最小値は40歳、最大値は84歳であった。養育中の主な相談相手は配偶者が一番高く、87.7％、次いで子どもを仲介した機関の42.1％、友人の27.7％となっていた。また、養育中の夫婦関係は「よい」の割合が一番高く60.3％、次いで「普通」22.8％、「どちらかと言えばよい」12.8％であった。7割以上の方が夫婦関係をよいと評価していた。

養育開始時の子どもの年齢は、1歳の割合が29.2％と一番高く、次いで2歳の24.9％、0歳の19.8％となっていた。比較的年齢の低いときに養育が開始されることが多いようであるが、一番高い年齢は14歳ということであった。

真実告知をしている割合は高く84.5％の方が行っていた。「最初から知っていた」というケースは8.3％、「していない」方の割合は7.2％であった。また、「真実告知をしている」と回答された方に伝えた時期をたずねたところ、「4〜6歳未満」の割合が27.1％と一番高く、次いで「2〜4歳未満」24.4％、「6〜8歳未満」20.4％となっていた。また、子どもの産みの親や出自に関する情報について、「十分でなかった」の割合が一番高く39.4％、次いで「十分だった」33.5％、「どちらでもない」27.1％となっていた。

子どもを育てた感想については、「とてもよかった」の割合が一番高く74.4％、次いで「よかった」21.2％、「よくわからない」2.4％、「よくなかった」1.0％、「あまりよくなかった」0.3％となり、子どもを育ててよかったと思っている人の割合が非常に高かった（図1-13〜図1-15）。

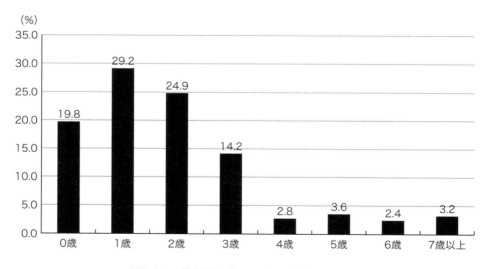

図1-13　養育開始時の子どもの年齢 (n=253)

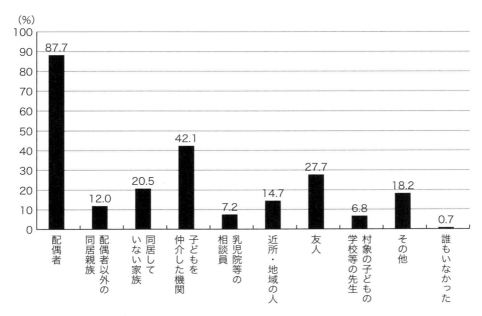

図1-14　養育中の主な相談相手（n=292）

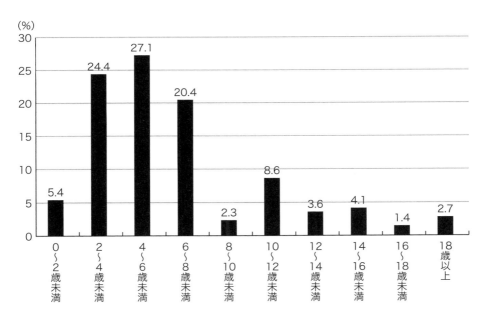

図1-15　真実告知をした時期（n=221）

❷ 養子の状況

　次に養子についての生活実態を紹介する。現在の年齢は「20 〜 25歳未満」の割合が一番高く31.7％、次いで「15 〜 20歳未満」31.2％、「25 〜 30歳未満」16.8％となっていた。

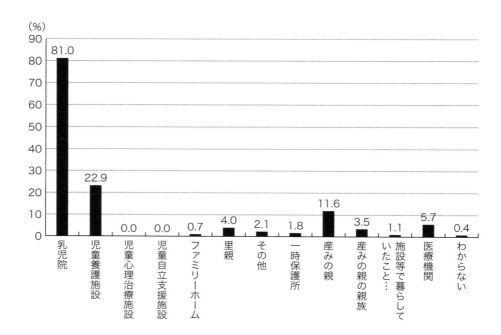

図1-16　養親のもとで生活する前に暮らしたことのある場所 （n=284）

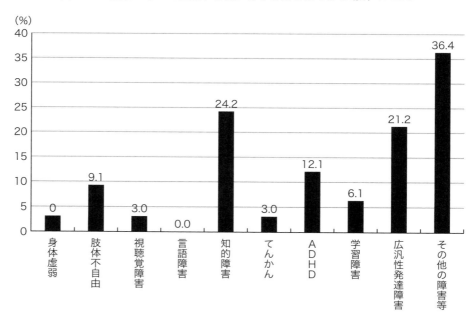

図1-17　心身の障がい （n=33）

　養親のもとで生活する前に暮らしたことのある場所をみると、乳児院の割合が一番高く81.0％、次いで児童養護施設22.9％、産みの親11.6％となっていた。また、子どもを仲介した機関は児童相談所が49.7％で一番多く、民間団体が44.9％、その他の4.8％となっていた。子どもの心身の状況については、「心身に障害がある」と答えた方は12.0％であった。その内訳は「その他の障がい等」の割合が36.4％と一番高く、知的障害24.2％、広汎性発達障害21.2％となっていた（図1-16、図1-17）。

❸ 現在の暮らし向きと最終学歴

　現在の暮らし向きをたずねると、「普通」の割合が一番高く50.3％、次いで「やや苦しい」17.8％、「ややゆとりがある」15.7％となっていた。また、父母のもとから出た後の生活保護受給の状況についてたずねたところ、「受給したことはない」の割合が一番高く97.6％となっていた。次いで「現在、受給している」1.2％、「受給していた」1.2％となっていた。生活保護受給率は国勢調査の割合とほぼ同じ、暮らし向きに関しては、ゆとりがある人が多く、生活に困り感を持っている人の割合も低いことが示された。

　最終学歴をみると、「高校卒」の割合が32.5％と一番高く、次いで「4年生大学卒」31.7％、「専門学校卒」15.1％となっていた。国勢調査の卒業者と比較すると、「高校卒」の割合は低く、「大学卒」の割合は高くなっていた。

❹ 養子の幸福度

　幸福度をみると、「10点」の割合が一番高く23.4％、次いで「8点」22.9％となっていた。平均値は7.6点であった。内閣府が行った調査では6.4点だったことを考えると、里親の

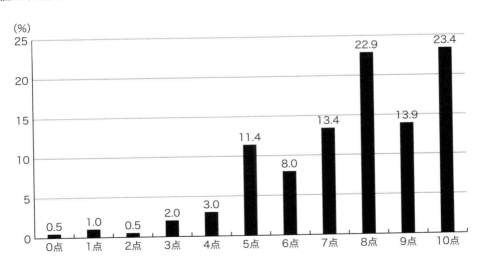

図1-18　幸福度（n=201）

幸福度と同じように、養子の幸福度の高さが示された（図1-18）。

　「自分の親から愛されていると思うか」との問いには、72.4％の方が「そう思う」と答えた。また、「どちらかと言えばそう思う」には23.6％の方が、「そう思わない」は2.5％となった。「我が国と諸外国の若者の意識調査」では「そう思う」の割合が35.2％であったのに対し、今回の調査では72.4％と非常に高くなっていた。また、父母に育てられたことについても、「とてもよかった」が一番高く61.3％、次いで「よかった」29.1％、「よくわからない」8.0％となっており、父母のことをポジティブに評価していることが示された。また、養子であることで嫌な思いをしたことが「なかった」と回答された方が一番多く49.0％、次いで「あまりなかった」25.0％、「あった」23.0％となっていた。

❺ まとめ

　比較的所得の高い方が多く、3歳未満の小さいうちから養子を育てていることが示された。真実告知をしている家族が多く、子どもを育ててよかったと思っている養親が多かった。

　養子の状況については、現在の暮らし向きが「普通」と答えた割合が高く、「ややゆとりがある」と答えた方もいた。生活保護の受給率も国勢調査の割合とほぼ同じであった。児童養護施設出身者の生活保護率が一般の若者と比べて19倍である。養子の状況の良さが分かる。学歴においても、国勢調査と比較すると、「高校卒」の割合は低く、「大学卒」の割合は高くなっていた。また、幸福度が高く、自分の親から愛されていると思うと感じている養子が多かった。このようにみると、養子縁組家庭は豊かで恵まれていると考えられるが、しかし、紹介した調査の回収率は養親33.5％、養子24.0％と低く、現状に満足している方が調査に協力した割合が高い可能性は否定できず、サンプルの偏りが懸念される。

- -

5. 社会的養護を必要としている家族の問題や危機

- -

　以上、里親そして養子縁組家族の状況を紹介した。里親・養子縁組が語られるとき、里親そして養親が中心となる場合が多い。しかし、里親そして養子縁組の制度によって委託される子どもがいるということは、その子どもを産んだ親がいるということであり、里親そして養子縁組制度といった社会的養護を必要とする家族があるということである。しか

しながら、宮島清が指摘するとおり、社会的養護を必要とする家族は脇に追いやられ、ともすれば、子どもの保護者に関しては排除されてしまうことさえ起きてしまいがちである。ここでは、社会的養護を必要としている家族の問題や危機について紹介したい。吉見香による、ある乳児院を利用した母親を対象とした調査をもとに紹介する。この調査は、ある乳児院に入所し、2009年3月から2012年3月までに退所した児童の世帯（74世帯）の母親[*1]を対象として、生活歴を中心に分析されたものである。児童の記録票からの情報を集積している。

❶ 母親の属性

　母親の年齢は30代が45.9％と一番多く、20代が35.1％、10代が12.2％、40代が6.8％、平均年齢は29.1歳となった。若年に偏っているわけではないことが示された。次に、世帯類型を「パートナーあり世帯」「単身世帯」「親と同居世帯」に分類してみた場合、「単身世帯」40.6％、「パートナーあり世帯」37.8％、「親と同居世帯」21.6％となった。パートナーと同居している者は37.8％のみであり、62.2％が母子家庭であった。婚姻歴は、未婚と離婚歴のある者が同数の35.1％であった。初婚継続中の者は28.4％であった。子どもの入所時年齢（月齢）を見ると、「0か月〜1か月」が63％、次いで「2か月〜6か月」が21％となっており、生後6か月以内の乳児が全体の8割以上を占めていた。生後から早い時期に入所している子どもが多く、生まれる前から養育困難な状況が想定されていたのではないかと推測された。また、入所期間は「6か月〜12か月」が32.1％と一番多く、6か月未満で退所となった子どもは11.1％であった。また、退所先としては、「里親・ファミリーホーム」が43.2％と一番多く、次いで「家庭」35.8％、「児童養護施設」18.5％となっていた（表1-4〜表1-6）。

表1-4　子どもの入所時の月齢

年齢	人数（人）	割合（％）
0か月〜1か月	51	63.0
2か月〜6か月	17	21.0
7か月〜12か月	8	9.9
1歳1か月〜1歳6か月	4	4.9
1歳7か月〜2歳	1	1.2
計	81	100.0

表1-5 入所期間

期間	人数（人）	割合（%）
6か月未満	9	11.1
6か月〜12か月	26	32.1
12か月〜18か月未満	18	22.2
18か月〜24か月未満	25	30.9
24か月以上	3	3.7
計	81	100.0

表1-6 退所先

退所先	人数（人）	割合（%）
家庭	29	35.8
里親・ファミリーホーム	35	43.2
児童養護施設	15	18.5
医療機関	2	2.5
計	81	100.0

❷ 子どもの入所時点での母親の状況

　母親の健康状態については、世帯により違いがあった。癌、肝疾患、脳疾患等の入院治療を要する疾病にり患している者6名は「パートナーあり世帯」であった。精神疾患を患う者は8名で5名が「単身世帯」であった。知的障害があるものは6名で「親と同居世帯」が多かった。また、母親の職業でも世帯により違いあり、「パートナー有り世帯」と「親と同居世帯」では無職が多く、9割近い者がパートナーもしくは親へ依存している状況であった。「単身世帯」では就労している者が多いのだが、仕事の内容は、比較的安定している事務・介護職に就いている者が3人、飲食店・水商売が4人、風俗が7人と不安定な就労形態の者が多かった。また、無職が10人、受刑・勾留が5人、そして全体の20％の人が生活保護を受給していた（表1-7、表1-8）。

表1-7 世帯別健康状態

	パートナーあり	単身	親と同居	計
身体障害	—	1	—	1
知的障害	1	1	4	6
精神障害	3	5	—	8
癌	5	—	—	6
肝機能疾患	1	—	—	1
脳疾患	1	—	—	1
計	11	7	4	23

表1-8　母親の職業

	パートナーあり	単身	親と同居	計
事務（パート・嘱託）	—	2	—	2
飲食店勤務	1	1	—	2
清掃パート	1	—	—	1
介護職	—	1	—	1
日雇いアルバイト	—	1	—	1
水商売	—	4	—	4
風俗	—	7	1	8
障害者作業所	—	—	1	1
学生	—	—	4	4
受刑・勾留中	5	5	—	10
専業主婦	20	—	—	20
無職	—	10	10	20
計	27	31	16	74
生活保護受給	2	6	4	12

❸ 生活歴

　母親の幼少期の家庭状況については、記載されているケース自体が少なかったのだが、幼少期に両親の離婚を経験している者は22人（29.7％）いた。また、「生活保護を受給していた」との記載のある者は4人（5.4％）、「親の借金があった」2人（2.7％）おり、記載のある者だけで、8％ほどの者が貧困家庭で育っていた。母の学歴では、中卒が9人、高校中退が13人であり、合わせて22人（29.8％）が義務教育修了程度の教育しか受けていない。学歴不明が3割いるので、この割合が高くなることが予想される。専門学校卒は5人、短大卒は1人と合わせても8.2％であり、大学卒はいなかった。また、28人（37.8％）が10代で離家しており、離家の理由として、結婚（同棲を含む）が12人、稼働が12人、進学が

表1-9　母親の学歴

学歴	人数（人）	割合（％）
中学卒	9	12.2
高校中退	13	17.6
高校卒	18	24.3
専門学校卒	5	6.8
短大卒	1	1.4
高等養護卒	1	1.4
学生	4	5.4
不明	23	31.1
計	74	100.0

2人、家出が2人であった。母親たちの多くが、かなり早い時期から親との関係が良くなく、何らかの理由で早期に家をでたがっていたことが憶測されると吉見香は述べる（表1-9）。

❹ まとめ

　母親たちが生活していくためには子どもを預けざるを得なかった生活状況であった。そして、その厳しい生活状況は、現在だけでなく過去から続いているものであることが示された。母親たちの生活歴にみられる特徴は、幼少期の生育家庭が離婚・再婚・貧困等の不安定な状態であることから、低学歴のまま10代で、早期に離家し、不安定就労、転職、結婚（同棲）、離婚（別離）、不安定就労という生活を短期間に繰り返していることであった（吉見 2016）。パートナーがいる世帯で一時的な疾患のために乳児院に預けた場合には、家族再統合の率は高かったが、このような生活の困難さを抱える場合には、不安定な生活からの脱出は困難であることは言うまでもなく、家族の再統合が難しいことが多いことが示された。

Episode

　筆者は長く児童養護施設で働いてきたので、児童相談所が身近な存在になっている。だから、思いがけない妊娠のために支援が必要になった人が民間の支援団体に支援を求めることが多いことに「なぜなんだろう」という疑問を持っていた。それは、公的機関のほうが社会的信用も高く、民間の団体より優先されるのではと思っていたからである。先日、こういった支援をされる方と話す機会が持てたので、私の疑問を聞いてみた。すると、その支援者はこう答えた。「支援を必要とする多くの方は、公的な機関に拒否感を持っています。それは、児童相談所のような公的機関に対してのイメージが悪いことが多いからです。そして、多くの方が言います。児童相談所に相談すると、怒られそう。民間の団体なら、少なくとも、説教されることはないだろうと思うようです」。なるほどと思った。「公的機関の持つ役所のイメージが、公的機関を避ける傾向をつくるのだ」と。こういったイメージをどのようにしたら変えられるのか、支援者にとって大きな課題である。

---

6. 最善の利益

　里親家族・養子縁組家族・社会的養護を必要としている家族の特徴を紹介した。子ども
を受け入れる側と子どもを預ける側の両者が存在するとき、はじめて里親委託そして養子
縁組が成立する。子どもを預ける側の親は実親であり、血縁関係という強い絆は消えるこ
とはない。里親委託そして養子縁組は福祉制度であり、子どもの最善の利益を保証するた
めにあらなければならない。最近では、特別養子縁組であっても、積極的に真実告知が行
われているようである。本当のことを知る権利、子どもの権利条約では、第7条に「自分
の親が誰であるかを知る権利」◆2そして第8条に「自分のアイデンティティを保持する権
利」◆3が規定され、自分が誰から生まれ、どういう事情で親から離されたのかを知る権利
が保障されている。それぞれの家族がお互いを尊重できるとき、子ども、そして産みの
親・養親に最善の利益が保証されるのである。

（野口啓示）

▶注
1　サンプル数は多くはないのであるが、乳児院を併設する児童養護施設で18年勤務した私の経験
　　からも、その特徴を捉えていると思われたので、ここでは、この調査のデータを使うことにした。
2　第7条「1. 児童は、出生の後直ちに登録される。児童は、出生の時から氏名を有する権利及び
　　国籍を取得する権利を有するものとし、また、できる限りその父母を知りかつその父母によって
　　養育される権利を有する。2. 締約国は、特に児童が無国籍となる場合を含めて、国内法及びこ
　　の分野における関連する国際文書に基づく自国の義務に従い、1の権利の実現を確保する。」
3　第8条「1. 締約国は、児童が法律によって認められた国籍、氏名及び家族関係を含むその身元
　　関係事項について不法に干渉されることなく保持する権利を尊重すること約束する。2. 締約国は、
　　児童がその身元関係事項の一部又は全部を不法に奪われた場合には、その身元関係事項を速やか
　　に回復するため、適当な援助及び保護を与える。」

▶参考・引用文献
石川実編（1997）『現代家族の社会学——脱制度化時代のファミリー・スタディーズ』有斐閣、71
　頁
厚生労働省子ども家庭局（2020）『児童養護施設入所児童等調査の概要（平成30年2月1日現在)』
森岡清美、望月嵩（1993）『新しい家族社会学』培風館、4頁
宮島清（2017）「里親支援体制の構築とソーシャルワーク」『ソーシャルワーク研究』43（1）、34
　～ 42頁
永野咲、有村大士（2014）「社会的養護措置解除後の生活実態とデプリベーション——二次分析によ
　る仮設生成と一次データからの示唆」『社会福祉学』54（7）、28 ～ 40頁

内閣府政策統括官（2018）『我が国と諸外国の若者の意識調査』

日本財団（2017）『子が15歳以上の養子縁組家庭の生活実態調査報告書』

『里親家庭における里親養育支援の実態と支援ニーズに関する調査研究事業報告書』平成29年度厚生労働省「子ども・子育て支援推進調査研究事業」（代表：伊藤嘉余子）

庄司順一、宮島清、澁谷昌史ほか（2011）『児童相談所における里親委託及び遺棄児童に関する調査』全国児童相談所長会

吉見香（2016）「乳児院を利用した母親の生活歴と子育ての困難さに関する考察」『教育福祉研究』（21）、37 ～ 51頁

第**2**章

家族支援（家庭環境調整）

Key Word

チームアプローチ／ネットワーク／PDCA サイクル／養育のライフサイクル
（リプロダクションサイクル）／社会的養育システム／スモールステップ

1. 社会的養護における家族支援（家庭環境調整）とは

> Q（質問）：「小さい時から自分で育てていないので、引き取っても子どもから親として見てもらえないんじゃないかと不安ですが、うまくいくのでしょうか？」
>
> M（メッセージ）：「私も、小さい頃子どもと一緒に過ごせなかったので、引き取った時はどうしていいのか分からないことが多くて大変なこともあった。面会の時は、お互い良い顔をしていられるからね。でも、子育てをして楽しいことも大変なことも経験して、自分も少しずつ親らしくなってきたのかなって思うよ。」
>
> M：「不安なのは当然だと思います。お父さん、お母さんも不安でしょうが、子どもも同じように不安だと思います。うちの場合、不安だけど一緒にうまくいくように努力していきたい、と子どもに伝えて、無理のないお互いのペースで交流を続けていくことで、少しずつ不安が消えて安心できる関係になりました。」◆1

　2016（平成28）年の児童福祉法改正では、「全て国民は、児童が良好な環境において生まれ、かつ、社会のあらゆる分野において、児童の年齢及び発達の程度に応じて、その意見が尊重され、その最善の利益が優先して考慮され、心身ともに健やかに育成されるよう努めなければならない。②児童の保護者は、児童を心身ともに健やかに育成することについて第一義的責任を負う。③国及び地方公共団体は、児童の保護者とともに、児童を心身ともに健やかに育成する責任を負う。」（第2条）及び「国及び地方公共団体は、児童が家庭において心身ともに健やかに養育されるよう、児童の保護者を支援しなければならない。」（第3条の2）と規定された。

　この規定により、国及び地方公共団体は、子どもの養育に対して保護者（家庭）とともに責任を持ち、社会全体で家庭を支援しなければならないことになった。

　また、「乳児院、母子生活支援施設、児童養護施設、児童心理治療施設及び児童自立支援施設の長は、その行う児童の保護に支障がない限りにおいて、当該施設の所在する地域の住民につき、児童の養育に関する相談に応じ、及び助言を行うよう努めなければならない。」（第48条の2）及び「乳児院、児童養護施設、障害児入所施設、児童心理治療施設及び児童自立支援施設の長並びに小規模住居型児童養育事業を行う者及び里親は、当該施設に入所し、又は小規模住居型児童養育事業を行う者若しくは里親に委託された児童及びその保護者に対して、市町村、児童相談所、児童家庭支援センター、教育機関、医療機関その他の関係機関との緊密な連携を図りつつ、親子の再統合のための支援その他の当該児童

が家庭（家庭における養育環境と同様の養育環境及び良好な家庭的環境を含む。）で養育されるために必要な措置を採らなければならない。」（下線は筆者）（第48条の3）と規定された。

　この規定により、乳児院などの児童福祉施設については、住民からの養育相談に努めることになった。また、児童福祉施設とファミリーホーム・里親は、措置された子ども及びその家族への支援（家庭環境調整）をしなければならなくなった。

　すなわち、里親やファミリーホームなどは、委託を受けて生活している子どもとその家族に対して、子どものニーズを優先にしつつ家庭のニーズにも考慮して家庭環境調整などの支援を実施しなければならなくなったのである。

　また、「社会的養護施設運営指針」及び「里親及びファミリーホーム養育指針」において、社会的養護の原理の1つとして「家族との連携・協働」が次のように位置づけられている。

　「・保護者の不在、養育困難、さらには不適切な養育や虐待など、『安心して自分をゆだねられる保護者』がいない子どもたちがいる。また子どもを適切に養育することができず、悩みを抱えている親がいる。さらに配偶者等による暴力（DV）などによって『適切な養育環境』を保てず、困難な状況におかれている親子がいる。

　・社会的養護は、こうした子どもや親の問題状況の解決や緩和をめざして、それに的確に対応するため、親と共に、親を支えながら、あるいは親に代わって、子どもの発達や養育を保障していく包括的な取り組みである。」[2]

　里親家庭、ファミリーホーム、児童福祉施設においては、児童相談所やフォスタリング機関など関係機関との協働（情報共有・役割分担など）をしながら 親子関係再構築のために、在宅支援が必要な家庭への支援、代替養育のもとで生活している子どもの早期の家庭復帰支援、家庭復帰後の再発防止支援などを実施することになっているのである。

　具体的には、家庭環境調整に向けて、次のように述べている。

① 　初期アセスメントとして、子ども・保護者・家族の理解、親子関係再構築についての意向確認、再構築にあたっての課題やリスクの確認、社会資源活用・開拓の可能性などについての実態把握・評価

② 　プランニングとして、保護者・子どもの主体的参画による目標達成（ゴール）を具体化・明確化、そこに到達するまでの段階的課題が明確なっているプラン（ロードマップ）の作成、目に見える（視覚化）スケジュールの作成

③ 　プランに基づく再構築支援の実施として、児童相談所やフォスタリング機関などとの顔の見える連携（情報共有と役割分担など）、役割を踏まえた保護者や家族との通信（オンライン通信など）、面会、外出、外泊、一時帰省などの方法を用いてスモールステ

ップによる個別的・段階的支援、心理担当スタッフなどによる保護者に対するコモンセンス・ペアレンティング（CSP）などのプログラムの実施、委託解除後のネットワーク構築などを視野に入れた要保護児童対策地域協議会等の活用など地域の社会資源との連携や開拓

④ 評価（フィードバック）として、焦点化したハイリスク因子の低減、適応・防御の促進因子の増強などについて心理検査などを用いた結果評価、親子関係の変化の過程を評価する過程評価によるプログラム効果などの評価

　こうした評価に基づき、課題やニーズに適合するプランに改善するなどPDCA（プラン（plan）⇒実行（do）⇒評価（check）⇒改善（action））サイクルに基づいた対応が求められている。
　このような多機関多職種のネットワークやチームによる総合的な支援によって、子どもの健全育成のために子ども、保護者、家族間の関係再構築などを実現していくことが、社会的養護における家族支援（家庭環境調整）の目的と言えよう。社会的養護における家庭支援は、家庭の代替機能を中心に据えながらも、家庭への支援・補完・回復機能を充実強化して、施設・里親などと保護者とが協働し、子どもの健全育成や肯定的な親子関係の再構築をすることを目標に展開することが大切なのである。

---

2. 家族支援の必要性と意義

【子どもから子どもへ】
Q：「親の自分に対する本当の気持ちを知りたいのです。どうしたら知ることはできますか。」
M：「話せる機会があるとき、自分の気持ちを話してみて、親の気持ちも聞いてみたら？　もしそのとき話してくれなかったとしても『今は言えないんだろうなあ』と思えば？」◆3
【保護者から保護者へ】
Q：「子どもに謝りたい気持ちはあるのですが、どのタイミングでどのように話をしたらよいか分かりません。どうしたらよいのでしょうか。」
M：「どのように謝るのか心の整理はできていますか。日頃の様子で子どもさんはお母

さんの気持ちにはもう気が付いているのかもしれませんね。素直な気持ちで伝えれば子どもにはお母さんの気持ちが伝わると思います。もし、その時に子どもが素直に認められなくてもお母さんの言葉は心に残り、いつか分かってくれる日が来ると思います。」◆4

【養育者から養育者へ】

Q：「子どもが親になつかない場合、親や子どもにどのように対応したらよいでしょうか。」

M：「具体的には、①子どもにとっても、親にとっても安心できるような環境を提供していく。②初めから、親子のみの面会を設定するのではなく、関係者も間に入りながら親子関係を構築していくよう支援する。③乳幼児の場合、食事や排泄支援などの方法が分からない親には養育者がお手本となり、次第に親ができるように支援する、などに留意し対応しています。」◆5

❶ 家庭支援の必要性

　社会的養育ビジョンでは、家庭支援の必要性について、「虐待やネグレクトなどの不適切な養育を受けた子どもたちの多くが、親や家族との関係において、怒り、悲しみ、無力感などの否定的な情緒を抱えていたり、『見捨てられ不安』とそれに起因する親・家族への『しがみつき』などの複雑な関係性の問題を抱えていることが示されている。従って、施設養育は、子どもが深刻な行動上の問題等を持っていたとしても、裏切りや喪失を繰り返し体験してきた子どもを真に抱える（すなわち、施設が『抱える環境』（holding environment）となる）とともに、子どもの抱える家族との関係性の問題等の解決を目指した支援を提供しなくてはならない。その際には、単に親子の交流や面会を促進するという視点ではなく、不適切な養育に至った経過や力動を親自身が自覚し、その問題点に関して子どもに謝罪するなど、子どもの支援のために親ができることを模索するという観点に立つことが必要である。」◆6と提言している。

　このように、社会的養護においては、トラウマやアタッチメント問題など子どものリスク・ニーズに対応した生活支援とともに、家族の抱える問題などへのアセスメントとそれに基づく家族のリスク・ニーズに応じた子ども・家族への支援などが求められているのである。

　家族との関係調整については、児童相談所や家族の住む市町村と連携し、家族の実態把握・評価や入所後の調整経過についての情報などを定期的かつ必要に応じて共有して協議を行う。そのうえで、子どもと保護者・家族との関係性に配慮しながら、面会、外出、一

時帰宅などの方法を使用し、関係回復に向けた適切な支援を積極的に実施することが必要である。

社会的養護のもとで生活する子どもの保護者の状況（表2-1）を見ると、特に母子家庭が多い。

表2-1　児童委託（入所）時にいる保護者の状況

		総数	両親又は一人親	実父母有	実父のみ	実母のみ	実父養母	養父実母	養父養母	養父のみ	養母のみ	不詳	合計
里親	児童数	5,382	4,222	851	398	2,651	59	228	4	18	5	8	4,222
	割合（％）	100.0	78.4	20.2	9.4	62.8	1.4	5.4	0.1	0.4	0.1	0.2	100.0
児童養護施設	児童数	27,026	25,223	6,636	2,777	12,227	606	2,624	54	89	75	135	25,223
	割合（％）	100.0	93.3	26.3	11.0	48.5	2.4	10.4	0.2	0.4	0.3	0.5	100.0
児童心理治療施設	児童数	1,367	1,268	276	109	601	41	219	6	9	7	－	1,268
	割合（％）	100.0	92.8	21.8	8.6	47.4	3.2	17.3	0.5	0.7	0.6	－	100.0
児童自立支援施設	児童数	1,448	1,348	325	132	656	38	178	4	6	7	2	1,348
	割合（％）	100.0	93.1	24.1	9.8	48.7	2.8	13.2	0.3	0.4	0.5	0.1	100.0
乳児院	児童数	3,023	2,959	1,561	79	1,240	－	75	3	－	－	1	2,959
	割合（％）	100.0	97.9	52.8	2.7	41.9	－	2.5	0.1	－	－	0.0	100.0
ファミリーホーム	児童数	840	704	180	68	357	18	75	3	－	2	1	704
	割合（％）	100.0	83.8	25.6	9.7	50.7	2.6	10.7	0.4	－	0.3	0.1	100.0
自立援助ホーム	児童数	616	565	130	70	230	26	105	1	2	－	1	565
	割合（％）	100.0	91.7	23.0	12.4	40.7	4.6	18.6	0.2	0.4	－	0.2	100.0
障害児入所施設	児童数	9,632	9,259	4,591	882	3,047	148	513	23	9	20	26	9,259
	割合（％）	100.0	96.1	49.6	9.5	32.9	1.6	5.5	0.2	0.1	0.2	0.3	100.0
全体	児童数	50,007	45,548	14,550	4,515	21,009	936	4,017	98	133	116	174	45,548
	割合（％）	100.0	91.1	31.9	9.9	46.1	2.1	8.8	0.2	0.3	0.3	0.4	100.0

出所：児童養護施設入所児童等調査の概要（平成30年2月1日現在）に基づき筆者作成。

日本は、未婚や離婚・死別、DVなどの様々な事情により母子家庭などひとり親世帯の貧困率がOECD加盟国の中でも高く、多くの母子家庭の生活が困難になっているのが現状である。

また、社会的養護での保護者の中にはこれまでの困難な生活歴から、心身に様々な疾患や障害のある保護者・家族や外国籍の保護者・家族も増加しており、その保護者・家族のリスク・ニーズは複雑である。そのため、そのリスク・ニーズをより的確に理解し、優先的重点的な課題から必要な支援を適切に提供して、家庭で子どもの健全育成ができる環境や条件を整えていくことが必要である。

❷ 家庭支援の意義

Q：「施設に預けたことで、子どもに対して負い目があるのですが、やはり親に捨てられたと思っているのでしょうか？」

M：「きっとそう思っているのかなと思うと後悔します。でも、あの時預けて良かったと思います。生活が大変だったんです。この前、子どもに生活が大変だった話をしま

した。子どもは『捨てられたわけでない』と分かって良かったといってくれました。
私も謝りました。」◆7

　「親子関係再構築支援実践ガイドブック」では、「親子関係再構築支援」の意義につい
て次のように述べている。

　「社会的養護関係施設が、親子関係再構築支援を行う目的については、『まさに子ども
の回復、成長を促すために不可欠な要素であるからである』と言えます。また、同ガイド
ラインでは、親子関係再構築支援とは、『子どもと親がその相互の肯定的なつながりを主
体的に回復すること』であり、多様な家族関係にある入所児童にとっては、家庭復帰だけ
が家族関係再構築支援のゴールではなく、ともに暮らすことができなくとも、生い立ちの
整理や、一定の距離を置きながら親等と交流を続けることで、お互いを受け入れあう関係
を目指すことも目標として掲げられています。

　『親子関係再構築支援』の最終目的は、『子どもが自尊感情を持って生きていけるよう
になること、生まれてきてよかったと自分が生きていることを肯定できるようになるこ
と』であると言えます（同ガイドライン）。」◆8

　そして、同ガイドブックでは、親子関係再構築支援の子どもにとっての意義について、
次のように述べている。

①　かけがえのない存在としての自分を確認
　「信頼する大人とともに生い立ちを振り返り、整理することは、子どもの回復に重要な
役割を担っています。その作業の中で、つらかった気持ちを受け止められながら、自分
のルーツである親とのつながりを確認したり、空白となっていた記憶を埋めたり、肯定
的に親や自分を捉えなおしたりします。生まれてきてからの自分の連続性を取り戻すこ
とにより、「今の自分」の足場を確認することとなり、そこからもう一度、『かけがえの
ない自分』として前を向いて歩きだすことを可能にします。」◆9

②　心の土台をつくる
　「親が、子どものために心を配り、向き合おうとし、良い関係を作ろうとした様々なエ
ピソードは、“親に大切にされたい、自分を好きでいてほしい” という子どもの気持ち
を満たします。これらの体験は、子どもの自尊感情を育て、その先の人生を生き抜くた
めの心の土台になります。」◆10

③　虐待の世代間連鎖を防ぐ
　「親との関係を客観化して肯定的に自分を捉えなおすこと（生い立ちの整理）と、親や親
に代わる養育者に適切にケアされ、良い関係を形成すること（安定したアタッチメント形

成）は、子ども自身が親となった時に、その子どもを適切に養育するためにとても重要です。これらは、<u>虐待の世代間連鎖を防ぐ保護要因となります。</u>」◆11

このように、親子関係再構築支援は、子どもの健全な成長発達の保障を目的として、子どもが「この世に生まれてきて自分なりに生きてきたことそのものを尊重する感情を持って生きていくこと」や「かけがえのない大切な存在」といった自己肯定感や自尊感情などの形成を目指して実施することが重要である。子ども一人ひとりが自分らしく前向きに生きていくために必要な栄養素やエネルギー源である自己肯定感や自尊感情などを形成することが必要なのである。

3. 日本の社会的養護における家族支援の制度・施策の現状と課題

社会的養護における家族支援は、家庭養育優先の原則に基づき実施することが求められている。具体的には第一に、①「家庭養育（地域での家庭（保護者）による養育）」、それでも家庭で育てられない場合には、②「家庭同様の養育環境（里親、ＦＨ、養子縁組）」、それが困難な場合には、③「できるだけ良好な家庭的環境（小規模・地域分散化した施設）」という原則に基づき、家庭支援をすることが重要なのである。

この原則に基づいた家庭支援とは、家庭養育（在宅支援）を増加させ親子分離（代替養育）を減少させることに他ならない。

しかしながら、社会的養護における家庭支援は、代替養育における取り組みを中心に実施してきたのが現状である。今後は在宅支援への取り組みを充実強化することが課題であり、その実現にむけて努力していくことが大切である。

社会的養育ビジョンでは、家庭支援について「子育て支援事業を中心とした支援メニューの充実のみならず、基礎自治体である市区町村において子どもと家庭の個別的支援ニーズを把握し、それに応じた適切な支援を構築するソーシャルワークが必要である。また、家庭で虐待を受けている子どものみならず、貧困家庭の子ども、障害のある子どもや医療的ケアを必要としている子ども、その他特別なケアを必要とする子どもに対しては、『児童の権利に関する条約』の精神にのっとり、子どもの状態に合わせた多様なケアがなされる必要がある。（中略）

また、親が妊娠、出産して子どもを育て、育てられた子どもが自立をして親となる準備

をし、今度は親となって子どもを出産して育てるという世代をつないで繰り返されていく養育のサイクルを見据えた支援が重要である。すべての子どもやその家族、特に虐待を受けたり貧困状態にある子どもやその家族に対して、虐待や貧困の世代間連鎖を断ち切れるようなライフサイクルを見据えた社会的養育システムの確立が求められており、その中でも支援が薄い若者や妊産婦などに対する施策の充実強化及び他の施策との連携協働なども重要である。」◆12 と提言している。

　筆者は、社会的養育ビジョンで指摘している**虐待や貧困の世代間連鎖を断ち切れるような養育のライフサイクル（リプロダクションサイクル）を見据えた社会的養育システムの確立が重要である**と考えている。

　その確立を図るためには、子どもの各発達段階における要支援段階（レベル）毎の具体的な支援事業を整えて、重層的な養育支援システムの確立を図ることが重要であり、特に、子どもの時期に福祉の関わりがあった子どもの多くが自立や親になることへの問題を抱えることもあり、その支援は充実強化させなければならない。

　この図2-1で示した養育のライフサイクルにおける各発達段階を横軸に、また、図2-2の予防・一般支援から要支援5レベルまでを縦軸にして事業などを材料にして作成◆13したのが図2-3である。

　この図2-3を見ると分かるように、現状において特に事業などの施策が十分でない領域

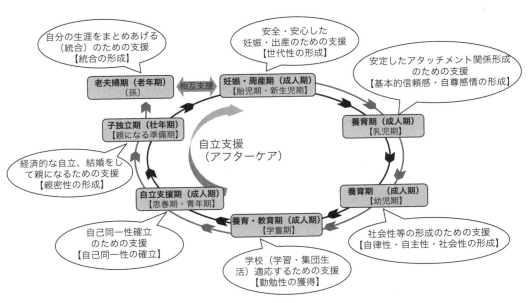

図2-1　家族全体を対象にした切れ目のない包括的ライフサイクル支援
──ポピュレーションアプローチからの全家庭支援──

支援レベル	目安
予防・一般支援	子ども・若者一般を対象に母子保健施策や健全育成施策などを活用した予防、一般的な支援が必要という段階
要支援1	虐待など不適切な養育の段階までには至っていないが、今後移行するリスクがあり、育児支援や地域子育て支援 活動の利用が必要という段階
要支援2	地域ネットワークによる経過観察や子育て支援などによる一貫した支援体制の継続が必要という段階
要支援3 （要保護1）	在宅措置による支援を基調にしながら、一時的な保育施設利用等を考慮した支援が必要要という段階 保護児童対策地域協議会に相談・通告例として報告し、児童相談所との連携が必須であり、最低でも3か月に1回は必ず児童相談所と経過の共有を図ることが必要
要支援4 （要保護2）	子どもの安心・安全に常に 気を配りながら、保育所や幼稚園、学校等子どもが家庭外で生活する時間の長い機関との顔の見える連携を維持するなど、当面、在宅措置による補完機能も活用した支援を行うが、状況によっては一時保護などの対応も必要という段階
要支援5 （要保護3）	児童相談所の介入により分離保護し、職権一時保護や社会的養護への委託・措置が必要という段階

図2-2　支援レベルとその目安

出所：第14回　新たな社会的養育の在り方に関する検討会構成員提出資料（著者提出資料）を一部修正。

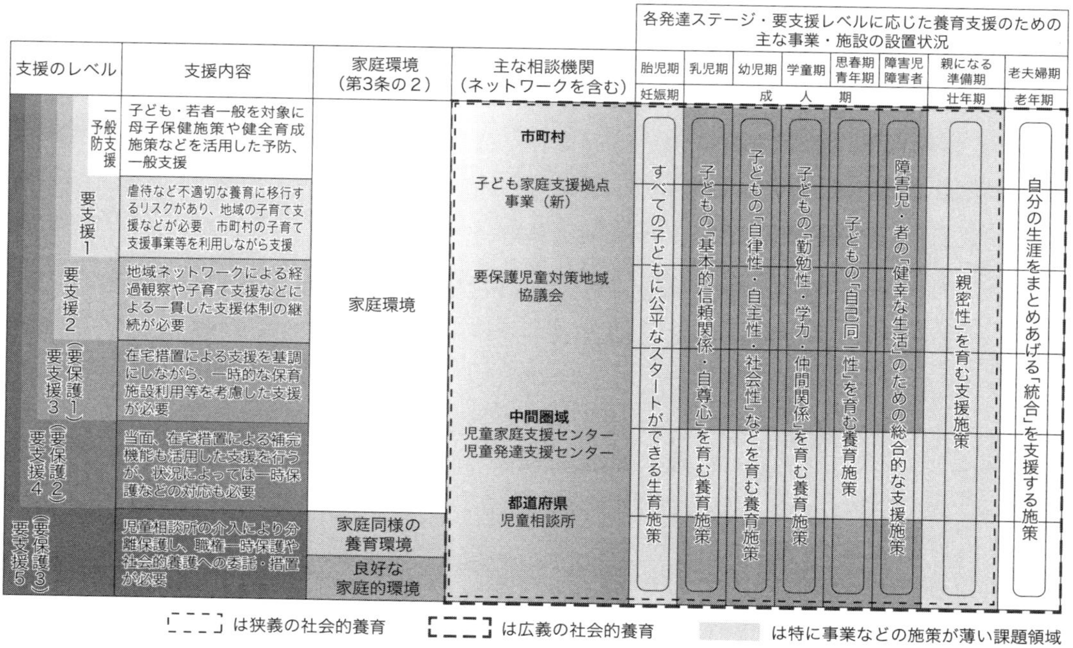

図2-3　ライフサイクルを見据えた子ども・家族の健康な成長のための社会的養育の領域と現状（案）

44

は発達時期では胎児期・妊娠期と親になる準備期であり、支援レベルでは要支援4レベルであることが分かる。これらの時期とレベルの充実強化が重要課題である。

次に養育支援体制であるが、図2-4で示したように子どもの各発達段階における要支援レベル毎に応じた支援事業などを整備することが必要である。

社会的養育システムについては、この図2-4で示しているように、市区町村と都道府県の協働のもと、養育のライフサイクルを見据え、どの年齢や時期においても、その子どもや家族の多様なニーズにも対応できる緩やかなグラデーションをもった重層的な養育支援システムの構築が必要であり、重要課題である。

今後、子どものニーズに応じて支援すると、一時的には代替養育が増加するかもしれないが、代替養育を減らして家庭養育を増やすためには、

①　親になる準備期・妊娠期からの支援施策の拡充

②　親子を対象にした治療的な保育など家庭養育補完施策の拡充

などが必要である。

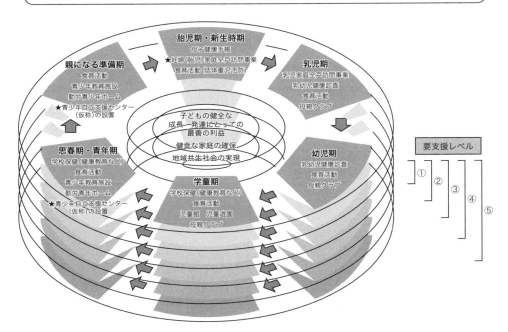

図2-4　社会的養育システムの構築（要支援機能）案

例えば、特定妊婦への具体的な対策としては、若草プロジェクトのように、ＳＮＳなどのICT技術も活用した24時間365日妊娠葛藤相談事業、妊娠検査費用負担などの支援体制や妊娠期から出産後の母子を継続的に支援する社会的養護体制の整備などが課題である。

　在宅支援としては、この図2-5で示しているように、緩やかな連続性をもったスモールステップによる子ども家庭支援システムを構築することが重要であり課題である。

　そのためには、前述したように要支援レベル4の補完的な支援を充実強化することが課題である。具体的には、家族療法事業、ショートステイ・トワイライトステイ事業の活用・拡充などにより、親子で利用できる心理治療的デイケア事業、親子で短期間宿泊して育児及び家事支援等を行う在宅支援事業、あるいは毎週数日間施設で預かるといった子育て家庭の養育を補完するような事業などの実施が課題である。こうした事業にショートステイ里親などの類型を創設して家庭養護の有効活用についても検討すべきである。

　例えていうならば、図2-6でみると分かるように、淡水域を在宅支援機能、海水域を代替養育機能とすれば、在宅支援機能と代替養育機能が混合している汽水域を充実・強化することが必要であり、我が国では、この汽水域の事業が不十分なために、子どもや家庭のニーズに対応したソーシャルワークを展開することができづらいということである。

　法改正により、すでに里親等による家庭環境調整などが行われているはずだが、ビジョ

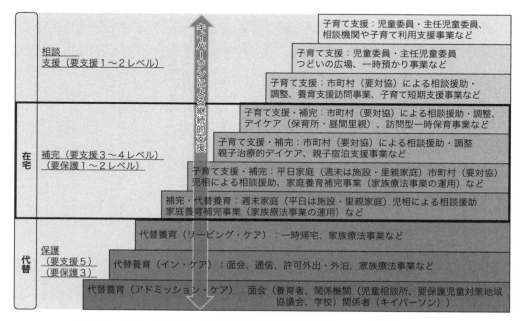

図2-5　スモールステップができる子ども家庭支援システム構築（プラン）

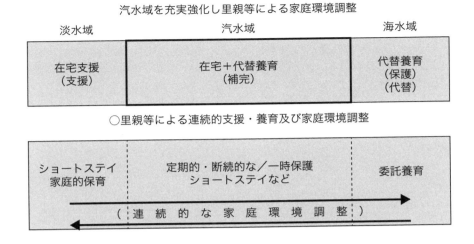

図2-6　養育・支援の連続性の確保

ンで提言されている「ショートステイ里親」「一時保護里親」「親子（母子）を対象にして養育支援を行う親子里親」などを創設して、汽水域である補完機能を充実強化して、子どもや家庭のニーズに対応したソーシャルワークを展開できるようにすることが必要である。

　例えば、要支援家庭の中には毎週３日ショートステイなどを定期的断続的に活用することによって、分離せずにすむケースが一定数いること。また、このような里親家庭でのショートステイによる支援の受けていた子どもを、仮に代替養育として里親家庭に委託することになっても、これまでに生活経験のある里親家庭での生活であれば連続的な移行支援であるため、子どもの不安は生活経験のない里親家庭に委託されるよりも軽減されることになる。また里親と保護者との関係も築いてきているために、家庭環境調整も図りやすくなる。

　大分県で実施した「家庭養育」推進のための児童相談所職員に実施したアンケート調査結果（表2-2）を見ると分かるように、①の、在宅支援等を保護者のニーズどおりに提供でき、また、児童相談所の方針どおりに実施できるとした場合に、家庭分離をせずにすむケースの割合については、約40％という結果であった。次に②の、家庭分離せずにすむケースを増やすために最も有効と思うサービス等については、最も高かったのはショートステイであり、次いで保育所利用であった。

　こうした結果を踏まえて、大分県では、市町村子ども家庭総合支援拠点の設置促進及び子育て支援事業の柔軟な運用を計画の中に盛り込み、「毎年度対前年度比で増加」という在宅支援率を目標指標として策定した。2016（平成28）年度の改正児童福祉法の理念や原則に基づくのであれば、この目標指標こそが最も重要であり、代替養育を減少させること

表2-2　大分県こども・家庭支援課による「家庭養育」推進のための児童相談所職員に実施した
アンケート調査結果

調査時期　2019（R1年）10月
調査対象　中央児童相談所・中津児童相談所の児童福祉司（35人）回答数23名（回収率:65.7%）
調査内容　①　在宅支援等を保護者ニーズどおりに提供でき、また、児童相談所の方針どおりに実施できるとした場合
　　　　　　　に、家庭分離をせずにすむケースの割合
　　　　　　②　家庭分離せずにすむケースを増やすために最も有効と思うサービス等

	回答数	調査① 回答平均	調査② ショートステイ	調査② 保育所	調査②　市町村 等への指導委託	調査② 一時保護委託
児童福祉司経験年数 3年未満	9人	44.4%	0	4	3	2
児童福祉司経験年数 3年以上10年未満	9人	37.2%	4	3	1	1
児童福祉司経験年数 10年以上	5人	41.0%	5	0	0	0
	回答数計 23人	回答全体 平均 40.9%	回答数計 9	7	4	.3

出所：大分県社会的養護推進計画に基づき筆者作成。

に注目すべきである。

　調査結果からも代替養育を減少させるためには、スモールステップによる淡水・汽水・海水と連続的な支援を展開できるように対策を講じることが極めて重要であり、家庭養育推進のための子育て支援等対策の充実強化策としては、前述したとおり、①子育て短期支援事業（ショートステイ事業等）などの弾力運営化、②子ども家庭総合支援拠点における協力家庭等の預かりサービス活用型支援や家族療法事業の拡充、③子育て短期支援（ショートステイ）里親の創設、④保育里親（京都市等で実施している「昼間里親」）の創設　⑤一時保護里親の創設　⑥ファミリーホーム・乳児院・児童養護施設における子育て短期支援事業等の受け入れ体制の拡充　⑦乳児院・児童養護施設における子ども家庭総合支援拠点事業の一部受託などが考えられる。

4. 家庭養護における家庭支援の現状と課題

【子どもから子どもへ】
Q:「里親さんを好きになったら、お母さんに会えなくなっちゃう？　里親さんもお母さんも好きなんだけど、どうしたらいい？」

M「里親さんはあなたをかわいがってくれますが、自分があなたのお母さんではないことを十分理解していると思います。そして、里親さんはあなたのお母さんのことも尊重してくれます。だからお母さんを好きといっても、お母さんに会いたいといっても、里親さんは怒らないと思いますよ。」◆14

【保護者から保護者へ】

Q：「子どもを引き取った後の生活が不安です。入所中にどのような準備をしていけばいいのでしょうか？」

M：「子どもを引き取った後、子どもの学校のこと、経済面、親子関係……いろんなことが不安だった。とりあえず、困った時に相談するところ、助けてくれる所を探してみた。困った時はどんな所に相談したらいいのか、そこは、どんなことをしてくれるところなのか、少しずつ準備していった。児童相談所に聞いてみたら教えてくれることもあった。」◆15

【養育者から養育者へ】

Q：「養育里親として悩んだり苦しんだり、また子どもも育ちの中で悩んだり苦しんだりしているとき『この子の実親は今頃は何をしているのだろう』と思うと、実親を受け入れることが難しくなります。どうすればいいでしょうか？」

M：「子どもと日々向き合い、育ちのために格闘することは嬉しいことばかりではないですよね。なぜ私だけ、なぜ私とこの子どもだけが苦しい思いをしなければならないのかとやるせない気持ちになることもあるかと思います。でも、どんな親であれ、その子どもの人生の大切な一部です。養育里親は、子どもの良い部分も悪い部分も同じく受け止めます。だから、子どもの人生の大切な一部である実親のことも受け止めてあげてください、子どものために。」◆16

　厚生労働省から公表された児童養護施設入所児童等調査の概要（平成30年2月1日現在）によれば、保護者が家庭養護を利用する比較的多い理由のうち、最も多かった理由は、親による虐待であり、里親では全体の39.3％、ファミリーホームでは43.4％であった。次いで親の精神疾患等であり、里親では13.0％、ファミリーホームでは14.3％であった（表2-3）。

　家庭養護における委託時の保護者の状況について、表2-4を見ると分かるように、両親またはひとり親のいる子どもは、里親78.4％、ファミリーホーム83.8％であった。

　そのうち、最も多かった保護者の状況（表2-5）としてはひとり親であり、里親72.8％（実父のみ9.4％、実母のみ62.8％）、ファミリーホーム60.4％（実父のみ9.7％、実母のみ50.7％）

であった。

　こうした家庭養護を利用している保護者の現状を考慮すれば、家庭養護における家庭環境調整は、子どもの健全育成はもとより虐待の再発防止やひとり親家庭への支援などを目標にして、保護者援助プログラムや社会資源などを有効活用しながら、家庭復帰、あるいは家庭復帰が困難な場合でも親子関係の回復のため、児童相談所やフォスタリング機関などと連携協働して実施することが重要である。

表2-3　比較的多い養護問題発生理由

	全体	発生理由	児童数割合(%)	里親	児童養護施設	児童心理治療施設	児童自立支援施設	乳幼児	ファミリーホーム	自立援助ホーム	障害児入所施設	全体
親の精神疾患等	児童数 8,029 割合(%) 16.1	父の精神疾患等	児童数	27	208	4	2	6	6	2	239	494
			割合(%)	0.5	0.8	0.3	0.1	0.2	0.4	0.3	2.5	1.0
		母の精神疾患等	児童数	675	4,001	94	42	702	211	46	1,764	7,535
			割合(%)	12.5	14.8	6.9	2.9	23.2	13.9	7.5	18.3	15.1
親による虐待	児童数 22,210 割合(%) 44.4	父の放任・怠だ	児童数	68	544	6	21	30	24	10	630	1,333
			割合(%)	1.3	2.0	0.4	1.5	1.0	1.6	1.6	6.5	2.7
		母の放任・怠だ	児童数	642	4,045	112	72	474	184	44	1,728	7,301
			割合(%)	11.9	15.0	8.2	5.0	15.7	12.2	7.1	17.9	14.6
		父の虐待・酷使	児童数	212	2,542	147	86	121	112	89	787	4,096
			割合(%)	3.9	9.4	10.8	5.9	15.7	12.2	7.1	8.2	8.2
		母の虐待・酷使	児童数	291	3,538	228	57	188	113	76	1,023	5,514
			割合(%)	5.4	13.1	16.7	3.9	6.2	7.5	12.3	10.6	11.0
		棄児	児童数	74	86	2	4	9	19	3	94	291
			割合(%)	1.4	0.3	0.1	0.3	0.3	1.3	0.5	1.0	0.6
		養育拒否	児童数	826	1,455	46	41	162	205	58	882	3,675
			割合(%)	15.3	5.4	3.4	2.8	5.4	13.5	9.4	9.2	7.3
児童の問題による監護困難	児童数 4,853 割合(%) 9.7	児童の問題による監護困難	児童数	64	1,061	527	988	4	78	136	1,995	4,853
			割合(%)	1.2	3.9	38.6	68.2	0.1	5.2	22.1	20.7	9.7
児童の障害	児童数 5,124 割合(%) 10.2	児童の障害	児童数	12	97	39	19	35	18	13	4,891	5,124
			割合(%)	0.2	0.4	2.9	1.3	1.2	1.2	2.1	50.8	10.2

出所：児童養護施設入所児童等調査の概要（平成30年2月1日現在）に基づき筆者作成。　　　全体の総数　50,007

表2-4　委託時の保護者の状況別子ども数

	総数	両親またはひとり親	両親ともいない	両親とも不明	不詳
里親	5,382	4,222	919	222	19
	100.0%	78.4%	17.1%	4.1%	0.4%
ファミリーホーム	840	704	83	42	11
	100.0%	83.8%	9.9%	5.0%	1.30%

出所：児童養護施設入所児童等調査の概要（平成30年2月1日現在）より。

表2-5　両親またはひとり親ありの保護者の状況別子ども数

	総数	実父母有	実父のみ	実母のみ	実父養母	実母実父	養父実母	養父のみ	養母のみ	不詳
里親	4,222	851	398	2,651	59	228	4	18	5	8
	100.0%	20.2%	9.4%	62.8%	1.4%	5.4%	0.1%	0.4%	0.1%	0.2%
ファミリーホーム	704	140	68	357	18	75	3	—	2	1
	100.0%	25.6%	9.7%	50.7%	2.6%	10.7%	0.4%	—	0.3%	0.1%

出所：児童養護施設入所児童等調査の概要（平成30年2月1日現在）より。

　次に、家庭養護における子どもと家族との交流関係について、表2-6をみると分かるように、家族と交流のある子どもは、里親28.1％、ファミリーホーム54.3％であった。家族と交流のない子どもは、里親で70.3％、ファミリーホームで36.9％であった。

　また、家族と子どもとの交流方法ついては「面会」が最も多く、里親で17.2％、ファミリーホームで28.8％であった。

　さらに、各交流方法における家族との交流頻度であるが、表2-7をみると分かるように、「電話・メール・手紙」においては「年2回〜11回」が高く、里親で52.0％、ファミリーホームで53.1％であった。また「面会」においては「月1回以上」が高かったのは乳児院で57.4％、「年2回〜11回」が高かったのは里親で60.4％、ファミリーホームで60.9％であった。さらに「一時帰宅」においては、「月1回以上」が高かったのは乳児院で81.4％、「年2回〜11回」が高かったのは里親で49.6％、ファミリーホームで50.0％であった。

　このように、里親に委託された子どものうち約7割のものが家族との交流がない。交流があっても、年2回〜11回の頻度での交流が多かった。ファミリーホームにおいては、家族と交流のある子どもは約5割であったが、交流頻度においては里親同様に年2回〜11回の割合が多かった。

　しかし、今後は、乳児院へ措置されていた乳幼児などが里親に委託されるようになり、家庭復帰ケースの委託の増加が見込まれている。里親やファミリーホームは乳児院が実施して親子関係再構築支援を関係機関と連携協力して行わなければならない。里親やファミリーホームはどのように関係機関と連携して家庭環境調整を実施していけばよいのか。

　今まで実親やその家族と交流してこなかった里親やファミリーホームが、委託期間をできるだけ短期間にする中で家庭環境調整を実施することは、里親やファミリーホームにとっては極めて高い専門性が要求されることになり、困難であると言えよう。

　児童相談所やフォスタリング機関など関係機関が中心になって家庭環境調整を実施することは言うまでもないが、里親やファミリーホームにおいて、乳児院と同様の頻度で面会や一時帰宅などを実施しなければならないのであれば、そのための専門性を獲得できるよ

表2-6　家族との交流関係別子ども数

	数量	交際あり			交際なし	不詳
		電話、メール、手紙	面会	一時帰省		
里親	5,382	223	925	350	3,782	19
	100.0%	42%	17.2%	4.7%	70.3%	1.7%
ファミリーホーム	1513	121	435	258	559	133
	100.0%	8.6%	28.8%	17.0%	36.9%	8.20%

出所：児童養護施設入所児童等調査の概要（平成30年2月1日現在）より。

表2-7　家族との交流頻度別子ども数

【電話・メール・手紙】	里親		ファミリーホーム		乳児院	
	子ども数	%	子ども数	%	子ども数	%
総数	227	100.0%	128	100.0%	102	100.0%
月1回以上	37	16.3%	18	14.1%	30	29.4%
年2回〜11回	118	52.0%	68	53.1%	58	56.9%
年1回ぐらい	71	31.3%	42	32.8%	13	12.7%
不詳	1	0.4%	—	—	1	1.0%
【面会】						
総数	925	100.0%	435	100.0%	1,672	100.0%
月1回以上	175	18.9%	92	21.1%	960	57.4%
年2回〜11回	559	60.4%	265	60.9%	608	36.4%
年1回ぐらい	189	20.4%	78	17.9%	97	5.8%
不詳	2	0.2%	—	—	7	0.4%
【一時帰宅】						
総数	359	100.0%	258	100.0%	425	100.0%
月1回以上	159	44.3%	110	42.6%	346	81.4%
年2回〜11回	178	49.6%	129	50.0%	77	18.1%
年1回ぐらい	18	5.0%	19	7.4%	2	0.5%
不詳	4	1.1%	—	—	—	—

出所：児童養護施設入所児童等調査の概要（平成30年2月1日現在）より。

うに対策を講じなければならない。

　家庭養護における家庭環境調整は新たに取り組むべき重要課題なのである。したがって、里親やファミリーホームのスタッフは、家庭環境調整を適切に実施する力量を形成するため、研修やスーパービジョンの継続的な受講はもとより、要保護児童対策地域協議会等への参加などによって、チームやネットワークの一員として関係機関との連携協力ができる関係性を構築することが必要なのである。

　具体的には、里親・ファミリーホームは、担当の児童相談所、フォスタリング機関、要保護児童対策地域協議会、児童家庭支援センターなどの関係機関と、定期的かつ必要に応じて、チーム会議やネットワーク会議を開催して家庭環境調整について協議し、家庭復帰プランなどを策定すること。その際には、子どもや保護者・家族の主体性を促進し、より適切な親子関係再構築支援を展開していくためにも、原則として、子どもや保護者・家族の参加とともに、相談・支援をする関係者との協働関係を築いていくことが重要である。そして、支援において悩みや葛藤が生じた時には抱え込まずにフォスタリング機関など関

係機関に早めに相談し、チームとして取り組んでいくことが肝要である。

（相澤 仁）

▶注
1　社会的養護における育ち育てを考える研究会編（2015）「育ち・育てをサポートするピアメッセージ集　保護者から保護者へ」国立武蔵野学院、60 ～ 61頁
2　厚生労働省雇用均等・児童家庭局長通知（2012）社会的養護施設運営指針及び里親及びファミリーホーム（児童養護施設運営指針）、3頁
3　社会的養護における育ち育てを考える研究会編（2015）「育ち・育てをサポートするピアメッセージ集　子どもから子どもへ」国立武蔵野学院、67頁
4　注1に同じ、98頁
5　社会的養護における育ち育てを考える研究会編（2015）「育ち・育てをサポートするピアメッセージ集　養育者から養育者へ」国立武蔵野学院、92頁
6　新たな社会的養育の在り方に関する検討会（2017）「社会的養育ビジョン」36頁
7　注1に同じ、38頁
8　みずほ情報総研株式会社（2017）「親子関係再構築支援実践ガイドブック」ⅰ頁
9　注8に同じ、2頁
10　注8に同じ、3頁
11　注8に同じ、3頁
12　注6に同じ、7頁
13　第14回新たな社会的養護の在り方に関する検討会構成員提出資料（相澤構成員提出資料）6頁を参照
14　注3に同じ、41頁
15　注1に同じ、30頁
16　注5に同じ、96頁

▶参考・引用文献
相澤仁、川﨑二三彦（2013）『児童相談所・関係機関や地域との連携・協働』明石書店
相澤仁、松原康雄（2013）『子どもの権利擁護と里親家庭・施設づくり』明石書店
相澤仁、宮島清（2013）『家族支援と子育て支援』明石書店
相澤仁、奥山眞紀子（2013）『生活の中の養育・支援の実際』明石書店
厚生労働省雇用均等・児童家庭局家庭福祉課監修（2003）「子どもを健やかに養育するために」日本児童福祉協会
社会的養護における育ち育てを考える研究会編（2015）「育ち・育てをサポートするピアメッセージ集　保護者から保護者へ」国立武蔵野学院
社会的養護における育ち育てを考える研究会編（2015）「育ち・育てをサポートするピアメッセージ集　子どもから子どもへ」国立武蔵野学院
社会的養護における育ち育てを考える研究会編（2015）「育ち・育てをサポートするピアメッセージ集　養育者から養育者へ」国立武蔵野学院

第3章

家族支援の方法

Key Word

家族支援プログラム／サインズ・オブ・セイフティ／安全パートナリング／
ペアレント・トレーニング

1. 家族支援プログラム

❶ 家族支援プログラムの対象

　家族支援には、児童相談所、児童福祉施設、市町村、民間団体など、さまざまな機関が携わっている。子ども虐待とは、単一の要因で生じるものではなく、さまざまな要因が複雑に絡み合って生じるものである。したがって、その支援対象も多岐にわたり、子どもや保護者といった個人だけにとどまらず、その周囲の人や環境との相互作用までを全体的に捉えて、多機関多職種連携をベースとした多面的な支援を行う必要がある。

　家族支援プログラムの対象としては、①子どもに対する支援、②保護者に対する支援、③親子関係に対する支援、④親族に対する支援などの領域が考えられる。地域関係機関との支援ネットワークを絡めながら、これらの領域が重層的、複合的に進展することで家族支援が展開される。

▶ ▶ ▶実践上のヒント

　家族支援プログラムとしては、子どもへの心理療法、プレイセラピー、保護者への心理教育、カウンセリング、親子関係の改善を目的とした段階的親子交流、親族を含めたファミリーグループカンファレンスの実施など、さまざまな支援が想定される。こうした支援は、単独の専門職や援助者で行うことはできないため、家族支援プログラムでは、多機関多職種の協働が必須である。

❷ 日本で行われている家族支援プログラム

　家族支援プログラムとして、多くの児童相談所などで行われているのは、保護者に子どもを育てる技術を伝えるペアレント・トレーニングである。具体的には、トリプルPやNobody's Perfectなどが海外から紹介され、日本でも実践されている。また、虐待を行ってしまった保護者のセルフケアと問題解決力を身につけることを目的とした回復プログラムとしてMY TREEペアレンツ・プログラムがある。親子関係治療に焦点を当てたものとしては、こころや行動の問題を有する子どもと育児に悩む保護者の両者に対し、親子の相互交流を深め、その質を高めることによって回復に向かうように働きかける親子相互交流療法（PCIT）がある。

　ペアレント・トレーニングに次いで多く児童相談所などで実施されている家族支援プログラムとしては、サインズ・オブ・セイフティがある。サインズ・オブ・セイフティとは、

家族が安心・安全を構築していく主体者となれるように支援していく子ども虐待対応の枠組みのことであり、介入から家庭復帰、最終的なケース終結までの支援プロセスにおいて一貫して「子どもの安全」という枠組みに沿った支援を行う。サインズ・オブ・セイフティでは、家族が抱える課題のすべてを解決することを目指すのではなく、「子どもの安全」に焦点を当てた決して譲ることができないボトムラインを家族と共有する。家族の意見をしっかりと聞きとめ、援助者と家族がパートナーシップを築き、子どもにとって安全な家族機能というゴールを目指した支援を行う。

　サインズ・オブ・セイフティと同じような特質を持つものとしては、リゾリューションズ・アプローチ（虐待事実を否認するケースに対する未来の安全づくりを行う体系的なアプローチ）や、安全パートナリング（サインズ・オブ・セイフティ、リゾリューソンズ・アプローチ、解決志向アプローチ、ナラティヴ・セラピーなどのさまざまな理論を統合した家族と安全を中心に据えたアプローチ）がある。

▶▶▶実践上のヒント

　家族支援プログラムとは、「方法」である。方法とは「特定の状況において、何らかの目的を達成するための手段」である。したがって、どのような方法が有効であるのかは、①状況と、②目的によって変わる。つまり、絶対的によい家族支援プログラムがあるわけではなく、各々のケースの状況や目的に応じて、適切なプログラムを選択することが重要となる。

❸ 解決志向ベースの家族再統合プログラム

　サインズ・オブ・セイフティや安全パートナリングなどに共通するのは、子ども・家族・援助者の関係性を重視した子ども虐待対応の枠組みであり、原因の追求をせず、未来の解決像を構築していく解決志向アプローチをベースとした家族再統合プログラムであることだと思われる。

　解決志向アプローチの本質は、例外探しと例外の拡張にあり、例外的にすでにできている安全行動を丁寧に拾い集め、それらを維持・促進していくための質問を繰り返すことを通して子どもの安全をつくるところが両者に共通していると言える。

　こうした解決志向ベースの家族再統合プログラムと他の保護者支援プログラムとの大きな違いは、必ずしも保護者を変えることを支援目標としないところにあると考えられる。例えば、ペアレント・トレーニングなどの保護者支援プログラムでは、保護者の不適切な養育行動を変容させることがターゲットとされることが多い。それに対して、解決志向ベースの家族再統合プログラムでは、家族のできていないところではなく、すでに家族が

うまくやれていることや、親戚や地域の協力者・支援者から得られているサポートなどの肯定的な面に焦点が当てられる。こうした解決志向アプローチの発想に基づき、家族やコミュニティの強みを引き出していくことで、子どもの安全の構築を目指していく。

　実際の現場では、保護者が虐待を認めなかったり、家族が抱える問題が複雑であったりするため、保護者の行動変容を目的とした心理教育的なアプローチだけでは、状況の改善が見込めないケースも少なからず存在すると思われる。そのため、サインズ・オブ・セイフティや安全パートナリングのような解決志向アプローチをベースとした家族支援の考え方が重要になると考えられる。

> **Episode**
>
> 　Ａちゃんの両親には知的障害があり、養育能力に心配があったため、里親委託となった。しかし、両親とＡちゃんの親子関係は良好であり、Ａちゃん自身は実親のもとでの生活を希望した。また、両親もＡちゃんの家庭引き取りを強く希望し、地域でのあらゆる支援を受け容れていた。そのため、安全パートナリングによる家族支援を行い、Ａちゃんに起きた危険なことが二度と起きないような安全計画をつくることにした。その結果、Ａちゃんのおじさんやおばさん、さらには地域の福祉サービスを活用することで、Ａちゃんが安心・安全に家庭で生活することができる仕組みを構築することができたため、Ａちゃんは家庭復帰した。家庭復帰後も、里親との交流は続き、さまざまな人に支えられてＡちゃんは元気に成長していった。

❹ 家族支援プログラムの基本属性

　サインズ・オブ・セイフティや安全パートナリングは、厳密に言えば、パッケージ化された「プログラム」ではなく、支援の枠組み全体に関する「考え方」のことであり、ペアレント・トレーニングなどの保護者支援プログラムとはその性質が大きく異なる。こうした基本属性の違いによって家族支援プログラムをまとめたものが図3-1である。

　この分類に従えば、サインズ・オブ・セイフティや安全パートナリングはソーシャルワーク全般に及ぶアプローチに該当し、ペアレント・トレーニングなどの保護者支援プログラムは部分的かつ課題設定的なアプローチに該当する。ソーシャルワーク全般に及ぶアプローチであるサインズ・オブ・セイフティや安全パートナリングは、「支援の開始」「虐待の告知」「子どもの安全のボトムラインの提示」などを含んでおり、介入と支援を統合しているのが大きな特徴である。日本の場合、児童相談所が介入と支援の二重の役割を担っているため、サインズ・オブ・セイフティや安全パートナリングの意義は大きいと思わ

れる。

　ソーシャルワーク全般に及ぶアプローチと部分的かつ課題設定的なアプローチは組み合わせることが可能である。具体的には、介入から家族再統合に至るすべての支援プロセスにおいて、ソーシャルワーク全般に及ぶアプローチであるサインズ・オブ・セイフティや安全パートナリングを枠組みを用いた一貫した対応を行い、必要に応じてペアレント・トレーニングなどの部分的かつ課題設定的なアプローチを活用することで、より効果的な支援を展開することができると思われる。

ソーシャルワーク 全般に及ぶ アプローチ	・サインズ・オブ・セイフティ ・リゾリューソンズ・アプローチ ・安全パートナリング	介入と支援の統合
部分的かつ 課題設定的な アプローチ	・MY TREE ペアレンツ・プログラム ・ペアレント・トレーニング ・トリプルP ・Nobody's Perfect　など	保護者支援プログラム
	・親子相互交流療法（PCIT）	親子関係治療

図3-1　家族支援プログラムの基本属性

2. 安全パートナリングによる家族支援

❶ 安全パートナリングとは

　本節では、解決志向ベースの家族支援プログラムとして安全パートナリングについて説明する。安全パートナリングは、子ども虐待対応のアセスメントとプランニングの方法の1つであり、家族を中心に据えた協働的なアプローチである。

　安全パートナリングの中心にあるのは、子ども・家族・援助者が協働して行う包括的なアセスメントとプランニングの枠組みである。これは子どもに関わる重要な人物全員（保護者、親戚、地域の協力者・支援者、児童相談所、施設、里親、そして子ども自身を含む）が支援プロセスのどの時点においても子どもの安全を評価し、それを高めることに焦点を当てることができるように作られている。この協働的なアセスメントのプロセスは、子ども・家族・援助者の協力による詳細な安全計画づくりへとつながっていく。安全計画には、子どもの持続的な安全を確保するために家族と地域の協力者・支援者がやるべきことがまとめられる。

　なお、安全パートナリングの原理は、図3-2の通りである。常に安全に焦点を当てなが

ら、子ども・家族・援助者のパートナシップを重視し、子どもと家族の当事者参画を何よりも大切にする。リスクだけではなく強みにも注目したバランスのとれたアセスメントを出発点として、家族の願いや希望を尊重した未来のビジョンを目指した支援を行う。

---

①私たちの仕事はすべて、子どものために持続的な安全をつくることを中心に組み立てます
②よい協力関係の重要性
③子どもと家族の声が、いつも仕事の中心です
④厳密でバランスのとれたアセスメントを出発点します
⑤子どもを育てるには村が一つ要ります
⑥意味がある持続的な変化をするには、何が可能であるかのビジョンが必要です
⑦児童保護ワーカーは、変化の主体です
⑧問いかける精神から実践します
⑨私たちは、人を問題そのものであると見るのではなく、人は問題と関わっている存在と見ます
⑩すべては、振り返り、肯定的な理解、継続的学習に基づく土壌で育ちます

図3-2　安全パートナリングの原理
出所：Parker（2012）より。

「子どもを育てるには村が1つ要ります」というのは、アフリカの有名な諺であるが、コミュニティの持つ力を促し発展させるところに安全パートナリングの本質がある。また、「人が問題ではなく、問題が問題である」というナラティヴ・セラピーの考えに従って、問題を個人に内在する問題と考えるのではなく、問題を個人から切り離して個人の外部にあるものとして捉えるよう試みる。

　児童福祉司は、ケースの管理者として捉えられているが、安全パートナリングでは、児童福祉司は子どもの安全を高めるために家族とその協力者とパートナーになる特別な技術を持つ変化の主体と考える。そこで求められる専門性とは、「問いかける精神」であり、問題解決の答えは、専門家の中ではなく当事者の中にあると考えて、子どもや保護者から安全を高めるために必要なことを解決志向の質問技法によって引き出していく。

　こうした安全パートナリングの哲学を実現するためには、組織的に取り組み、業務のすべての側面でそれらを行動に移すことが必要である。スーパービジョンやマネジメント、理念形成は、深い振り返り、現場で働く人への肯定的理解、継続的学習への全員参加という土台のうえで行われるのが望ましいとされる。

❷ 安全パートナリングのアセスメントとプランニングの枠組み

　安全パートナリングのアセスメントとプランニングは、サインズ・オブ・セイフティと同様に、以下の4つの問いかけによって行われる。

①　私たちが心配になるようなどんなことが家族に起きたのか／起きているのか？（これまでの危害、難しくさせている要因）

② 家族の中でうまくいっていることは何か？（保護的な行動、強み）

③ 安全のものさし：0 〜 10のものさしで言えば、今時点で、家族のもとで生活することは子どもにとってどれぐらい安全であるか？

④ これから何が起きる必要があるか？（今後の危険、安全ゴール、次のステップを特定する）

　この4つの問いかけが支援プロセスの土台になる。4つの問いかけをすべて網羅することで、リスクだけではなく強みにも焦点を当てたバランスのよいアセスメントが可能となり、子どもの安全計画をつくるうえでの基礎となる情報を集めることができる。こうした質問を子どもに関わる重要な人物全員にすることで、安全パートナリングのアセスメントとプランニングを協働的なプロセスにすることができる。

　なお、安全パートナリングのアセスメントとプランニングの枠組みは、図3-3の通りである。子ども・家族・援助者が共通の枠組みを使って、それぞれの意見を出し合い、それぞれの視点を統合することで、協働的なアセスメントとプランニングを行うことができる。こうしたプロセスを経ることで、子どもの安全に関する問題意識を共有したうえで、その解決のための建設的な対話が可能となる。

心配していること	うまくいっていること
【これまでの危害】これまでに子どもが保護者の養育で危害を受けたときのこと	【保護的な行動】これまでに保護者が子どもを守れたときや危害が起きるのを止めるためにしたこと
【難しくさせている要因】家族が子どもを守ることや児童相談所と家族が協力することを難しくしている要因	【強み】家族の生活にあることで今後家族が子どもを守るのに役に立つこと

安全のものさし
家族のもとで生活する子どもの安全について、10点が「児童相談所がケース終結できるほど安全である」、0点が「子どもは家庭で生活できないほど危険である」だとしたら、今時点で何点か？（それぞれの人が思う点数を以下のものさしに記入する） 0（危険）◀────────────────▶ 10（安全）

起きる必要があること：今後の安全のための計画づくり	
【今後の危険】今後子どもが危害を受ける危険性があることで保護者が子どもの養育でするかもしれないと心配していること	【安全ゴール】子どもを危険から守るために今後の養育で保護者がやるべきこと
【今後の安全に向けての次のステップ】安全ゴールの達成に向けて、それぞれがやるべき次のステップのこと	

図3-3　安全パートナリングのアセスメントとプランニングの枠組み
出所：Parker（2012）より。

❸ 当事者参画を促進するためのツール

　安全パートナリングの実践では、子どもや家族といった当事者の主体性を重要視する。子ども虐待対応のプロセスに当事者の意見を効果的に取り入れるのに役立つツールとしては、子どもや家族と一緒に描く『三つの家』がある。また、家族、親戚、地域の協力者・支援者、児童相談所、施設、里親などが一緒に子どもの安全について話し合う家族応援会議をケースワークのプロセスで積極的に活用する。

　『三つの家』は、マオリ族の健康モデル、解決志向アプローチ、サインズ・オブ・セイフティなどの考え方を理論的な背景として、ニュージーランドで開発された情報収集ツールであり、家の形をした３つの枠組みの中に子どもや家族の問題などを外在化しながら話し合う（図3-4）。

　『三つの家』の中核には、マオリ族の健康モデルがあるが、マオリ族にとっての健康やウェルビーイングとは、身体、精神、家族、スピリチュアルな側面を包括した全体的なものとして捉えることができる。マオリ族が大切にするスピリチュアルとは、日本語では「霊性」「魂」などと表現されるが、具体的には、自分の存在に対する居心地、アイデンテ

図3-4　子どものための『三つの家』
出所：ウェルド、パーカー、井上（2015）より。

ィティや価値観、自然とのつながり、先祖とのつながりなどを指す概念であり、人間の深い側面から健康について考えていく。

　『三つの家』の根本的な原則は、自分自身の世界や考えについて、じっくりと語ることができる空間を作るということである。こうしたツールを最大限に活用し、子どもや家族と関係性を形成しながら、会話を促進していくことで、さまざまな情報を得ることができ、より適切なアセスメントとプランニングを行うことが可能となると考えられる。

▶▶▶実践上のヒント

　『三つの家』の「いいことの家」「心配の家」「希望と夢の家」という枠組みは、安全パートナリングのアセスメントとプランニングの枠組みの「うまくいっていること」「心配していること」「起きる必要があること」に相当する。また、『三つの家』において「道のり」を0～10の点数で達成度を聞くことは、「安全のものさし」に相当する。『三つの家』を活用することで、安全パートナリングのアセスメントとプランニングのプロセスに子ども自身も参画することが可能となる。なお、『三つの家』とは，支援者側が必要な情報を集めるためではなく、子どもや家族の意見が聞いてもらえるようにするために考案されたツールであることを決して忘れてはならない。

❹ 安全パートナリングの支援プロセス

　安全パートナリングによる支援プロセスは、子ども・家族・援助者の協働によるアセスメントとプランニングを土台として、安全計画づくりへと向かっていく。こうした安全パートナリングの安全計画づくりのプロセスは、図3-5の通りである。

①危険と今後の安全を特定するプロセスに全員に関わってもらいます
②当面の安全を確保します
③安全計画づくりについて説明し、安全応援団を見つけます
④全員が心配ごとを分かっているようにします
⑤詳細な安全計画をつくる
⑥安全計画のモニタリングと見直し

図3-5　安全パートナリングの安全計画づくりの段階
出所：Parker（2012）より。

　安全計画づくりの具体的なプロセスとしては、まずは児童相談所が考える心配していることと安全ゴールを、家族や家族に関わる重要な人々に伝えてもよい言葉でアセスメントとプランニングの枠組みに記述する。そのうえで、『三つの家』などのツールを使って、子どもや家族の意見を引き出す。さらには、家族応援会議を活用して、子どもに関わる重

要な人物全員で問題とゴールを共有する。

　安全計画が作成されるまでの間、当面の安全を確保する。例えば、保護者だけで子どもを養育することが心配な状況においては、子どもを保護したうえで、面会交流は親戚などの十分なサポートがある状態で実施する。

　子どもの家庭復帰のためには、安全計画を作成する必要があることを説明し、安全応援団（地域の協力者・支援者）を見つけることを促す。家族応援会議に誰に参加してもらうのかを決めて、誰が協力者・支援者に連絡して会議への参加を頼むのか、誰が話し合いの場を設定するのかを決める。

　何が起きて子どもの保護などの介入が行われたのかを、子どもや地域の協力者・支援者に知ってもらう。少なくとも、アセスメントとプランニングの枠組みで言うところの、心配していることと安全ゴールを全員が理解しているようにする。

　家族と地域の協力者・支援者と一緒に安全計画をつくることに取りかかる。**その安全計画によって、安全ゴールを達成できるだろうと児童相談所、家族、地域の協力者・支援者の全員が納得するまで、家族が主体となって安全計画づくりの作業を続ける。**安全計画のガイドラインについては、子どもが分かる言葉で作成する。

　安全計画が実行されたら、うまくいっているかどうかを定期的にモニタリングする。必要に応じて計画の見直しを行う。安全計画が十分に機能していて児童相談所が手を引いても大丈夫だと思えるほど子どもが安全であると全員が自信を持つことができたら、安全計画のモニタリングは、地域の協力者・支援者に委ね、児童相談所はケースを終結する。

Episode

　里親委託されていたCちゃんの家庭復帰に向けて家族応援会議を繰り返してきた。援助の初期段階では、『三つの家』などを活用して、子ども、保護者、地域の協力者・支援者、里親、児童相談所の意見を整理し、心配していることと安全ゴールの共有に努めた。段階的親子交流が順調に進んでくると、家庭復帰のための安全計画づくりに取り組んだ。養育能力に課題がある保護者だけでは、Cちゃんが家庭で安心・安全に生活できるか心配であったため、親戚や友人、地域の支援者などの協力を得ることになった。保護者が招待状を作成し、親戚や友人、地域の支援者が参加する家族応援会議を開催した。こうしたプロセスを経て、児童相談所、家族、地域の協力者・支援者の全員が納得できる安全計画が家族主導で作成されたため、Cちゃんは里親のところから家庭復帰することになった。

3. ペアレント・トレーニングによる家族支援

❶ ペアレント・トレーニングとは

　ペアレント・トレーニングとは、親訓練と訳され、親に具体的な養育技術を身に付けさせるトレーニングである。行動療法の技法を援用していることが多く、具体的で分かりやすいのが特徴とされる。子どもに対する最良の治療者は親以外にないという考えに基づいており、発達障害のある子どもをはじめ、性格行動上の問題のある子どもの治療に応用されてきた。現在、その適応範囲は広がり、子ども虐待をした親への支援として用いられるようになってきた。これは、子ども虐待の件数が増え、支援を必要とする家族が増えたからである。

　子ども虐待の場合、子どもと親を分離しないといけない状況も生じる。しかし、子どもを保護するキャパシティには限界があり、また、必ずしも親子分離が子どもにとっての最善とならない場合もある。つまりは、親子分離が与える子どもへの心的ダメージの深さも分かってきたのである。そういった中、子ども虐待の親子再統合への支援としてペアレント・トレーニングが注目されるようになった。

▶▶▶実践上のヒント

　子ども虐待をする親への支援は必須なのにもかかわらず、多くの親が支援を必要だと思わず、自分自身が支援を必要としているとの認識が低いことが多い。つまり親自身が自分が変わらないといけない、そのためには、支援が必要だとの認識を持つケースが少ないということである。このような状況を生み出す1つの要因としてあげられるのは、「虐待」という言葉である。広辞苑によれば、「虐待」とは「むごく取り扱うこと。残酷な待遇」とある。また、「虐」という漢字は「しいたげる。むごくあつかう」と定義され、用例として、「虐待」「虐殺」「暴虐」があがっていた。このように「虐待」という言葉の持つイメージは極めて酷い状況を意味するため、子ども虐待をする親自身が行っている子どもへの不適切な行為を子ども虐待だと認識することを難しくする。自分のしていることは「虐待」ではない、「しつけ」である。このような言葉は子ども虐待をする多くの親から聞かれる。

❷ ペアレント・トレーニングのアプローチ

　ペアレント・トレーニングでは、大きく分けて親に２つのスキルを教えることからアプローチする◆1。１つは子どもの行動（特に行動上の問題）にうまく対処する技術を親が身に付け、子どもの行動上の問題を減少させるスキルを獲得するアプローチ（行動変容アプローチ）。もう１つは、親子関係の改善をするのに必要なアプローチ（関係強化アプローチ）である。このうち、虐待をした親への治療といった親子関係の改善の必要性が高まるにつれて、関係強化アプローチへの注目度が増してきたのである。

　実際に子ども虐待の多くのケースで、子どもの行動上の問題に親がうまく対処できていないだけでなく、親子関係に深刻なダメージを抱えていることがある。「子どもをかわいいと思えない」「見ているだけでイライラする」との訴えは、多くのケースで聞かれる。では、なぜ「子どもがかわいいと思えない」ほど、親子関係がこじれてしまうのであろうか。ペアレント・トレーニングでは、この原因を親の精神力動的な問題に求めず、親と子の有害な相互関係上の問題と捉える。ここでは、親の精神力動的な問題が「子どもをかわいいと思えない」状況を作り出したために親子関係が悪化し、親からの子どもへの虐待が導かれたととらえるのではなく、親と子どもがうまくコミュニケーションできない（虐待を含む）ために、親子関係が悪化し、「子どもがかわいいと思えない」という状況を導いたと考える。

　この状況を親子関係のバッドサイクルと呼ぶ（図3-6）。親と子のコミュニケーションがうまくいかなくなる（子どもとのコミュニケーションの質・量の低下）と、親の期待や意図がうまく伝わりにくくなる。そうなると、子どもは親が何を求めているのかが分からなくなり、子どもの行動上の問題が増加し、親のいら立ちを生むことになる。そのいら立ちから暴力的しつけといった罰をともなうしつけを生み出しやすい状況が作られる。その結果として使われた罰は、親子関係にダメージを与え、親と子のコミュニケーション不良を生み出すというネガティブな連鎖を引き起こす。そして、このバッドサイクルは悪い状況をエスカレートさせ、親と子のコミュニケーション不良、すなわち深刻な子ども虐待につながるのと同時に、ネガティブな連鎖であるバッドサイクルを維持するシステムとなる。ペアレント・トレーニングでは、行動変容アプローチと関係強化アプローチを使い、親と子どものコミュニケーション不良に直接介入することにより図3-6の下方に示すグッドサイクルへと導くこと意図する。

　グッドサイクルとは、バッドサイクルの逆である。親が子どもとうまくコミュニケーションできる方法を身に付けることにより、子どもの問題行動を減少させ、そのことにより親のいら立ちが少なくなり、その結果、適切なしつけを用いられるようになり、親子関係が改善され、その状況がより良い親子のコミュニケーションを強める。

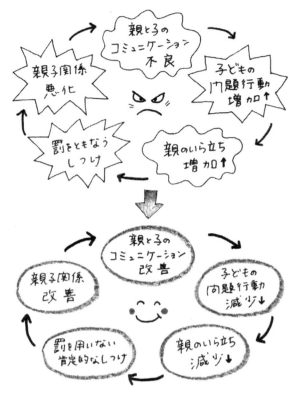

図3-6　親子関係のバッドサイクルからグッドサイクルへ
出所：野口啓示（2009）『むずかしい子を育てるペアレント・トレーニング』7頁より。

❸ プログラムの特徴と内容

　筆者は子ども虐待の家族再統合を目的として、米国のペアレント・トレーニングを参考に、プログラムを開発した◆2・◆3。このプログラムの特徴は子どもの行動上の問題に対処するスキル（行動変容アプローチ）を教えるのと同時に、親子関係を改善するスキル（関係強化アプローチ）を教える内容になっていることである。プログラムの中に、「まずは落ち着こう」「怒りのコントロール法」「子どもの発達と親の期待」「問題解決法」といった関係強化アプローチを図る技法を採用した（表3-1、図3-7）。

表3-1　ペアレント・トレーニングで学ぶ10の技法

技　法	ゴール
分かりやすく伝えよう	子どもの行動を抽象的な言葉を使わずに、具体的に表現する方法を身に付ける。
ほめることで悪い面をやっつけよう	効果的にほめる方法を身に付ける。
がんばり表を使って子どものやる気を引き出そう	子どもにやる気を起こさせるような表を使って子どもにして欲しい行動を強化する方法を身に付ける。
前もってのお約束	前もって、子どもに言ってきかせる方法を身に付ける。
まずは落ち着こう	怒りをコントロールし、落ち着きを維持する方法を身に付ける。
行動を分析しよう	行動の後の結果（親の対応）に注目し、子どもの良い行動を増やし、子どもの悪い行動を減らす方法を身に付ける。
怒鳴ったり叱ったりしないで子どもをしつける方法	子どもの行動上の問題に介入する方法を身に付ける。
危機介入	子どもが感情的になって反抗したり、泣き叫んだり、すねたりといった親子の緊張が高まる場面での対処方法を身に付ける。
子どもの発達と親の期待	親の子どもへの期待を整理しつつ、親の過剰な期待（認知の歪み）の修正を意図する。
問題解決法	5ステップの意思決定の方法から、具体的な問題解決の方法を身に付ける。

図3-7　ペアレント・トレーニングで使用する教材（漫画）の例
出所：野口啓示（2009）『むずかしい子を育てるペアレント・トレーニング』18頁より。

❹ 子ども虐待の家族再統合を目的として行ったペアレント・トレーニングの実際

　ここでは、子ども虐待の家族再統合を目的とした親支援にペアレント・トレーニングを活用した事例[4]を紹介する。

　家族構成は、30代の父親・母親、そして4人姉妹（2歳〜6歳）。父親からの身体的虐待による施設入所措置。4人姉妹のうち、5歳の女児（本児）が指示に従わないことに腹をたてた父親が暴力をふるい、複数回の一時保護のあと、施設入所となった。

　本児の進級に合わせて引き取りたいとの希望があり、強引な引き取りが起こりそうな状況であった。父親が感情的になりやすく、その際に暴力的な手段でしか、しつけを行えないようであった。ペアレント・トレーニングを実施することにより、子どもの行動上の問題に対するしつけのスキルを向上させ、暴力以外の方法でしつけができるようになることをゴールとした。

　前半においては、父親との関係構築を目的とし、できるだけ父親に自分が責められているという感情を抱かせないように配慮しつつも、叩くや怒鳴るという過剰なしつけが虐待につながること、また子どもの行動上の問題をやめさせるのに効果的なコミュニケーションを解説しながら、叩くや怒鳴るといったしつけに効果がないことを理解してもらった。

　中盤では、父親のがんばりを認め、ほめながら、ほめることの効果を話した。また、行動上の問題が注意引き行動であることの可能性を話していった。父親は、はっとした表情になり、虐待を受けた本児にその可能性があると言った。また、この頃から、子どもたちとの関係がよくなったことを報告するようになった。父親はほめる効果をあげた。本児の家での外泊がスタートした。

　後半では、父親と同じ過ちを犯さないようにするには何ができるのかを話し合った。父親は「あのときは、何を言っても、言うことをきかず、固まってしまって、怒っても黙っているので、無視しているのだと思った。こちらがどれだけ怒っているのかを分からせようと、暴力をふるった。次回からはほめることで、状況を変えたい」と話した。新しい親と子のコミュニケーションの方法を父親が身に付けていっていると感じた。

　暴力に頼るしつけ以外の方法を身に付けることにより、子どもとの関係も変化し、父親も子どもがかわいいと思えるようになってきたようであった。これまでの、やりにくい子どもという枠組みも変わってきており、自分のやり方しだいで状況を変えていけるというふうに本児への認知の枠組みが変化したようであった。プログラム終了

後に本児は退所した。その後、この家族に関する虐待通告はなかった。

❺ 里親養育支援を目的としたペアレント・トレーニング

　筆者が所属するNPO法人Giving Treeでは、ペアレント・トレーニングを応用した里親養育支援を行うプログラムであるフォスターペアレントプログラム[5]（以下、FPP）を開発し、里子養育を行っている里親向けに実施している（表3-2）。1回2.5時間全5回から構成されており、10名ほどのグループで実施している。FPPを開発したのは、現在、里親やファミリーホームに入所する子どものうち、子ども虐待を受けた経験を持つ子どもが増加しており、子どもの養育が難しくなったとの悩みが多く聞かれるようになったからである。

　また、FPPの特徴は、ペアレント・トレーニングだけでなく、里親が子どもの人生の中途から養育を引き受けるという中途養育だからこそ生まれるニーズにも対応するプログラムを取り入れていることである。大阪ライフストーリー研究会所属の講師に、ライフストーリーの必要性、そして里親が里子にできるライフストーリーワークをレクチャーしてもらうとともに、「生い立ちダイアリー」「里親紹介ブック」といったものを各里親に作成してもらうプログラムになっている。

　次に、2018年にはじめて実施した際に参加者8家族（13名）を対象に実施したアンケート結果を紹介することにより、プログラムの有用性を検討する[6]。

　「この講座はあなたが里親として、里子に教育するのに有益なものとなりましたか」には、「非常に満足した」（1人）もしくは「満足した」（9人）と答えた。また、教材の適切さやプログラムの進め方等の質問においても、全員が満足したと答えた。そして、「他の里親にこの講座を薦めることができますか」の問いにも、すべての参加者が薦めることができると答えた。また、自由記述欄には、「改めて里親だと実感し、子育てを振り返り、今後の進むべき道も考えた」「実子と違っていいんだと思わせてもらい、とても気持ちが楽になりました」「リハーサルを学んで、その日、家に帰ってから実践してみた。里子がぐ

表3-2　フォスターペアレントプログラム

第1回	「里子へのライフストーリーワークの必要性」（大阪ライフストーリー研究会講師）、「家族写真の整理：コラージュの方法を学ぶ」（桜クレパス、メモラリアート公認講師）
第2回	ペアレント・トレーニング1回目（「親子関係のバッドサイクルからグッドサイクルへ」の説明と「分かりやすいコミュニケーション」の講義とロールプレイ。「生い立ちダイアリー」「里親紹介ブック」作成）
第3回	ペアレント・トレーニング2回目（「行動の原理」の説明、「ほめる体験・ほめられる体験」の演習。「生い立ちダイアリー」「里親紹介ブック」作成）
第4回	ペアレント・トレーニング3回目（「落ち着くプラン」の作成、「落ち着きを維持して子どもをしつけるコツ」の講義とロールプレイ。「生い立ちダイアリー」「里親紹介ブック」作成）
第5回	振り返り

ずることなく関係を保つことができた」などFPPを受講することによって、里親として成長する機会になったことが報告された。

　アンケート調査から、FPPへの満足度の高さが示された。FPPを受講することにより、新しいしつけの技法を身に付けるとともに、里親としての自分たちの養育のあり方を振り返る機会となったようである。ライフストーリーワークとペアレント・トレーニングを組み合わせることにより、より里親固有のニーズに応えることができたことが、里親の高い満足度につながったのではないかと思われる。

（千賀則史・野口啓示）

▶注────────────────

1　免田賢『ペアレント・トレーニング』第30回行動療法研修会ワークショップ3、2006年
2　野口啓示（2009）『むずかしい子を育てるペアレント・トレーニング』明石書店
3　野口啓示（2008）『被虐待児の家族支援』福村出版
4　プライバシー保護のために事例を一部改変してある。
5　特定非営利法人 Giving Tree（2019）『フォスターペアレントプログラム：里親のためのハンドブック』
6　ここで紹介したアンケート結果の初出は、畑山麗衣・野口啓示（2019）「里親養育支援を目的としたフォスターペアレントプログラムの開発的研究」『第20回日本子ども家庭福祉学会報告要旨集』日本子ども家庭福祉学会

▶参考・引用文献────────────────

Parker, S.（2012）*Partnering for Safety: An Introduction to Family and Safety-Centred Practice*, SP Consultancy.（井上直美、井上薫訳（2012）『安全パートナリング　家族と安全を中心にすえる実践入門』安全パートナリング研究会）
千賀則史（2017）『子ども虐待　家族再統合に向けた心理的支援──児童相談所の現場実践からのモデル構築』明石書店
Turnell, A., & Essex, S.（2006）*Working with 'Denied' Child Abuse: The Resolutions Approach*, Open University Press.（井上薫、井上直美監訳（2008）『児童虐待を認めない親への対応』明石書店）
ウェルド，N、パーカー，S、井上直美編（2015）『「三つの家」を活用した子ども虐待のアセスメントとプランニング』明石書店

ファミリー・プリザベーションと
相互支援的包摂関係の構築

ファミリー・プリザベーションとは

　親子分離は子どもに大きなトラウマを与える可能性がある。保護者にとっては、親失格の烙印を押されたと感じるほどのインパクトがあることであり、支援を受けること自体に自尊心が傷つけられたと感じ、支援を拒むようになってしまうこともある。子どもや親にさらなる傷つき体験をさせないためにも、子どもの安全を確保しながら親子分離を防ぐコミュニティ・ベースの危機介入アプローチが求められている。

　ファミリー・プリザベーションとは、子どもが虐待などの危機に直面している時に行われる在宅サービスのことである。Preservation（プリザベーション）とは、「維持」という意味であり、子どもを家庭から引き離すのではなく、家族を維持できるようにすることを目指す。具体的には、①子どもが家庭で安心して生活できるようにする、②家族の絆を維持し強める、③親子分離を必要とするような危機的な状況を鎮静化させる、④家族のスキルと能力を高める、⑤フォーマルおよびインフォーマルな社会資源を家族が適切に活用できるように促すなどが支援目標としてあげられる。

　ファミリー・プリザベーションと同様の概念としては家族再統合がある。両者を厳密に使い分けるのであれば、家族再統合は、何らかの形で深刻な親子の分断を経験したケースに対して使用し、家族形態としては一度も親子分離を経験していないケースに対してはファミリー・プリザベーションという用語を使用することが適当だと考えられる。

　児童相談所の虐待ケースの中で、里親や施設に措置されるのは全体の3％未満である。つまり、残りの97％は何らかの問題を抱えながら元の地域で生活をしている。このことを「在宅支援」と呼んでいるが、これらのケースに対して、十分な支援が行われているかは疑問である。こうしたケースにこそファミリー・プリザベーションの哲学が必要だと考える。

相互支援的包摂関係の構築

　地域でのつながりが希薄化し、社会的に孤立し、生活困難に陥ることが多くの虐待ケー

スに共通する構造であるならば、親子分離は根本的な解決にならないばかりか、かえって状況が悪化してしまうこともありうる。虐待という危機に直面している家族を問題視し、社会から排除するのではなく、コミュニティの一員として包み込み、支え合うことが支援の本質だと思われる。

　虐待などの不適切な養育環境で育った子どもに対しては、適切な発達を促す場を保障することが重要である。そのためには、心理学的な介入（カウンセリング、ペアレント・トレーニングなど）とソーシャルワーク的な介入（衣服や住宅の提供、ヘルパー、レスパイトの活用など）を組み合わせた心理社会的支援が必要である。子どもに対しては、実親による養育にこだわることなく、社会全体で子どもを育むことを理念として、適切な保護的対象の内在化を図るような安心・安全な場の保障が大切となる。

　こうした場を保障するためには、家庭基盤が脆弱で機能不全に陥っている家庭をまるごと社会的に包摂するという視点が必要となってくる。この考え方の土台には、実親との親子関係の修復が難しくても、適切な保護的対象者のいる社会との絆を強めることが重要であるという発想がある。ここでは、不適切な養育をする保護者を包摂することはもちろん、その役割を代替する里親などの社会的養護をも包摂することが求められている。

　近年、「社会的包摂」というキーワードがさかんに使われているが、問題を抱える子どもや家族に対して、里親や支援者がサポートすることが社会的包摂だとは思わない。むしろ支援者―被支援者の関係性を超えて、人と人とが生きづらさを相互包摂しあうことのできる関係性を創り出すことが社会的包摂だと考えられる。適切な社会的包摂能力のある社会でこそ、過剰な自立心や依存心を持つことなく、お互い必要な時に人と社会に助けを求めることができる人を育むことができると思われる。

　苦悩を共有し、少しでもよりよき新たな人生の創造・発見を目指して、相互支援的包摂関係を構築する「新たな社会的絆の創成」（共生的社会の共創）こそが大切なのではないだろうか。

（千賀則史）

第 4 章

児童相談所における
家族支援の実際

Key Word

児童相談所／家族支援／家族再統合／チームアプローチ

1. 児童相談所における家族支援の必要性

❶ 児童相談所とは

児童相談所とは、児童福祉法に基づき、都道府県などに設置された児童福祉の専門機関である。18歳未満の子どもに関する家庭などからの相談に応じ、子どものニーズや置かれた環境などを的確に捉え、子どもの福祉を図るとともにその権利を守ることを主たる目的とする。

児童相談所は、通常の相談機能に加えて、市町村相互間をコーディネートする市町村援助機能、施設入所などを行う措置機能、子どもの保護を行う一時保護機能という強力な権限を併せ持っている。そのため、児童相談所は、家族支援の中心的な役割を担っている。

❷ 児童相談所におけるチームアプローチ

児童相談所における家族支援の最大の特徴は、児童福祉司、児童心理司、医師、一時保護所職員などの多職種で構成されるチームアプローチにある。

具体的には、児童福祉司と児童心理司がチームとなり、社会診断と心理診断、必要に応じて一時保護所で行う行動診断や医師による医学診断などを行い、子どもとその環境を総合的に理解したうえで支援が行われている。

こうした支援プロセスを概念的に図示したものが図4-1である。

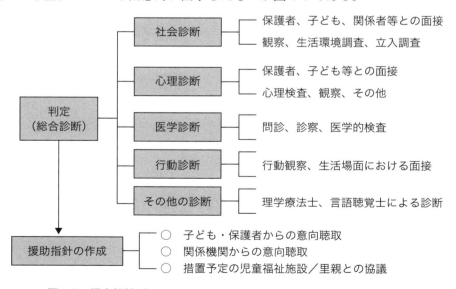

図4-1　児童相談所のチームアプローチによる総合診断と援助指針の作成
出所：厚生労働省（2018）より。

❸ 家族支援の必要性

子ども虐待対応の目的は、児童虐待防止法第1条に「児童の権利利益の擁護に資すること」と定められている。「児童の権利利益」とは、子どもの権利条約で規定されている「最善の利益の考慮」に沿ったものであり、

①生存・成長発達などの基本的人権が保障されること

②子ども本人に影響を及ぼす事項についての意見表明など、参加の権利が確保されること

③家庭環境の下で幸福、愛情および理解のある雰囲気の中で成長する状況が確保されること

などが含まれている。

子ども虐待対応においては、虐待を行った保護者から子どもを保護するだけでは根本的な解決にはならない。むしろ長期的にみれば、家族や地域とのつながりの喪失に伴う心理的な影響を抱えた大人を大量に生み出す危険性がある。そのため、児童相談所の子ども虐待対応は、子どもの安全確保だけでは不十分であり、個々のケースにおける子どもの最善の利益とは何かを意識しながら、家族再統合に向けた家族支援を展開していく必要性がある。

> **Episode**
>
> 　児童福祉司のAさんは、施設職員からの連絡を受けて、施設で虚言、他児童への暴力などの行動上の問題を繰り返している児童と面接を行った。すると児童から「どうして施設に入れたの？施設なんて行きたくなかった。家に帰りたい」と涙ながらに訴えられた。

❹ 家族再統合とは

一般的に家族再統合とは、里親委託／施設入所などによって分離された親子が再び一緒に暮らすことを指す。しかし、虐待の再発などの問題があるため、家庭復帰に向けた家族支援は決して一筋縄ではいかない。

そのため、社会的養護の子どもたちの家族再統合を考えるとき、保護者と一緒に暮らすというあり方を常に理想とするのではなく、保護者と子どもが安心・安全にお互いを受け容れられる関係性を構築していくことを家族支援の意義として捉える必要がある。

このように家族再統合には、狭義と広義の両方の捉え方があるが、これらは矛盾するものではない。狭義は広義の中に含まれるものであると考えると、図4-2のように整理する

ことが可能であり、いずれの形の家族再統合を目指す場合でも、子どもの安心・安全を中心に据えた支援を行うことが重要になることに変わりはない。

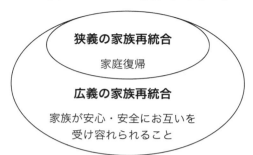

図4-2　家族再統合の捉え方
出所：千賀（2017）より。

▶▶▶実践上のヒント

　里親や施設で生活する子どもの中でも、面会や外泊という形で家族との交流が図られているケースは少なくない。たとえ親子で一緒に暮らすことは難しい場合でも、子どもの家族イメージの修復や、子どもが自立に向けて生い立ちや家族関係を整理するという意味で、親子関係を再調整して発展させる家族再統合支援を行うことが必要である。

2. 児童相談所の家族支援の流れ

❶ 児童相談所の家族支援の全体像

　児童相談所では、相談を受理後、必要に応じて一時保護などを実施して家族状況を調査し、援助方針を決定する。その結果、多くのケースが在宅支援となるが、里親委託または施設入所となった場合は、家族再統合のための家族支援が行われる。こうした児童相談所の家族支援の全体的な流れは図4-3の通りである。

❷ 介入から始まる子ども虐待対応

　児童相談所の子ども虐待対応は、基本的には児童虐待通告を受理するところから始まる。通告受理後、直ちに緊急受理会議を開催し、子どもが危険な状態であると判断される場合には速やかに一時保護を実施する。この場合、子どもや保護者の同意は必要ではなく、子どもの安心・安全を確保することが何よりも優先される。

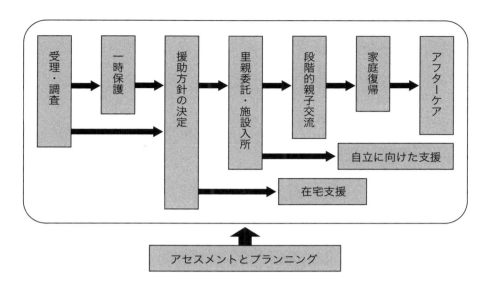

図4-3　児童相談所の家族支援の流れ

　突然の介入を受けた保護者には、怒りや悲しみなどのネガティブな感情が生じやすく、児童相談所と対峙的な関係になることも少なくない。また、相談動機づけに乏しく、継続的な支援を行うことが難しい保護者もいる。このように状況の中で、子どもの安心・安全に向けた保護者との協働的関係性を構築していくという非常に困難な作業が児童相談所には求められている。

Episode

　小学校2年生のBくんが顔に複数の痣を作って登校してきた。担任の先生が「これはどうしたの？」と確認するが、生徒は黙り込んでしまった。以前にも不審な怪我があり、身体的虐待を受けている可能性が心配されたので、直ちに学校内で協議し、児童相談所に虐待通告した。すると児童福祉司らが学校に来て面接をして、Bくんの一時保護を行った。

---

❸ アセスメントとプランニング

　関係機関からの情報収集および多職種連携に基づく児童相談所のチームアプローチにより、子どもと家族の状況を適切にアセスメントする。子どもと家族が現在に至るまでの経緯について、成育歴、家族関係、経済・住宅状況、社会資源・地域状況などの幅広い視点からアセスメントを行う。

　その際には、リスクだけではなく、ニーズやストレングスにも着目する。すなわち、子

どもや家族が抱える問題などのリスクのみならず、どのような支援を必要としているのかというニーズをアセスメントする必要がある。また、ストレングス（強み）には、子どもや保護者の特性だけではなく、ネットワークや関心・希望も含まれる。子どもと家族をサポートできるのは誰なのか、子どもと保護者はどのような願いを持っているのかも重要な情報となる。

　対峙関係から始まることが多い子ども虐待対応では、そもそも話し合いをすること自体が困難な場合もあるが、粘り強く対応することが求められる。ここでは、子どもの安全に焦点を当て続ける一貫した対応を行うことが重要であり、子どもの安心・安全に関して児童相談所がどのような懸念を持っているのか、分かりやすく家族に告知することも必要である。

　以上のプロセスを経て、児童相談所として援助方針を立てる。援助方針については、その理由を含めて子どもと保護者に説明する。その際には、子どもと家族がアセスメントとプランニングのプロセスに参画できるような協働的関係を構築できるように努める。

　また、アセスメントとプランニングとは、支援の初期段階だけではなく、家族支援の全てのプロセスで行うものである。家族支援の展開に応じて、アセスメントとプランニングの見直し・修正を繰り返していくことが重要である。

▶▶▶実践上のヒント

　家族支援では、地域の福祉サービスの活用、地域関係機関によるネットワーク支援、子どもや保護者に対するカウンセリング、親グループへの参加、ペアレント・トレーニングなど、さまざまな方法を組み合わせて援助計画を立てる。子ども虐待ケースの場合、子どもや保護者の相談動機づけが高いわけではないため、各種プログラムへの参加を促す際には、子どもや保護者の思いをしっかりと聴き取り、家族が支援の必要性を認識できるようにアプローチすることが求められる。

❹ 里親委託／施設入所後の支援

　里親委託／施設入所にあたって、児童相談所は短期および中長期の援助方針を立てる。そこには、家族再統合に向けた見通しと具体的な支援方法が含まれる。援助方針決定後、措置予定の里親もしくは施設と十分に協議して、自立支援計画の作成へとつなげていく。

　里親委託／施設入所後の支援については、子どもへの支援、保護者への支援、親子関係への支援、家族・親族への支援などを同時並行で進めていく。どのように子どもの安全をつくるのか、それぞれが抱える課題を整理し、具体的な目標を子ども・家族・支援者で共

有し、児童相談所と里親／施設が連携して支援を行う。

▶▶▶実践上のヒント

　児童相談所と保護者が対峙的な関係にある場合であっても、里親や施設職員が子どもや保護者と良好な関係を構築することで家族支援が進むこともある。里親委託／施設入所後は、子どもと家族の状況を見守りながら、何か変化が生じたときには、しっかりと情報共有する。援助計画を見直す必要性が出てきた場合には、適宜、子ども・家族・支援者で十分に話し合うことが必要である。

❺ 段階的親子交流

　子どもと保護者の安全な交流が可能と判断されると、親子交流の計画が検討される。子どもと保護者の希望にしっかりと耳を傾け、措置先の里親・施設の判断を尊重した協議を行ったうえで、児童相談所が判断することになる。里親委託・施設入所のほとんどの事例では、ケースの状況に応じた段階的親子交流が実施されている。

　安心・安全な親子交流をするために、まず児童相談所職員などの同席による面会から始め、同席なしでの面会、短時間の外出、一日かけた外出、短期間の外泊、長期間の外泊というように順を追って慎重に進めていく。そのプロセスにおいては、交流後の子どもと保護者の様子を詳細に確認することで、交流の適否をアセスメントすることが重要である。

▶▶▶実践上のヒント

　親子交流前後の子どもの様子の変化を丁寧に観察することが重要である。親子交流後、子どもが喜んでいたら「よかったね」と共感し、逆に、不安そうな様子であれば「大丈夫だよ」と元気づけるようにする必要がある。子どもの安心・安全が脅かされる心配なことがあれば、交流の進度を戻すことや、交流の中止を検討しなければならない。

Episode

　里親の元で生活するＣくんは、実母との複数回の面会を経て、今度は、短期間の外泊をすることになった。その際には、精神疾患の影響で養育能力に課題がある実母とＣくんが2人きりにならないようにすることを条件としたところ、まずは支援者であるおばさんの協力を得て、1泊2日の外泊を実施することにした。

❻ 家庭復帰に向けた支援

　児童相談所は、段階的親子交流の経過を見ながら、家庭復帰の可能性について慎重に検討する。この際に、経過、子ども、保護者、家庭環境、地域などの項目からなる「家庭復帰の適否を判断するためのチェックリスト」などのアセスメントツールに基づいて判断する。この評価には、措置先の里親・施設の意見を十分に反映できるようにする。

　家庭復帰に向けた支援のプロセスでは、地域の関係機関に子どもと保護者の状況を伝え、家庭復帰後の支援ネットワークを準備しておくことが必要である。具体的には、要保護児童対策地域協議会を活用し、地域の関係機関で情報共有をし、支援の役割分担をしておくことが必須である。その際には、子どもと保護者がどのような状況になれば連絡が必要なのかなどを決めておく。

　保護者および拡大家族が主体となって家庭復帰後の生活について話し合うファミリーグループカンファレンス（➡第4章コラム参照）の取り組みも模索されており、今後の実践の展開が期待される。

- -

3. 児童相談所による里親支援

- -

❶ 里親委託される子どもの特徴

　厚生労働省（2020）による里親および児童福祉施設の全国調査の結果によると、里親委託される子どもの約4分の1に何らかの障害があり、約4割に被虐待経験があるとされる。また、伊藤（2018）の調査によると、里親不調を1回経験したことのある里親が約13％、2回以上経験したことのある里親が約4％であった。里親不調の原因としては「障害児や被虐待児などのケアに対応しきれなかったため」が最も多く、次いで「里親家庭に危害（暴力、器物破損、性被害など）が及んだため」があげられていた（➡第1章参照）。

　これらの調査から、被虐待経験や障害等のある子どもが里親委託されており、特に、行動上の課題を抱えた子どもの養育には里親不調のリスクが非常に高いことが分かる。施設養護から家庭養護へと転換が図られる中で、情緒面や行動面に課題を抱えた子どもの里親委託はさらに増えていくことが予想されるため、里親支援のさらなる充実が求められる。

> **Episode**
>
> 　*乳児院、児童養護施設を経て、里親に措置変更されることになったDくんについて、*

施設からは「問題のない子」という評価であった。実際に、委託前のマッチングは順調に進んでいき、スムーズに里親委託が決まった。しかし、委託後になると、里父との折り合いが悪く、学校では学業の遅れという問題に直面した。ある日、Dくんが庭でクワを振り回しているのを注意すると、Dくんは感情を爆発させて暴れて物を壊したりした。このような行動上の問題に対して、どのように対応すればよいのか分からず、疲弊するばかりであったため、里親は児童相談所にSOSの連絡をした。

❷ 里親不調による委託解除／措置変更を防止するための支援

　児童相談所には、里親の新規開拓から委託児童の自立支援までの一貫した里親支援が業務として位置づけられている。里親委託前に里親と子どもの調整を十分に行ってから里親委託し、委託後も児童相談所と里親支援機関等が連携しながら支援を行ったとしても、里親と子どもの関係が不調になることがある。それまでの養育環境の影響を受けながら成長・発達してきた子どもへの養育については、里親に対する負担が大きくなり、子どもとの関係がうまくいかないなど、さまざまな事態が起きうる。

　こうした里親不調の兆しをできるだけ早く把握するためには、定期的な支援、地域関係機関のネットワークによる里親と子どもの見守りが大切である。不調の兆しがある場合には、速やかに児童相談所の里親担当とケース担当の双方が状況を共有し、対応について協議したうえで、家庭訪問支援を実施する。また、必要に応じて、里親の相互交流の場であるサロンへの参加や里親支援機関等の活用、さらには、子どもに対して児童相談所への通所による心理支援を行う。里親と委託児童のお互いのリフレッシュのために、児童相談所が実施しているレスパイト・ケアを勧めることも有効である。このようにさまざまな社会資源や制度を活用することで、できるだけ里親委託が継続できるように支援を行う。

▶▶▶実践上のヒント

　レスパイト・ケアを円滑に実施するためには、事前に里親に対して制度や手続きの方法について説明しておく必要がある。また、実際に、レスパイト・ケアとして施設や他の里親を利用する際には、子どもの不安などの気持ちに配慮した対応が求められる。交流のある近所の里親のところで預かってもらえるようにするなど、日頃から子どもを交えた里親同士の交流のあり方について考えておくことが大切である。

❸ 里親不調時における介入

　子どもや里親への支援を行っても改善が見込まれない場合には、一時保護などの介入について検討する。委託児童の行動上の問題がエスカレートしている場合や里親と委託児童の関係が悪循環に陥ってしまった場合、自然治癒することは難しく、第三者による介入が必要不可欠である。一時保護などの介入は、安易に行うべきことではないが、限界を超えた状態でそのままにしておけば、非行や虐待などの危険性も出てくる。そのため、里親不調時においては、介入することに対して過度に慎重になるのではなく、適切に判断する必要がある。

　一時保護などを行う場合は、子どもへの必要な支援を検討するとともに、児童相談所による介入によって生じる混乱や分離による傷つきへの対応として、児童相談所の児童心理司による心理的支援などのケアを行う。それと同時に、里親に対しても、児童相談所の介入の理由等について丁寧に説明することで、里親が持つ養育がうまくいかなかったことへの傷つきや、喪失感等のケアを行うことも重要である。

　一時保護などにより、里親と子どもがお互いの関係のあり方を見直し、再び里親委託を継続することになる場合もあれば、そのまま委託解除・措置変更となる場合もある。里親不調の原因は、決して単純ではない。里親の問題、子どもの問題、里親子の相性の問題など、さまざまな要因が複雑に絡み合って生じる。里親と子どものお互いに思いがあり、共に努力したけれどもうまくいかないときもある。児童相談所の支援としては、子どもや里親とそれぞれに対して一緒に状況を整理し、前向きに今後につなげていくことが重要である。

Episode

　里親からのSOSを受けた児童相談所の児童福祉司は、すぐに家庭訪問を行い、里親とDくんの面接を行った。その結果、Dくんの心理的ケアとアセスメントをするために一時保護を行うことにした。一時保護中には、里父と里母は、コミュニケーションを重ね、里親養育を継続したい意向を固めた。Dくんも混乱している様子であったが、困っていることや心配なことは何かを整理したうえで、状況を改善させるためのプランを児童心理司と一緒に考えた。その結果、Dくんは里親のところに戻ることを強く希望したため、2週間の一時保護を経て、里親のところに帰った。

4. 里親から実親への家族再統合に向けた支援

❶ 家族支援の多様性

　施設養護が中心であったこれまでは、要保護児童の中でも、比較的、実家族との関係が希薄で家庭復帰の可能性が低い子どもが里親に委託される傾向にあった。しかし、これから里親委託がさらに推進されることによって、実親と交流しながら家庭復帰を目指すなど、家族支援のあり方が多様化していくことが予想される。また、現在、社会的養護を必要とする子どもの多くが実親との交流がある状況にあり、里親のもとに実親との交流を継続する子どもが委託されることも増えていくと考えられる。

> **Episode**
>
> 　*実母は10代のときにEちゃんを未婚のまま出産した。子どもへの愛情はあるが、養育能力に心配があり、Eちゃんは里親委託となった。実母はEちゃんの家庭引き取りを強く希望しており、地域のさまざまな支援サービスを受け容れる姿勢があった。そのため、地域の支援ネットワークを構築して家庭復帰を目指すことになった。実母とEちゃんの交流をするにあたって、実母は里親宅に行き、里親から子育てのアドバイスをもらいながらEちゃんとの段階的交流を進めていった。その結果、Eちゃんは里親のところから実母のところに家庭復帰となった。*

❷ 委託児童と実親の交流に伴う複雑な感情

　里親委託児童と実親の交流は、子どもにとって重要なことだが、そのやり方を間違えれば、子どもに悪影響を及ぼす危険性がある。

　子どもは親に対して複雑な感情を持っている。例えば、「好きだけど嫌い」というように、相反する感情を同時に抱いている。これは虐待やネグレクトなど、不適切な養育環境で育った委託児童であればなおさらのことであり、実親との交流は、喜びであると同時に悲しみでもある。しかし、子どもはこうした複雑な感情を自覚することは困難なため、実親との交流は、ある種の混乱を引き起こす可能性がある。

　こうした複雑な感情を経験するのは子どもに限ったことではない。里親が委託児童と関係を構築していく中で、虐待やネグレクトを行った実親に対してネガティブな感情を抱くこともある。実親からすれば、子どもが里親に奪われてしまうのではないかと不安になる

気持ちもあるだろう。さらには、委託児童は、実親のことも里親のことも好きだし、どちらも裏切られないという忠誠葛藤に陥ることが考えられる。

　そのため、里親から実親への家族再統合を目指す場合には、こうした複雑な葛藤が存在することに十分に配慮したうえで、子どもにとって有意義な交流となるよう計画的・戦略的に実親との交流を段階的に進めていく必要がある。

▶▶▶実践上のヒント

　実親との交流を行う事例については、委託児童の情報はもちろん、実親に関する情報をしっかりと共有しておく必要がある。里親と児童相談所やフォスタリング機関との連携は必要不可欠であり、実親との交流に必要な費用等をどのようにするのか話し合うことも大事なことである。また、里親に対して、実親との交流に必要な専門性を習得できるような研修を提供することが望ましい。

❸ 里親から実親への家族再統合のプロセス

　伊藤ら（2019）は、里親にインタビュー調査を行い、実親と交流のある里子を養育する里親の体験プロセスを明らかにすることを試みている。この研究によると、里親は、実親との交流にかかる負担や不満を感じつつも、委託児童の葛藤への関わりの工夫と、実親と委託児童の関係調整を行っている。また、里親がさまざまなサポートに支えられながら実親とのパートナーシップを形成しようとする中で、里親の実親に対する認識が変容し、里親子関係の成熟の手応えを感じることで、自信を持って委託児童の養育を積み重ねていくことが示唆されている。

　里親から実親への家族再統合のプロセスとは、委託児童との愛着関係の形成に努めながら、他方では実親の元に最終的には帰さなければならないということを同時に進めていくことでもある。里親は、子どもの実親や里親への気持ちの変化に応じて、動揺したり嫉妬を感じたりすることもあるだろう。まさに、里親から実親への家族再統合支援においては、里親のあり方や社会的養護に対する認識が問われることになる。

▶▶▶実践上のヒント

　委託児童が実親と里親との間で感じる葛藤に里親が寄り添い、気持ちの整理や里親委託となった理由に関する説明を丁寧に行うことが重要である。こうしたプロセスそのものが里親と委託児童の関係性を安定させると考えられる。また、委託児童がこれまでの生い立ちを振り返るためには、児童相談所の支援や協働が必要不可欠である。

5. 児童自立支援施設から里親への措置変更ケースに対する支援

❶ 児童自立支援施設とは

　児童自立支援施設とは、「不良行為をなし、又はなすおそれのある児童及び家庭環境その他の環境上の理由により生活指導等を要する児童を入所させ、又は保護者の下から通わせて、個々の児童の状況に応じて必要な指導を行い、その自立を支援し、あわせて退所した者について相談その他の援助を行うこと」(児童福祉法第44条)を目的とした児童福祉施設である。例えば、傷害や窃盗などの行動上の問題を行った子どもや、家出を繰り返す子どもなどが対象となる。

　児童自立支援施設の子どもというと、非行少年をイメージする人もいると思われるが、近年では、発達障害などの障害のある子どもや、性的問題を抱える子どもの入所が増加している。また、里親や施設といった社会的養護のもとで育った経験がある子どもの入所も多い。

> **Episode**
>
> *　Fくんの保護者は行方不明であり、Fくんは3歳のときから児童養護施設で生活してきた。中学生になると暴言などの施設職員への反抗が激しくなった。また、下級生に対して、性的な暴力を行っていることが発覚し、児童自立支援施設に措置変更となった。Fくんは児童自立支援施設では勉強やスポーツをがんばり模範生であった。しかし、被害児童がいるという理由で、長年、生活した児童養護施設には戻ることはできなかった。そのため、中学を卒業して児童自立支援施設を退所してからは、里親のところに措置変更となった。*

❷ 児童自立支援施設から里親への措置変更ケースの養育プロセス

　千賀・福田(2017)は、児童自立支援施設から里親に措置変更が行われた事例に焦点を当てて、非行や暴力などの行動上の問題を抱えた中高生が里親に措置された場合の養育プロセスについて明らかにすることを試みている。この研究によると、児童自立支援施設から里親への措置変更ケースでは、里親委託後にほとんどのケースで何らかの問題が発生するが、こうした困難に直面することを契機に里親が児童相談所などにSOSを出すことで里親へのネットワーク支援が有効に機能し始めることがあることが示唆されている。その

一方で、困難ケースでは、状況が悪化して委託解除・措置変更になることもある。しかし、結果として、里親委託というプロセスを経ることで、前に進むことができる子どもや保護者もいるため、こうした困難ケースにおける措置変更先の不適応は、「里親不調」という一言では片付けられないと述べられている。

Episode

　Ｇくんは、児童自立支援施設の退所後に家庭復帰を希望していたが、保護者が養育に自信がなく、引き取りを拒否した。そのため、専門里親のところに措置変更になった。里親委託後、里親との関係は良好であったが、高校生活に適応できず、生活が乱れていった。さらには、里親宅からの金銭持ち出しの問題があるため、里親委託解除になった。一連のプロセスを経て、実親は自分が育てるしかないという覚悟を決め、Ｇくんは家庭に戻ることになった。家庭復帰後のＧくんの状態が心配されたが、大きなトラブルはなく、何とか家庭で生活することができている。

（千賀則史）

▶参考・引用文献
伊藤嘉余子（2018）「里親家庭における養育実態と支援ニーズに関する調査研究事業報告書」
伊藤嘉余子、小池由佳、福田公教、千賀則史、野口啓示（2019）「実親と交流のある里親を養育する里親の体験プロセスに関する質的研究」『社会福祉学』第60巻第2号、14～24頁
厚生労働省子ども家庭局（2018）「児童相談所運営指針（平成30年10月改正版）」
厚生労働省子ども家庭局（2020）「児童養護施設入所児童等調査の概要（平成30年2月1日現在)」
千賀則史、福田公教（2017）「施設から里親に措置変更された子どもの養育」伊藤嘉余子編著『社会的養護の子どもの措置変更──養育の質とパーマネンシー保障から考える』明石書店、141～158頁
千賀則史（2017）『子ども虐待　家族再統合に向けた心理的支援──児童相談所の現場実践からのモデル構築』明石書店

ファミリーグループ・カンファレンスとは

ファミリーグループ・カンファレンスの歴史

　ファミリーグループ・カンファレンス（以下、FGC）の始まりは、ニュージーランドである。ニュージーランドには先住民のマオリ族がいるが、長年にわたる社会的抑圧、人種差別の結果、社会的養護の対象となる子どもたちが白人系家族に比べ優位に高くなっていた。さらに、フォスターケアは白人家族に、また、それらを運用するソーシャルワーカーも白人が多いことに不満を抱いていた。マオリ族では伝統的に、部族の中で子どもを養育するという習慣を持ち、部族の問題は今も存在するマラエという地域の集会所で、フイという話し合いの場を使って問題解決がなされてきた。

　ニュージーランド政府は当時の児童法（1974年）が白人専門家主導の児童福祉政策であり、マオリの家族および拡大家族を尊重した政策ではなかったことを認めて政策を変換した。FGCは1989年に改定された児童・家族法において規定された。

FGCとは何か

　FGCとは、拡大家族のネットワークを活用し、場合によっては友人、知人なども参画した、意思決定のための公式の会議である。例えば、何らかの理由で子どもを里親委託しなければいけないような場面で、裁判所による決定がなされる前に、まずはFGCが開催され、子どもの生活の場等について、上記のメンバー（ファミリーグループ＝FG）で話し合いが行われる。ソーシャルワーカーが加わるのはFGの求めにおいて必要な情報を提供したりする場面であり、あくまで意思決定はFGCにおいて行われる。

FGCの社会福祉実践としての拡がり

　FGCはニュージーランドにおけるマオリ文化の社会的復権としての歴史を持つが、FGCの家族主体の当事者参画の視点、家族が主体となった意思決定、また拡大家族や地域のネットワークを動員する視点は、今日の社会福祉実践、つまり、ライフモデル、ストレングス視点、エンパワメントアプローチ、ナラティブ・モデルなどポストモダンの実践

と結びつき、世界中に拡大していった。諸外国では、法的、制度的な裏付けを持たない場合も多く当事者参画による社会福祉実践の方法論としての位置づいている。

FGCの実際

FGCを進めていく時には、コーディネイターが重要な役割を担う。コーディネイターは専門機関から独立した存在であり、中立的存在としてFGCをコーディネイトする。FGCの参加メンバーの選定や、当日の運営も行う。また、子どもが主体者として意見表明できるようにアドボケイトを担う大人も参画する。FGCは概ね、（1）アイスブレイク、（2）情報共有、（3）ファミリータイム、（4）合意形成、（5）クロージング、の順番で展開されるミーティングである。ファミリータイムはFGだけで話し合いが行われる。

わが国でのFGCの活用・里親の参画

子ども虐待等に伴い社会的養護が検討される場面では、保護者による子どもへの権利侵害ということを考慮すると、どうしても専門職主導の支援計画が立てられやすい。これらのパターナリズムは、時に専門職により家族をディスパワーしてしまうことがある。FGCはこれらの場面においても、当事者参画による意思決定を進めていく。FGCのプロセスは、家族の周りにネットワークを構築することで、家族をサポートし意思決定を行う。また、親族による養育が実現していく場合は、親族里親としての委託を実現する場合もある。また、親族里親以外の里親委託、施設措置であったとしてもFGCの中で話し合われ、里親委託中の家族、親族の子どもへのかかわり、あるいは家族再統合などについても主体者としての家族がFGと話し合うことが必要なのである。

上に掲げたのは、FGCへの参加をアナウンスするリーフレットである。大人版と子ども版があり、リラックスした、話し合いを示唆している。

（鈴木浩之）

第 5 章

養子縁組家庭への支援

Key Word

特別養子縁組／試し行動／アタッチメント／成長発達の理解／真実告知／
ライフストーリーワーク

1. 養子縁組制度の理解

❶ 児童福祉法改正での家庭養育推進の明確化

　日本では、児童相談所での虐待対応件数が年々増加しており、社会的な課題となっている。そのため児童虐待の発生予防、児童虐待発生時の迅速で的確な対応、社会的養護児童の自立支援までを、児童相談所、市町村、その他関係機関で連携して、対策を強化することを目的に、2016（平成28）年から大幅な児童福祉法の改正が行われている。

　その中で、明記されたことの1つが、子どもたちが心身ともにより健やかに成長できるように、「家庭と同様の環境における養育を推進すること」である。具体的には、①子どもができるだけ家庭で養育できるように保護者を支援すること、②保護者の養育が難しい場合は、養子縁組や里親委託等によって家庭と同様の環境で継続的に養育されること、③施設で養育される場合はグループホームなどにより家庭的な生活環境で養育されること、である。

　日本では約8割の社会的養護の子どもたちが乳児院や児童養護施設で生活しており、里親委託率は2割に満たない。しかし、諸外国を見ると、一番里親委託率の高いオーストラリアでは90％を超えており、アメリカ、イギリスが70％台、隣国である韓国でも40％台であり、日本は非常に少ない現状にある。そのため、法改正の中では、児童相談所の業務として、里親の開拓から子どもの自立支援までの一貫した里親支援、養子縁組に関する相談・支援を明確化している。

❷ 社会的養護の子どもたちの理解

　社会的養護の子どもたちとは、虐待、保護者の疾患、経済困窮などにより、家庭での養育が困難あるいは適当でなく、施設や里親宅で生活している子どもたちなどのことを言う。子どもたちの多くは、父、母、きょうだいや親族など誰かがおり、何らかの交流を継続していることも少なくない。施設入所や里親委託をしている子どもたちは、親子関係を継続しながら、日常の生活では施設職員や里親、あるいはそれ以外の大人も協力して養育をしている。しかし社会的養護の子どもたち中には、実親やその親族が将来にわたって養育をすることが望めない子どもたちもいる。

　子どもの成長にとっては、特定の大人とのアタッチメントが形成され、安全安心な生活環境で養育されることが大切である。養子縁組制度は法律的にも保障された永続的は親子関係を持つことができるため、大きな意義を持っている。しかし養子縁組は子どもたちの

最善の利益を考え、成長発達を保障するための選択であり、あくまで子どものための制度であることは忘れてはいけない。

> **Episode**
>
> 　母は17歳の時、未婚のまま和樹（仮称）くんを出産。出産前に交際していた父とはすでに別れていて、父の居所は不明。母はお金もなく、唯一の親族である祖母も精神疾患があるので助けてもらうことはできず、和樹くんを乳児院に預けた。母は仕事をしてお金を貯めて、和樹くんを育てたいと思い、しばらくは乳児院に面会も行っていた。しかし母も精神的に不安定になり、通院しながら自分の生活をすることだけで精一杯だった。児童相談所の担当者と何度も話し合い、和樹くんが1歳になった時、母は和樹くんの幸せのために特別養子縁組をしてくれる里親を探してもらうことを決めた。

❸ 養子縁組制度

　児童福祉法改正で社会的養護の子どもたちの家庭養育すなわち養子縁組や里親委託を優先する方針が出されたことで、日本の養子縁組制度も大きな転換期となっている。養子縁組には特別養子縁組と普通養子縁組がある。大きな違いは、**特別養子縁組は家庭裁判所の決定により、実親との親子関係を戸籍上も断絶するが、普通養子縁組は実親との関係が継続することになる**。主な違いは表5-1に記載する。

表5-1　特別養子縁組と普通養子縁組の違い

	特別養子縁組	普通養子縁組
養親の条件	婚姻している夫婦	単身者、独身者でも可
養親の年齢条件	夫婦ともに成人で、一方が25歳以上	成人
養子の年齢	原則として15歳未満、ただし15歳に達する前から養親となる方に監護されていた場合には18歳に達する前までは可能	尊属又は養親より年長でない者
実親の同意	原則として実父母の同意が必要	親権者の同意が必要。養子が15歳以上の場合は不要
監護の期間	6か月以上	特になし
戸籍上の記載	養親の子どもとして記載 続柄も長男（長女）等と記載	実親と養親の両方が記載 続柄は養子（養女）と記載
実父母との親族関係	実父母との親族関係が終了する	実父母との親族関係は終了しない
離縁	養子の利益のため特に必要がある時に養子、実親、検察官の請求により離縁	原則、養親及び養子の同意により離縁

社会的養護の子どもたちの養子縁組は、安定した養育の継続のために特別養子縁組が主となっている。2020（令和2）年4月から施行された民法等の改正により特別養子縁組制度が大きくは2点見直された。1点目は、今までは養子候補児童の年齢が、原則は6歳未満、例外として8歳までとなっていたが、年長児童のニーズもあることから、原則15歳未満に引き上げられた。2点目は、特別養子縁組申立の二段階手続きが導入された。第一段階は実親の養育状況や同意の有無などから特別養子が適格であるかの審判、第二段階は養親子のマッチングを判断し、特別養子縁組成立のための審判となる。今までは養親候補者のみが申立をしていたが、第一段階では児童相談所長が申立をすることができ、養親候補者が申立をする場合は児童相談所長が参加人として主張、立証ができる。この2点の改正により、子どもの特別養子縁組の機会が広がり、養親候補者の申立手続きの負担軽減が期待されている。

　また2017（平成30）年2月に「民間あっせん機関による養子縁組のあっせんに係る児童の保護等に関する法律」が改訂された。民間あっせん機関とは、許可を受けて養親希望者と18歳未満の児童との間での養子縁組をあっせんする機関である。民間あっせん機関でも、児童の最善の利益を最大限に考慮すること、縁組成立前の養育から成立後も養親子の支援をすること、児童相談所と連携・協力することが決められている。

> **Episode**
>
> 　美咲（仮称）ちゃんは母と2人で生活していたが、7歳の時に母が交通事故で死亡。養育できる親族等もなく、児童養護施設に入所した。今までは養子候補児童の年齢は原則6歳未満だったが、法改正で養子年齢が引き上げられたことで、美咲ちゃんも特別養子として新しい家族と生活することができるかもしれない。

2. 養親としての養育

❶ 養子縁組里親登録

　結婚をして子どもがほしいと思っていても、子どもに恵まれないことがある。日本産科婦人科学会によると不妊のカップルは10組に1組と言われている。何らかの理由で子どもを出産することができなかった時、養子を迎えるという選択をするには「どんなことがあっても生涯親子として生きていく」覚悟が夫婦どちらにも必要である。

　特別養子になる子どもは他に養育をする人がいないことが前提であるため、子どもにとっての父母は養親だけであり、縁組が成立すれば原則的には離縁することができない。夫婦で今後の人生について話し合うことは養親となるうえでも非常に重要な時間となる。

　養親となるためには、大きく分けて2つの方法がある。1つは都道府県知事等が認定している養子縁組里親登録をすることである。養親が児童相談所や里親支援機関に相談をすると、その担当者は面接や家庭訪問を重ねて、養子縁組里親として適格かどうかの調査をすることになる。この間に養子縁組里親候補者の生い立ちや親子関係、親族状況、生活状況、友人や近隣とのつながりなどを聞き取り、強みや弱みを把握しておくことで、子どもとのマッチングや支援につながっていく。今後、子どもの養育を一緒に支えていく存在となるための第一歩として、児童相談所や里親支援機関の担当者と養子縁組里親候補者との良好な関係性も重要となる。

　また里親登録には決められた研修受講と施設での実習が必修となっている。社会的養護の子どもたちは、ネグレクトや虐待などの不適切な環境で養育されてきた子どももおり、アタッチメント形成などに課題を抱えていることもある。知識として事前に知っておくことで、養育上で困った時にも、客観的に冷静に捉えることができる。

　もう1つは、前述した各都道府県等が養子縁組あっせん事業の認可をしている民間あっせん機関に申込をする方法である。民間あっせん団体によって養親となるための条件、あっせん方法、研修体制、養親家庭への支援体制などはさまざまである。民間あっせん機関であっせんされた養子についても、子どもの最善の利益を図り、適切な環境で養育されるためには、民間あっせん機関、児童相談所、福祉事務所や子育て支援等の関係機関との連携、協力が必要である。今後はさらに民間あっせん機関を含む多くの関係機関が養子家庭への支援を連携して、継続的に行っていく体制づくりが進んでいくことが望まれる。

❷ 子どもとの出会い

　児童相談所、里親支援機関などから養子候補の子どもを紹介され、養親も親子になることを決心した時から、いよいよ子どもとの関わりがスタートする。子どもの年齢や生活場所の状況にもよるが、養親が子どもに面会に行くことから始め、子どもの様子を見ながら、外出、外泊と進んでいくことが多い。養親は子どもと関わることを非常に楽しみにしているが、子どもにとっては最初は知らない大人である。子どもの特徴や性格を理解して、子どもの不安を和らげる配慮が必要である。

　まずは児童相談所等の担当者や子どもが現に生活している施設や里親から子どもの健康状態、成長段階、性格、普段の様子などを丁寧に聞き取ることが重要である。あたりまえのことだが、子どもは一人ひとり違っているため、疑問に思うことや困ったことなどは遠

慮せずに聞いていくことが養親にとっても子どもにとっても安心につながる。最初からスムーズに行かないこともあるが、養親が子どもを大切に思う気持ちは、どんな小さな子どもでも必ず伝わるものである。子どもはこの人たちは自分のことだけを見てくれる特別な存在だと意識するようになる。

▶▶▶実践上のヒント

子どもにとっても養親にとっても、非常に緊張の高い時期である。施設職員や児童相談所等の担当者は子どもの状態や行動の意味を養親に丁寧に説明することが必要である。養親は焦らずに子どものペースに合わせていくことが、子どもとの良好な関係を築くことにつながっていくことに考慮する。

Episode

1歳半の翔（仮称）くんは養親と初めて会った時、乳児院の保育士にしがみつき泣き続けるので、養親は戸惑うばかりであった。保育士からは「この子は担当保育士としっかりと愛着関係ができている」と説明を受けたが、養親は自分たちを受け入れくれるのかが不安だった。翌日から養親は乳児院に通い、翔くんとの面会を続け、少しずつ一緒に遊べるようになるが、それでも何かあると保育士のところに行ってしまう。ところがある日、養親が他の子どもと遊んでいると翔くんが間に割って入ってきて、養親の膝の上に座ってきた。この頃から翔くんは養親にべったり甘えるようになり、外出、外泊とステップを踏み、約1か月後に養親宅での生活を始めた。

❸ 養親宅での生活（里親委託）

①生活の準備

児童相談所から里親委託を受けて、子どもが養親宅での生活を開始する場合は、都道府県等から子どもを養育するための里親委託費が支給され、医療費や教育費なども含まれる。これは特別養子縁組が成立するまで継続される。民間あっせん機関からのあっせんで子どもが養親宅での生活を始める場合は、養育に必要な費用は支給されない。

養親宅での生活を始める時にどんな準備が必要だろうか。子どもの生活に必要なものを揃えることは言うまでもないが、病気をした時に通院できる病院、遊びに行ける公園、相談できる機関なども確認しておく。また居住している市町村の保健センター、家庭児童相談室などの子育て支援機関などとつながっておくことも非常に重要である。養親、養子で

あることを前提での養育のアドバイスや支援は必ず必要となる。また住民票の異動、保育所や学校の手続き、今後の特別養子縁組届出など市町村での手続きは多く、市町村によってはその手続きにあまり慣れていないところもあるため、身近に事情を分かってくれる支援者がいることは何かと心強い。

②親族や近隣への説明

　養親宅で子どもを迎える時、養親の多くが親せきや近隣の人たちにどう説明しようかと悩むことも多い。養子縁組里親登録をする時には、両親やきょうだいなどの家族の意向は必ず調査され、理解を得ていることが前提である。それでも法事などで親族が大勢集まる時にはどう言えばいいのか、近所の人たちには伝えるべきなのかなどは事前に考えておくべきである。日本ではまだ養子縁組は身近なものとは言いがたいが、**養親子として家族になることは素晴らしいことであり、養親の子どもへの愛情は実親子と変わるものではない**という自信を持ち、説明できることは大切である。その姿勢は子どもへのメッセージともなっていく。

③子どもの養育

　養親宅で子どもが生活を始める時、新しい環境、新しい養育者に対して、子どもは不安な気持ちでいっぱいである。それは乳児であっても、心と身体で敏感に感じ取っている。反面、自分だけを見てくれている養親の存在はとてもうれしく、養親と一緒にいたい気持ちとが入り混じり、子ども自身もどうしていいのか分からない時期を過ごすこととなる。この時期には、子どもたちは「おりこう過ぎる」状態であることが多い。

　養親が子どもとの関わりを続けてくれることで、混乱の時期から子どもは少しずつ安心できるようになると、今度は養親が困るようなさまざまな行動を起こすことがある。それは「試し行動」と言われているが、今まで特定の大人との愛着形成が難しかった子どもは、「養親がありのままの自分を受け入れてくれるのか」「自分のことを本当に愛してくれるのか」を無意識に試していると考えられる。例えば、好きなものを大量に食べ続ける、水をあちこちにまき散らすなど、その子どもの年齢や性格にもよるが、出し方はさまざまである。しかしこの行動は必ずおさまっていくので、この時に子どもを叱りつけたり、無理に止めたりすることはかえって長引かせることになる。

　また「赤ちゃん返り」をする子どももいる。今までできていたことをしてほしがったり、時には小学生でもおしめをしてほしがったりすることもある。これも赤ちゃんの時にしてほしかったことを養親との間で確かめていると考えられるので、受容してあげてほしい。この時期は養親にとっても悩んだり、苦しんだりすることもあると思うが、親子になるた

めには不可欠なプロセスであり、これからの長い親子関係の礎^{いしずえ}となっていく。

3. 特別養子縁組の成立に向けて

　特別養子縁組の成立には、家庭裁判所での決定が必要である。家庭裁判所に申立をすると、裁判所が実親、養親、児童相談所等に文書、面接、家庭訪問などで調査がある。審判で特別養子縁組が認められると審判書が養親、実親の双方に送付され、双方が受理したことが確認されると確定となる。その後、居住する市町村に特別養子縁組届出をして、養親の戸籍に子どもとして記載されることで、戸籍上も親子となる。子どもはその時点で名字が変わることになる。特に幼児期以降の子どもたちには年齢に合わせた説明をきちんとすることも大切である。

　前述したように、2020（令和2）年4月から特別養子縁組制度、手続きが改正され二段階の審判となった。第一段階は当該子どもにとって特別養子が適格かを判断する審判で、児童相談所か養親からの申立が可能である。第二段階は養親子のマッチングを判断する審判で、養親からの申立である。しかし実親の同意が明確な場合などは養親が第一段階、第二段階を同時に申し立てることができ、児童相談所も手続きに参加できる。**特別養子縁組の成立には6か月の試験養育期間が必要なため、どの時期にどの方法で家庭裁判所に申立をするかについては、児童相談所担当者等と密に協議しておくことが大切である。**

ケース 1　実親が行方不明等で特別養子縁組の同意が得られず。児童相談所長から第一段階審判を申立、子どもの特別養子の適格が審判で決定。その後に養親宅での里親委託を開始し、順調に親子関係ができてきた。養親から第二段階審判を申立、特別養子縁組の成立が審判で決定。

ケース 2　実親は子どもの養育ができず、特別養子縁組に明確に同意している。養親が第一段階、第二段階の申立を同時にし、児童相談所も子どもの特別養子の必要性について、裁判所に立証をした。特別養子縁組の成立が審判で決定。

4. 子どもの成長、自立に向けての支援

❶ アタッチメントの形成

　アタッチメントとは、簡単に言うと、子どもが不安になったり、恐怖を感じたりする時、養育者にくっついたり、近づくことで、安心感を得るという仕組みである。養親は子どもが不安な時に、それを解消してもらえる存在となるように関わる必要がある。

　例えば、公園で子どもが養親から離れて他の子どもと遊んでいて、転んでしまった場面を思い浮かべてほしい。子どもは泣きながら養親のところに戻って来て、抱っこしてもらい、「痛かったね」と共感して、なぐさめてもらうことで、落ち着くことができ、また他の子どもたちと遊ぶことができる。このように子どもは安全基地で安心することと探索行動を繰り返して、成長していく。

　こうしたやりとりは中高生になっても、大人になっても続いていくかもしれない。その養親との関わりの積み重ねが、今後の対人関係の基礎となっていき、他者に信頼感を持つこともできるようになる。また「自分は大切にされる存在だ」という自己肯定感にもつながり、ポジティブな考え方ができるようになる。

▶▶▶実践上のヒント

　社会的養護の子どもたちは、不適切な養育や養育者が一定しないなどの理由から特定の大人とのアタッチメント形成ができていないままの子どもも少なくない。養親が子どもを永続的に養育し、支え続けてくれるかけがえのない存在であることが、子どもに生涯にわたる大きな生きる力となっている。

❷ 成長発達の理解

　養親として子どもを養育するには、子どもの心身の成長発達についての知識は必要である。自我が芽生える2歳は、「いやいや2歳」と言われるようにどんな声かけをしても「いや！」と返事する。何でも自分でしたいけど、できないことにかんしゃくを起こす。とても手がかかる時期だが、順調に成長している証だと思えると少し余裕が持てるかもしれない。

　また多くの養親が苦労しているのが、小学校高学年ぐらいからの思春期である。養親子に限らず、思春期の子どもは自分自身の長所や欠点に気づき始め、親からも精神的には離れようとするが、しかしまだ親を頼る部分も大きいなどアンバランスさと葛藤を抱えている。時には「本当の親でもないのに」など養親にとってはつらい言葉を言われることもあるかもしれないが、養親を信頼しているからこそ言えるという側面もあるので、「私たちは愛情を持って育ててきた」と自信を持って、一喜一憂しないことも必要である。ただ対応の難しいことも多いため、無理しすぎずに、お互いが追いつめられる前に、早めに相談機関に相談してほしい。

　子どもの発達は一人ひとり違ってあたりまえだが、発達がゆっくりであったり、バランスが悪かったりする子どももいる。それに気づかないまま例えば「学校で注意ばかりされている」などが続くと子どものこころが傷つき、持っている力も発揮できなくなってしまう可能性がある。子どもの状態にあったサービスや支援を受けることで、将来的には子どもの強みを生かした自立につながっていくと考える。

❸ 保育所、幼稚園、学校等との連携

　子どもは保育所や幼稚園、学校に通うため、多くの時間を友だちや先生と過ごすことになる。普段、家庭の中で、養親子であることを日々意識して生活しているわけではないと思うが、学校等には配慮を依頼しないといけないことがたびたびある。

　多くの小学校では小学2年頃に「生い立ち学習」をしている。そのために生まれた時の写真、名前の由来、赤ちゃんの時のエピソードなどを持ってくるように言われることがあるが、用意できないものもある。

　また、ある子どもは友だちに「赤ちゃんの時は乳児院にいた」と話した子もいる。そのため学校の担任教師等に事前に説明をして、協力を依頼しておいたほうが安心である。今まで養子縁組家庭に関わったことのない教師も多いため、制度の説明も含め、丁寧な協議が必要になる。養親として学校に要望することは具体的に伝えたほうが分かりやすい。児童相談所や里親支援機関に伝え方の相談をしたり、同席を依頼したりすることもできる。

❹ 真実告知

1988（昭和63）年に特別養子縁組制度が新設されてから、真実告知についての議論がされてきた。日本では養子縁組家庭が少ないという背景もあり、養子であることを知らない子どもに、わざわざ実子でないことを伝える必要はないと思う養親も少なくなかった。

しかし、児童相談所や里親支援機関ではたとえ乳児期から養親子であったとしても、できるだけ早い年齢に伝えることを推奨している。なぜなら戸籍を見ても、生物学上のことからも養子であることを隠し通せるわけではないからである。大人になるまで養子である事実を知らなかった人たちは、養子であるという事実よりも、今まで「うそをつかれていた」ことに大きなショックと憤りを感じると話している。養子である事実を隠そうとすると必ず何かうそを言っていたり、ごまかしたりをしないといけなくなってしまう。さらに深刻な状況になるのは、養親以外の人からその事実を知らされてしまうことで、養親との関係性に亀裂が入ることにもなりかねない。

Episode （※筆者は養親であり、かつ児童相談所の児童福祉司でもある）

我が家の真実告知〈part1〉

　私たち夫婦は真実告知をするつもりでいたが、どんなタイミングでしたらいいのか迷っていた。しかし娘が5歳になったある日突然その日がやってきた。娘が急に「綾香（仮名）はママから生れたんやんな？」と聞いてきた。私は「わー、来た」と内心では慌てていたが、うそだけはつかないと決めていたので、冷静を装い、「違うで。ママから生れたんじゃないよ。綾香を生んでくれた人は別にいるよ」「ママには赤ちゃんができなかったから、綾香にママとパパの子どもになってもらったの。ママもパパも綾香と家族になれて、とってもうれしいよ」と伝えた。娘はそれには「うん」と答えただけだったが、その後も何度も「綾香はママから生れたんやんな？」と同じ質問をしてきた。娘はきっと「そうだよ」という答えを待っているのだと思ったが、その都度同じ答えを繰り返した。しばらくすると聞いてこなくなった。

Episode

我が家の真実告知〈part2〉

　娘が小学2年になった時、学校で生い立ち学習をしていた。生い立ち学習については、担任の先生に養親子であること、持っていけないものがあること、子どもが何か言った時にはフォローしてほしいことを事前に頼んでいた。ある日、学校から帰った娘が、

「クラスの他の子はみんなママから生まれてるんだって」と驚いたように報告してくれた。私たちは娘には真実告知はしたつもりでいたが、なるほど娘は「ママから生れていない」ことは普通にあることだと理解していたのかと初めて分かった。娘にはもう一度、「ママから生れていない子どもは他にもいると思うが、ママから生まれた子が多いこと」「どんな家族でも一緒に助け合って幸せに暮らせること」を話した。ステップファミリーなども説明し、どうしたら伝わるか考え、悩みながら話をした。

❺ 生い立ちの受容

①生い立ちを受容することの必要性

　真実告知をしたうえでも、実親はどんな人なのか、どうして実親は育ててくれなかったのかなど子どもが思うのは当然である。子どもの出生や養親宅に来るまでの経過は消せるものではなく、その過去も含めて、子どもを受けて止めていかなければならない。

　実親との生活、施設での生活などを経過してきた場合も、それぞれの養育者の子どもとの関わり、生活してきた場所、支えてきてくれたさまざまな人は、今まで子どもが生きてきた大切な時間である。たとえ実親が全く養育をできなかったとしても、実親は子どもに命を与えてくれた存在である。子ども自身が自分の生い立ちを知り、その事実を少しずつでも受け止めていけることは、子どもの自尊心や自己肯定感を育むことに大きく左右する。養親子として生活している子どもには、養親が自分を子どもとして迎えたいと思ってくれたこと、養親に愛され養育されていること、家族として生涯支えあっていける実感があることが何にも代えがたい養親子の真実である。

Episode

我が家の真実告知〈part3〉

　小学5年の時、娘が不意に「本当のママじゃないやんな?」と言ってきた。私は「綾香を生んでくれた人は別にいるよ。でも本当のママは、ママ(私自身)やと思ってるよ」と答えた。「本当のママ」はいろんな捉え方があると思うが、私がこだわっていた。それから私がソファでうたた寝している時とか、スーパーに一緒に買い物に行っている時とか、なぜだか私が無防備な時を狙ったかのように、同じ質問を投げかけてくる。この「本当のママ」論争は、そのやり取りを楽しんでいるかのように数か月続いた。

②ライフストーリーワーク

　欧米では多くの子どもに実施されているが、日本でも10年ほど前から少しずつ広がっ

ている「ライフストーリーワーク」という考え方がある。社会的養護の子どもたちの中には、自分の将来を前向きに考えることができず、それがさまざまな不適応行動として表現されることがある。その一因として、自分の過去を知らなかったり、「悪いもの」「怖いもの」と捉えていたりすることもある。

　ライフストーリーワークでは、子どもが信頼できる大人とライフストーリーブックを作る作業を通して、自分の生い立ちや家族との関係性を整理し、過去─現在─未来をつなぐことで、子どもが「自分は自分であっていい」という肯定感を持ち、前向きに生きていけるように支援することを目指している。これは養親宅で生活する子どもでも同じように必要であると考える。ライフストーリーワークを実施するのは児童相談所や里親支援機関、あるいは養親自身が実施することも可能である。

　しかし、ライフストーリーワークを実施する際に、一時的に子どもが混乱したり、赤ちゃん返りをしたりなどの可能性もあるため、養親が生活の中で支援すべきこともある。児童相談所や里親支援機関と十分に協議することが必要であり、養親は子どもを支える側として子どもと一緒に参加してもらうことが多い。ただ現状としては特別養子縁組後も児童相談所や里親支援機関とつながっている養親は多くはないと思われる。今後の養親子への支援体制の強化が望まれる。

Episode

ライフストーリーワーク（LSW）実施の一例

　4歳の結花（仮称）ちゃんは養親候補者が決まり、これから養親との交流を実施していくことになった。ただ結花ちゃんは2歳まで面会に来ていた実母のことをぼんやり覚えており、実父のことは全く知らなかった。結花ちゃんが養親宅に行く前に、LSWをする必要があると考えた。そこで養親と会うまでに、①実親についての整理、②実父母の存在（性教育絵本を利用）、③実親が養育できない理由、④実親の代わりに結花ちゃんの父母になりたい人がいることを説明し、本児の思いも聞いていった。その後に養親と初面会。養親との交流が進み、イメージができた中で、実親→施設職員→養親へと養育者が変わっていくことを説明。また写真や絵を使って、絵本調のライフストーリーブックも作成した。養親宅での生活開始が決まった時に、養親もLSWに参加し、これからは養親が父母になること、名字が変わることも説明し、結花ちゃんも了解する。ブックを渡して、里親宅でも繰り返し見ることができ、養親からも説明できるようにしている。

❻ 自立支援

　子どもの養育の目標は、子どもが自立することである。自立には生活自立、経済的自立、心理的自立などがあげられる。生活自立は食事、洗濯、掃除などの日々の生活に必要なことが自分でできることであるが、養親宅での幼少期からの生活経験の積み重ねから培われる。経済的自立は就労を継続できることである。就労継続には基本的な勤勉性などはもちろんあるが、つまずく原因には人間関係の難しさも多い。失敗したら謝るなどのコミュニケーション力や困った時にSOSが出せることが大事である。そのためには心理的自立も必要であり、養親子がアタッチメントや信頼関係を結ぶことが基礎となり、自分に自信が持つことができ、他者にも信頼感を持ち、良好な関係が築くことができる。

　しかし誰もが高校や大学を卒業してすぐに何もかもを自分でこなしていくことは困難である。**養親子は子どもが大人になっても継続していき、困った時には相談ができ、手助けをしてもらえる。うれしいことがあれば一緒に喜んでくれる。子どもが自立した後も心の拠り所としての存在があることが、子どもの人生を支えている。**

　また障害のある子どもたちは、できないことはサービスや支援を利用することによって、個々の子どもにあった自立を目指すことになる。それはサービスを利用しながらの一人暮らしかもしれないし、グループホームに入居して、就労訓練をすることかもしれない

- -

5. 養親、養子による相互支援

- -

　特別養子縁組が成立し、戸籍上も親子となると、児童相談所からの里親委託も解除となる。養親によっては機関との関わりを望まない場合もあるので、支援方法が難しく、それ以降は養親側のニーズに任されるのが現状である。しかし、**各地の里親会や里親支援機関が実施している、親子での参加行事、養親や里親が集まれるサロン、研修などに継続して参加している養親もいる。**

　子どもがだんだん成長していくと、やはり養親子だからこその悩みは出てくることがあり、**養育里親との合同の場であっても、養親や里親同士で話せる機会は貴重な場であると考える。**また里親支援機関では養親子のための交流行事や研修会をしていたり、近年は民間のNPO法人などでも特別養子縁組後の養親家庭の交流を支援する団体も出てきている。

　また中高生になった養子たちが、学校等でも養子であること言えなかったり、自分のルーツを探したいと思ったりするなど、養子であることでの悩みや不安を持つことは成長

の過程として当然であろう。そのため定期的に集まり、中高生の養子たちが同じ立場で話し合える場がないかと探したことがあった。今後、そのような場もできることを期待したい。

（新籾晃子）

▶参考・引用文献

公益社団法人家庭養護促進協会大阪事務所編集、岩﨑美枝子監修（2013）『子どもの養子縁組ガイドブック』明石書店

宮島清、林浩康、米沢普子編著（2017）『里親委託・養子縁組の支援』明石書店

才村眞理＆大阪ライフストーリー研究会編著（2016）『今から学ぼう！ ライフストーリーワーク』福村出版

庄司順一（2003）『フォスターケア──里親制度と里親養育』明石書店

トニー・ライアン、ロジャー・ウォーカー著、才村眞理、浅野恭子、益田啓裕監訳（2010）『ライフストーリーワーク 実践ガイド』福村出版

特別養子縁組制度を理解するためのお勧め本
『朝が来る』（辻村深月著、文春文庫、2018年）

　『朝が来る』は、数々のベストセラー小説を書いた辻村深月のヒューマンミステリーである。特別養子縁組で子どもを授かった夫婦と子どもをその夫婦に託さざるを得なかった実母の物語である。直木賞作家の辻村深月らしく、小説の展開にスピード感があり、物語の中に読者は引きずり込まれていく。どうなっているのだろう。真実は隠されているのだろうかという問いを見事に裏切り続けながら、それぞれの生き様に共感していく。そして、すばらしいのは、児童養護施設で長く勤めた私から見ても、非常にリアリティのあるストーリーであることだ。

　『朝が来る』は4章から構成されており、長くて辛い不妊治療の末、特別養子縁組で子どもを授かった栗原清和・佐都子夫婦の物語と、望まない妊娠の結果、子どもを栗原夫婦に託さざるを得なかった片倉ひかりの物語が交差しながら展開する。

　栗原夫婦は都心のタワーマンションの上層部に暮らしている。タワーマンションの上層部で暮らす、つまりは富裕層である。また、佐都子は、夫と6歳になる子どもの朝斗との暮らしに幸せを感じていた。そんなある日に、「子どもを返してほしいんです」と一本の電話がかかってくる。ここから物語は大きく展開する。読者は、夫婦の子どもが実子ではなく、特別養子縁組をした子どもである事実に驚き、そして、「子どもを返してほしいんです」といった女性が朝斗の本当の母なのだろうか、ということが知りたくなる。

　衝撃の第1章のあと、第2章は、特別養子縁組をするまでの長くて辛い不妊治療の現実が描かれる。無精子症と診断された夫といろいろなところに救いを求めて不妊治療に出かけて行く夫婦の様子が描かれている。子どもを授かるために不妊治療に夫婦が力を合わせて取り組んでいるはずなのに、心が離れていくその苦しみに読者は共感していく。実は、筆者にも実子はおらず、不妊治療を受けた経験がある。私の場合は、無精子症ではなかったが、精子の数が極端に少なく、動きに元気がないので、かなり高度な不妊治療を行わないと妊娠はしないだろうということだった。その事実を知った夜、妻と泣いたことを覚えている。私が言った「ごめんね。僕と結婚していなかったら、子どもができたのに」との言葉に、妻が「ううん」と首を横に振ってくれたことを覚えている。また、私たちが2回

目に泣いたのは、栗原夫婦と同じく、不妊治療をやめることを決めた日だった。解放感もあったのだが、これで完全に妊娠はないのだなと思うと、なぜか涙が出た。

　さて、物語に戻る。第3章では、望まない妊娠をした片倉ひかりの過去から現在までが描かれる。13歳から21歳までの8年間である。ひかりは裕福な家庭で育つのであるが、家族の中で居心地の悪さを感じており、救いを求めてボーイフレンドにのめりこみ、望まない妊娠をしてしまう。そして、出産をする場所として選んだのが養子縁組を仲介する民間団体である「ベビーバトン」であった。そして、その団体の仲介のもとで、栗原夫妻は朝斗に出会う。物語では、この「ベビーバトン」も重要な役割を担っている。命をつないでいく意義、そして、真実告知。読者によっては、知らない世界ばかりが展開していくのではないだろうか。そして、子どもを養子縁組に出した多くの女性がそうであるように、ひかりも出産後、妊娠前の日常生活に戻るのかというと、それが難しいという現実に直面していくのである。

　エンディングについては、はじめてこの本を読んだ時には、こんなことがあるのかと違和感を覚えたのであるが、よくよく考えていくと、これからの里親・養子縁組の養親と実親とのあるべき姿を描いているのではないかと思うようになった。

　なお、『朝が来る』は河瀬直美監督により映画が作成されている。永作博美・井浦新・蒔田彩珠・浅田美代子といった豪華キャストである。

（野口啓示）

実親となる妊産婦への
相談・支援

1. 予期しない妊娠の相談窓口

❶ 妊娠相談の相談窓口について

　妊娠の相談を受け付けている窓口には、「子育て世代包括支援センター」や「女性健康支援センター」、民間の妊娠相談窓口などがある。子育て世代包括支援センターは妊娠初期から子育て期までの途切れのない支援を提供することで子どもの虐待防止を図ること、そして、女性健康支援センターは不妊や更年期障害等の女性の健康全般に関する相談及び指導を行うことをそれぞれの業務としている。これらの相談窓口には、不妊の悩みや妊娠してしまったかもしれない不安、出産することへの不安、中絶後のしんどさについてなど、妊娠に関するありとあらゆる相談が入ってくる。

　妊娠相談のうち、予期しない妊娠により困難を抱えた妊婦を対象としたものを、通常の妊娠相談とは区別して「妊娠葛藤相談」と呼ぶ。妊娠葛藤相談を受理する窓口では、社会的、精神的、多くは経済的にもひっ迫した危機的状況にある女性を、迅速にそして確実に支援につなげることで、飛び込み出産や自宅出産及び子どもの虐待死を防止し、子どもの安全な養育環境の確保と出産後の女性の人生へ対する支援を提供している。妊娠葛藤相談で窓口につながる女性の多くは、地域での支援を得つつ、子どもの養育をしていくこととなるが、一部の女性は自分で養育をするのではなく、社会的養護を利用せざるを得なくなる。

　本章では、社会的養護のうち、特に特別養子縁組で子どもを託すことになった妊産婦に対する支援について述べていく。

▶▶▶実践上のヒント

　妊娠葛藤相談の相談者は、常に妊娠した女性本人とは限らない。女性の家族はもとより、子どもの実父である女性のパートナーからの連絡も少なくない。実父からの相談は、中絶に同意したくない、産まれた子どもを養育したい、などである。妊娠は女性だけではなく、男性も当事者となりうるという意識を持つことが大切である。

　全国妊娠SOSネットワークによると、妊娠葛藤相談窓口を設けている自治体は41か所（そのうち自治体の直営は12か所）で、その他にも「こうのとりのゆりかご」で知られる熊本市の慈恵病院や「小さないのちのドア」などの医療機関のほか、民間が運営している妊娠相談窓口、養子縁組あっせん機関がある。

　妊娠相談窓口の相談員の資格は相談機関によりさまざまで、保健師や助産師、社会福祉

士、心理職、一般のボランティアなどが相談に当たっているが、妊娠葛藤相談における支援の実務を行うにあたっては、通常の妊娠相談とは異なる福祉制度やソーシャルワークに関する知識が必要であるために、社会福祉士がチームにいることが望ましい。

> **Episode**
>
> 　アメリカの妊娠葛藤相談窓口は全米に約2500か所、ドイツには1600か所ある。アメリカは主に民間機関が相談受理を担っており、ドイツでは法律により相談所設置義務があるため、公費が投入されている。筆者が視察したドイツの施設の相談員は、日本でいう社会福祉士資格（修士）に加え1年間の研修や毎年の継続研修が義務付けされており、妊娠葛藤相談は非常に高い専門性が求められているのだと改めて認識した。

❷ 特定妊婦への支援

　「特定妊婦」とは、妊娠期より出産後の養育について支援が必要だとされる妊婦のことである。多くの自治体において、母子健康手帳（母子手帳）発行時に問診票を利用しつつ保健師による面接を行うなどし、支援の必要な女性が早期に特定妊婦としての支援を得ることができるようになっている。すべての妊婦を対象とした妊娠届出書の提出や母子手帳発行の手続きは、自治体にとって妊娠期からの支援が必要で養育困難に陥りやすい家庭を把握する重要な機会となっている。

　ここで把握された特定妊婦は、原則、要保護児童対策地域協議会（以下、要対協）の支援対象になり、関係機関が連携して出産後の支援を含めた支援計画を立て、出産後の養育支援を行うことにより、子ども虐待を防止する。また、地域における子育て支援と虐待防止の強化を目指し、全国の市区町村に設置された「子育て世代包括支援センター」においても、妊娠・出産・子育ての一連の流れの中で途切れのない支援の提供とそのマネジメントも行っている。

　このように、母子保健の分野では、妊婦健診や乳幼児健診といった集団全体へ働きかけることで、支援が必要な妊婦・母子を把握するポピュレーションアプローチ[1]と、特定妊婦や未熟児といったリスクの高い群に特化した支援を提供するハイリスクアプローチを組み合わせることで、自らSOSを発することができず、隠れた困難を抱える女性たちを支援している。

> **Episode**
>
> 　第3子の妊娠が判明して、母子手帳を取得するために保健センターの窓口に訪れたA

さん。問診票の質問項目である「妊娠について相談できる人がいますか」に、「いない」とチェックした。それを受け、保健師が家庭状況について聞き取りをしたところ、家庭内でのDVが判明した。そこで、福祉事務所と婦人相談所が連携して、Aさんへの支援を開始し、母子生活支援施設へとAさんを無事入所させることができた。Aさんは妊娠前後を母子生活支援施設で安全に過ごすことができた。

❸ 支援につながることが困難な女性たち

　ここからは、前述のアプローチにおいても支援につながることができない女性たちについて述べたい。

　「子ども虐待による死亡事例等の検証結果等について（第15次報告）」によると、平成29年4月1日から平成30年3月31日の間に虐待死した子ども（心中以外）52人中、0歳児は28人であった。死亡した0歳児の月例は、0か月が50％を占めており、4か月までの子どもの死亡数は85％を超えていた。加害者がすべて実母であったことを鑑みると、**妊娠期からの関わりが子ども虐待防止において重要であることは疑うまでもない**。

　特筆すべきは、**すべての0日目の死亡事例が母子手帳未交付、妊婦健診未受診で、特定妊婦としても把握されていないことである**。彼女たちは、なぜ支援の枠組みからこぼれおちてしまったのだろうか。ここでは、母子手帳発行をとりまく現状から探ってみたい。

　母子手帳は一般的に、妊娠届出書を提出した際に発行される。多くの市区町村では医療機関で受診して妊娠確定していることが発行要件となっており、届出書に医師による妊娠の証明が必要な場合が少なくない。しかし、経済的課題のある女性にとって、妊娠確定のための受診費用を確保することは大きなハードルとなる。それは、この初回の受診が公的健康保険の適用対象とならず、通常7000円から2万円の受診費が全額自己負担となるからである。法令上、医師の診察は妊娠届に必要な要件とはされていないにもかかわらず、実質上は医師の診察が母子手帳発行に不可欠となっていることが、経済的課題のある女性の受診の機会を奪っていることは、大きな課題だと感じる。

　経済的課題以外にも支援からこぼれ落ちやすい女性の特徴として、住民票の住所地と実際の居住地が違うことがあげられる。一般的に妊娠届出書の提出窓口は住民票住所地の保健センターや市区町村役場となっており、居住地では妊娠届を受理しない。これは、妊婦健康診査費用の一部を自治体が負担する「妊婦健診審査受診票」が、母子手帳と一緒に発行されるため、利用者の納税地である住所地の自治体によって発行されるのが妥当だと考えられているからである。

　しかし、住民票と異なるところに居住しているクライエントは特別な事情を抱えている

ことが多い。住民票の住所地に居住していないため、妊娠届書の提出ができず、どこの自治体にも妊婦として認識されないまま出産に至ることも少なくないのである。そういった事情を考え、必要ならば居所のある市区町村において母子手帳を発行して支援を提供していくことが大切である。

▶▶▶実践上のヒント

　母子手帳の交付については、厚生労働省及び内閣府による通知「無戸籍の児童に関する児童福祉等行政上の取り扱いについて」（平成28年10月21日）において母子手帳の発行には住所要件がないとされており、居住実態の確認により母子保健に関する事業の対象となるとされている。

❹ 官民連携の意義

　妊娠期に危機的状況に陥る女性たちは、「知られたくない」という共通した心理を抱えているのが特徴である。特に家族やパートナー、友人、同僚など、身近な人に妊娠を知られることへの不安から、受診せずお腹が大きくなる時期まで妊娠をひた隠しにすることも少なくない。知られたくないという心理に陥った背景は多種多様であるが、貧困、不倫、若年、パートナーとの不仲、風俗、性的虐待、性暴力など、さまざまな事情が絡み合い助長しあって危機的状況となっていることが、相談につながることを困難にしている。また、「電話が苦手」「人とうまく話せない」女性も増えており、電話・窓口対応だけでは妊娠葛藤相談窓口につながりづらいという現状もある。

　このような女性への支援には、官民連携よるアウトリーチ◆2が必須となる。民間相談機関の強みは、SEO対策◆3に長けており、SNS◆4やメール、24時間相談可能な電話相談サービス等を行うことができる団体が多いことである。一方、地域行政窓口は、地域の医療や福祉系窓口と太いパイプを持っており、地域に密着したサービスを提供することができる。民間相談機関の質の担保や、自治体における差異などの課題はあるにせよ、妊娠葛藤に陥った女性の早期支援のために、官民双方の窓口がそれぞれの特性を生かした一層の連携を行っていくことが望まれる。

Episode

　民間の妊娠葛藤相談窓口に、風俗店の寮におり自分の居場所も住所も理解していない女性から、陣痛と思われる痛みについての相談が入った。窓から見える景色を電話口で伝えてもらい、それを地元の保健センターに伝えたところ、土地勘のある保健師によって居場所が確定でき、無事病院で出産することができた。

2. 葛藤相談と子どもの処遇

❶ 妊娠葛藤相談支援の特徴

　妊娠葛藤相談のケースワークの主な特徴は3点ある。1点目の特徴は、出産までの間に、子どもの処遇を含めた支援計画をつくり、実行していくといった明確なタイムリミットがあることである。

　また、2点目の特徴は、妊娠葛藤相談は女性自身についての相談であると同時に、胎児である子どもについての相談だということである。もちろん、クライエントは相談をしてきた女性なのであるが、実際には受理した各ケースに潜在的要保護児童を包含している。そのため、相談員は目の前にいる女性への支援だけでなく、胎内にいる子どもを常に意識しながら支援を展開していかなければならない。

　3点目は、妊娠葛藤相談が女性への全人格的支援の入り口になるということである。妊娠葛藤相談に来る女性の多くは、身体・心理・社会的な背景を理由として、生活上のさまざまな課題を抱えているにもかかわらず、支援の必要性をこれまで訴えることができないでいる場合が少なくない。妊娠葛藤相談の窓口に連絡してくれたことがきっかけとなり、女性が抱える妊娠以外のさまざまなニーズに支援の手を差し伸べることができるようになることがある。

　このように妊娠葛藤相談は限られた時間の中で、母子のニーズを見極め、現在から未来まで見越した支援につなげるという高い専門性が要求されるのである。

❷ 人工妊娠中絶について

　予期しない妊娠をして出産に至るのは、人工妊娠中絶の選択肢がなかった女性ばかりという訳ではない。妊娠初期（12週未満）であっても子どもの命に思いを馳せて迷い悩み、自分で養育ができなくとも、最終的に産む選択をする女性も少なくない。特に若年妊婦[5]の中には、どうしても産みたいという気持ちから中絶が不可能な時期（22週）まで妊娠を周囲にひた隠しにする中高生もいる。

　日本では、刑法212条において堕胎罪が定められている。人工妊娠中絶が合法になるのは母体保護法があるからであり、「妊娠の継続または分娩が身体的または経済的理由により母体の健康を著しく害するおそれのあるもの」「暴行若しくは脅迫によってまたは抵抗若しくは拒絶することができない間に姦淫されて妊娠したもの」の適応条件を満たしている場合で、妊娠22週未満かつ本人及び配偶者の同意がある場合にのみ、母体保護法指定

医による人工妊娠中絶が可能とされている。

　そのため、妊娠初期には、中期中絶（薬剤を使用して陣痛をおこし人工的に流産させる）の母体への負担や妊娠継続した場合の生活上の困難を予測し、初期のうちに中絶をすべきだという周囲の主観が入りやすくなる。特に生活保護を受給している女性が妊娠した場合や、子どもが施設等に措置中になった女性が妊娠した場合、関係者から中絶を勧められることが多いので注意が必要である。中絶の選択肢を提示する際には、必ずその他の選択肢も併せて提示し、女性本人の気持ちを注意深く取り扱いつつ、自己決定できるように支援すべきである。

　安易に「中絶は人を一人殺すことになるからよく考えてほしい」「出産育児が難しいなら中絶するのがあなたのためだと思う」など、相談員の意見を述べて説得することは避け、考えうる選択肢を伝わりやすく明確に提示することを心がけたい。

▶▶▶実践上のヒント

　妊娠葛藤相談窓口には、「特別養子縁組を知らなかったために中絶してしまった」という中絶後トラウマに苦しむ女性や、中絶に同意したことに苦しむ男性からの相談もある。選択肢を知ることはクライエントの権利であることを忘れてはならない。

❸ 選択肢の提示

　妊娠葛藤相談は、母子の身体的安全の確保が優先される。そのため、リスクマネージメントに偏重し、当事者の意志は問わずに、介入が行われることも起こり得る。しかしながら、当事者に対しては、その後の支援にスムーズにつなげるためにも、出産後の子どもの処遇（養育形態）についての選択肢を丁寧に分かりやすく提示すべきである。

　女性に提示する選択肢は大きく2つに分けることができる。1つ目は母子が生活を共にするあり方で、母子生活支援施設や在宅支援の利用、親族の助けを得る等の方法がある。特定の条件下においてであっても、子どもとの生活が可能である場合には、女性自身の持つ能力と課題、子どもの健康状態、利用できる制度を整理し、具体的にどのように子どもの養育を行っていくのかといったビジョンをつくりあげることが重要である。例えば、母子生活支援施設への入所が考えられる場合には、施設についての説明だけでなく、生活保護の申請や施設から自立した後の子どもとの生活の様子などを、本人の希望や不安等を聞き取りつつ一緒にイメージしていくことが大切である。

　2つ目の選択肢は、母子分離して社会的養護を利用することである。具体的には、特別養子縁組、乳児院や養育里親への措置などがある。乳児院及び養育里親への措置は児童相談所が行い、養子縁組は児童相談所または民間の養子縁組あっせん機関が行う。実父母や

その親族による養育が困難だと考えられる場合には、これらの関係機関にできる限り早いうちにつなげ、協働して子どもの処遇についての選択肢を提示することが重要である（特別養子縁組制度については第5章を参照されたい）。

❹ 支援者からみた特別養子縁組とパーマネンシー保障

　妊娠葛藤相談窓口から養子縁組制度につながる場合、通常は普通養子縁組ではなく特別養子縁組が選択される。これは子どもが永続的に安定した家族環境で養育される権利を守られるべきだというパーマネンシー保障（永続性の保障）が、社会的養護においても求められているからである。

　『児童の権利に関する条約』では、子どもの最善の利益を主として考慮すること、家庭環境を奪われた児童に対する代替的な監護を確保すべきであり、児童の養育において継続性が望ましいことについて言及されている。また、2009年12月の国連総会で採択決議された『児童の代替的養護に関する指針』においては「代替的養護を受けている児童に関する決定は（中略）一般的に永続性が主要な目標となる」と代替的養育環境におけるパーマネンシー保障が国際的基準とされている。

　日本国内においても、2016年6月に公布された改正児童福祉法の理念のもと、2017年8月には『新しい社会的養育ビジョン』が取りまとめられ、「家庭養育優先の原則」と「子どもの最善の利益」の実現のために具体的な取り組みを行っていくこととなった。中でも特別養子縁組は永続的解決への有力・有効な選択肢と考えられており、「特に就学前の子どもは、家庭養育原則を実現するため、原則として施設への新規措置入所を停止する」とされたことは、妊娠葛藤相談の現場において、どのような選択肢をどのように提示すべきかについて、支援者に再考を促すきっかけとなった。

　いうまでもなく、子どもが実家庭で安心・安全な環境において養育されるように適切な支援を提供することが一義的選択であることは忘れてはならず、『新しい社会的養育ビジョン』においても、子どものニーズに合った代替養育の保障と同時に地域におけるソーシャルワーク体制の構築と支援メニューの充実が2つの骨格とされている。

▶▶▶実践上のヒント

　出産直後に特別養子縁組について心の揺れがある女性に、時間的な余裕を与えるために「一度子どもを乳児院に預けてゆっくり考えよう」という提案は、将来的な養育の可能性が低く家庭復帰が望めない場合には、極力避けたほうがよい。

　自宅での養育が明らかに不可能である場合に、子どもの処遇決定を先延ばしすることで、子どもが安心で安全な家庭で養育される機会を奪いかねないからである。子ど

もを預けたまま連絡が取れなくなる実父母もおり、できるかぎり早いうちから具体的な選択肢を提示し、子どものために何が最善なのかをクライエントと支援者で、じっくりと一緒に考える機会を持つことが望ましい。

❺ 若年妊婦への支援における留意点

「子ども虐待による死亡事例等の検証結果等について（第15次報告）」によると、子どもの死亡時（心中以外）における加害者の年齢は、「若年妊婦」と呼ばれる19歳以下の実母が10例（28.6％）と最も多い。このことから、若年妊婦へのアプローチがいかに難しいかということが言える。ここでは、若年妊婦ならではの課題について、「学生」と「学生ではない」という2つのカテゴリーに分類して見ていく。

「学生」は、通常住所地も明らかで、少数の例外的な大学生や専門学校生を除いては、家・食事がない等の喫緊の経済的困難に直面していることは少ない。しかし、親や友人との関係、学業が継続できるかなど、学生独自の課題を抱えている。また、稀なケースではあるが、家族成員からの性的虐待の可能性についても留意が必要である。

学生妊婦の妊娠による退学は大きな課題で、以前は学校によっては、強制的に退学をさせられるという事例が多く見られた。この事態を改善するために、平成30年3月29日に文部科学省より都道府県教育委員会にあて「公立の高等学校における妊娠を理由とした退学等に係る実態把握の結果等を踏まえた妊娠した生徒への対応等について」（29初児生第1791号）という通知が出されている。ここには、都道府県に対して私立学校を含む各学校において妊娠した生徒に対し適切な対応をするよう指導を求めており、学業の継続への配慮や退学した者への効果的な支援の提供についても明記されている。どのようにしたら妊娠した学生や家族の心理的負担を軽減できるのか、また、どのような体制をつくれば学業継続が可能になるのかについては、各家族や学校の状況により異なり、個別的な対応が必須となる。

一方で「学生ではない」未成年は、実家を出ていることが多く就労状況も不安定で、彼女たちが置かれている環境は多くの予期しない妊娠をした女性と類似している。しかし法的に未成年であることにより、支援につながるためには親権者の介在が求められる場面が多く、加えて18〜19歳の妊婦へは、児童相談所による直接的関与も行えないことから、特に支援が困難になる。

上記どちらの類型においても、未成年者の親権者がキーパーソンである。しかし、周囲が「育てることができない」と客観的に判断し、本人が自分の思いを話す機会をないがしろにすることがないように注意すべきである。

　未成年者が特別養子縁組を希望しているのにもかかわらず、「責任をとって子どもを育てさせる」と言ったり、明らかに親権者も養育が不可能であるのに「自分が養育する」と特別養子縁組に同意しない場合、ケースの状況によっては、改正民法の施行により、児童相談所の判断で児童相談所長が特別養子適格の確認審判に関与したり申し立てしたりすることも可能であると考えられる。

3. ケースワークの実際

❶ 母となる女性の心理と自己決定

　予期しない妊娠をした女性が特別養子縁組を選択・同意する理由はさまざまであるが、彼女たちの出産前後の心の変化を注視することは重要である。出産前にはどんなにお腹の子どもに興味がなく、特別養子縁組をする意思が固くとも、あるいは妊娠初期より養子縁組について熟慮を重ねて出産を迎えていても、出産後は心が揺らぐからだ。

　日本では最近まで実親となる女性の心の揺れを避けさせるために、出産直後に母子分離を行い、母親に子どもの顔を見せなかったり、出産時の子どもの泣き声を聞かずに済むよう、意識を混濁させる麻酔を使用するなどしていた。

　だが、「民間あっせん機関による養子縁組のあっせんに係る児童の保護等に関する法律」に基づく「民間あっせん機関が適切に養子縁組のあっせんに係る業務を行う為の指針」（平成29年11月27日）及び通知（令和2年3月27日子発0327第2号）においては、児童の最善の利益を考慮しつつも、「養子縁組は、児童の父母等が（中略）十分熟慮されたうえで決定されることが必要である」「児童の父母等があっせんに同意するか否かについて考える時間と環境が与えられることは重要」とあり、加えて「生まれた児童とその児童の父母等との交流を禁止してはならない」とあることを鑑みれば、出産直後の母子分離のあり方についても丁寧な配慮が必要であり、支援者や医療者の都合を優先させるべきものではない。

　子どもの養育が不可能な環境にいる妊産婦の多くは家族からも社会からも孤立しており、人生において無力感に満ちているが、適切な支援の下で子どものための特別養子縁組を自己決定した女性たちは、一連のプロセスにおいて妊娠しなければ得ることができなかったストレングス（強み）を獲得していく。自己決定とはクライエントが1人で行うものでは決してなく、周囲の支援者や人とのかかわりの中で、助言や援助を受けつつ自身が本当に

望むものは何であるかを見出し決定していくプロセスである。支援者はそのプロセスに伴走するために、実母となる女性の心の揺れにたじろぐことなく、子どもとクライエント自身の将来について共に考えていく作業を重ねていかなければならない。

> **Episode**
>
> 　風俗で妊娠した女性が頼る親族や友人もなく、民間シェルターで支援を受け出産までの時を過ごした。子どもの養育は不可能だと特別養子縁組を希望し、入院中の一緒にいる間は精一杯のことをしてあげたいと赤ちゃんのお世話をし、数日後に涙がとまらない中、縁組に同意した。現在は、いつか成長した子どもに会う機会があるかもしれないと、風俗以外の仕事を経験したことがなかった彼女が、販売員の職を見つけて生き生きと生活している。

❷ クライエントの顔が見えないインテーク

　初回相談が対面でない場合、クライエントの様子を実際に目視することなくインテークを進めていかなければならない。クライエントの様子が見えない中で情報を収集しようとすると、畳みかけるように質問してしまうことが多くなりがちである。まずは、具体的な支援に直結させるために知る必要がある事柄（現在の体調、一番心配なこと、食事や寝泊りに困難がないのか、等）を絞り込んだうえで、声のトーンや言葉遣い、話すスピード、メール等の文章の書き方などから得ることができるクライエント像をもとに、伝わりやすい言葉を選んだり、返信したりするように試みるとよい。またクライエントからのメール等への返事のスピードなどから、Wi-Fiへのアクセスや仕事の状況などを推測してみることも大切だ。

　たとえ相談の入り口がインターネット上のツールであったとしても、実際の支援につなげるためには電話等での対話や面談を行う必要がある。匿名や偽名で相談してくる女性を、面談につなげるには「語るための安心感」をクライエントが感じることが必要である。まず、「数ある相談窓口の中から私たちを見つけてご連絡くださってありがとうございます。現在の体調はいかがですか。」などと問いかけて、体調から緊急性の度合いを測りつつ、面談につなげる時期を見極めなければならない。連絡が途切れることなく何度かやり取りができれば、細い糸を手繰り寄せるような内容でしかなくても、どのような支援が最優先されるべきかが見えてくる場合が多い。

❸ 特別養子縁組を見据えた情報収集

　妊娠期から受理した相談であっても飛び込み出産や墜落出産の後に受理した相談であっても、特別養子縁組を選択肢として視野にいれるべきケースの場合は、可能なかぎり早期

にあっせんを行う機関につなぐのが望ましい。あっせん機関の養子縁組を専門領域とするケースワーカーは、養子である子どもの出自を知る権利保障のために必要な情報を収集し、収集した情報をもとに養親となった者が真実告知をどのように行っていくべきかを支援していく役割も担う。そのため、できる限り早期にクライエントとの関係構築を行い、細やかな支援の提供を目指すのだ。

　例えばクライエントに対し、委託前に子どもに渡す手紙を書きたいか、退院時の服は用意したいか、名前は付けたいか、子どもの成長の様子を知りたいか等について確認する。それと同時に、成長した子どもが会いたいと言ったら会う気持ちはあるのか、実親や養子が病気等で将来会う可能性がないと分かった場合には知りたい（会いたい）か、子どもが移植の必要な病気になったら声をかけてほしいか等といった養子縁組のあとのことについても、質問して、思いを聴収しておく。

　特別養子となった子どもたちが、どのように養子である事実を受容していくのか、そして成長した養子たちが何を語っているのかについて支援者がクライエントに伝えることで、実親となる女性自身がわが子に伝えたいことや思いが形作られてくることもある。実親により子どもの周囲に形作られた思いを養親に伝え、養親がそれを子どもに伝えることは、子どもたちが養子としてのアイデンティティを確立する過程で大切な情報となる場合も少なくない。

　しかし、子どもに知る権利があるのと同時に、実親にも知られたくない権利がある。あっせん機関のケースワーカーは、これら相反する可能性もある両者の権利をどのように保障していくべきなのか、明確な基準がない中で両者の気持ちを 慮 りつつ情報を整理していくことが求められる。

Episode

　中学生になった養子が朝帰りするようになったと相談があった。他の機関によるあっせんで実親の詳細は養親に知らされておらず、担当もすでに異動した後であった。しかし実親の出産と子どもの委託に立ち会っていた助産師につながり、養子本人に実親の様子について伝えた後は、落ち着いた様子で生活している。子どもなりに実親について知りたくも、養親に気を遣って質問ができなかったのがしんどかったようである。

4. 出産後の女性へ対する相談・支援

❶ 特別養子縁組についての意思確認

　相談時から特別養子縁組を希望している女性であったとしても、出産後は心が揺れ動くことは既に前述したとおりである。では、どの時点で意思確認を行うことが適切なのだろうか。

　令和元年6月に『民法の一部を改正する法律』が成立、令和2年4月1日より施行された。この改正に伴い、特別養子縁組の申し立てに「特別養子適格の確認審判」と「特別養子縁組成立の審判」となる二段階手続きが導入された。これにより、**実親が子どもの出生から2か月経ってから家庭裁判所において特別養子縁組に同意した場合には、その同意をした日から2週間を経過すると同意の撤回が不可**となった。これは、従前方式では申し立てから審判まで最低6か月の試験養育期間を含む長期間を有するため実親の同意撤回に不安を抱きつつ子どもの養育しなければならない養親候補者への心的負担に配慮した改正である。

　養親候補者の負担軽減としては意義ある改正だが、反面、実親が特別養子縁組について熟慮する期間が短くなったということでもある。ケースワーカーは、実親がインターネットなどから入手した情報が改正前の情報である可能性や実親の理解力に注意しつつ、**特別養子縁組を行うことで「何が起きるのか」「いつまで、どのような具体的権利があるのか」**について適切に理解できるよう、丁寧に説明していくことが大切である。

❷ 事前マッチングのメリット

　事前マッチングとは、あらかじめ出産前に受託家庭を用意しておくことである。養親は、子どもが生まれる前から受け入れの準備をすることで、病院から直接子どもを家に迎え入れることが可能になる。新生児を迎え入れたいと希望する夫婦は多く、出生前から実母と子どもの安全を祈りつつ出産を待つ経験をすることは、後の真実告知にも有益だと考えられる。

　また、事前マッチングのメリットは実親側にも大きい。「本当に子どもを迎えてくれる家庭があるのか」という不安を消すことは難しい。受託家庭があるのかどうかの不安を抱えながら、出産の痛みや不安に向き合うことは酷であると言わざるを得ず、事前マッチングにより養親候補者の人柄を聞き知ることで安心して出産に臨むことができたと言った女性は多い。

　一方で、デメリットとしては、子どもが生まれてきたあとに、実親が自分で養育しよう

と特別養子縁組を翻意した場合、子どもを待ちわびていた養親候補者には精神的負担が大きいことがあげられる。そのため、どのような条件が揃えば事前マッチングが適切なのかを慎重に見極める必要がある。

❸ 委託後の支援について

「養親子に対する支援」が必要であることは知られてきているが、実親へ対する支援の必要性が十分認識されているとは言えない。

退院と同時に子どもを手放した実母が、子どもを手放した寂しさや、これからの生活への不安から精神的に不安定になることは多い。最初の数日から1週間は、あっせん担当者より養親宅での子どもの様子をこまめに伝えることが安心感につながることが多いが、やりとりの際に女性の精神的な状態についても注意を払うことが大切である。そのうえで、必要に応じて産後1か月目の健診や裁判所調査官の聞き取り時など、面談できる機会を利用してケアに努めることが重要となる。

また出産後は、労働基準法第65条における母性保護規定により、産後8週間（本人が希望し医師が支障ないと認めた場合は6週間）は女性を就業させることはできない。特に、妊娠期から経済的困窮であったにもかかわらず、生活保護受給に至っていない女性については最低限の生活が保障されているのかどうか注意すべきである。特に出産前まで就労していた女性は、妊娠や養子縁組について職場に知られることを避けるために退職してしまうことが多く、社会的なつながりも失ってしまう。そして、妊娠期から適切な支援につながることができていなければ、再び以前の課題をすべて抱えた状態に戻り妊娠を繰り返すこともある。

現在、産婦への支援の多くは母子一体型となっていることから、母子分離を経験した女性には不適当で利用することが困難であるものが多いのが現状である。実親となり産婦支援からはずれてしまった女性のニーズを洗い出し、可能なかぎり妊娠期から女性の抱えるであろう「妊娠以外のニーズ」への支援につなげておくことが望まれる。

▶▶▶実践上のヒント

雇用保険に加入していたとしても、出産前は雇用保険の給付要件である「いつでも就職できる能力があること」に欠けるとされ、失業手当を受給することができないために驚くほど早く生活困窮に陥りやすい。

（ロング朋子）

▶注━━

1　ポピュレーションアプローチとハイリスクアプローチ：ポピュレーションアプローチは対象を限定せず集団としてのリスク軽減を目指し、ハイリスクアプローチはリスクの高い特定の人に対して働きかける。
2　支援が必要な人に行き届くよう、支援者から積極的に働きかけを行うこと。
3　インターネットの検索結果の上位にページが表示されやすくするための対策。
4　インターネット上で交流を行うためのサービス。ソーシャルネットワーキングサービスの略。
5　高校卒業年齢に合わせて18歳以下を「若年妊婦」と定義した研究等も見られるが、ここでは、10代の妊娠を「若年妊婦」とする定義を採用する。

▶参考・引用文献━━━━━━━━━━━━━━━━━━━━━━━━━━━━━━━━━━━━

赤尾さく美編（2019）「妊娠相談の現場で役立つ！ 妊娠SOS相談対応ガイドブック　第5版」一般社団法人全国妊娠SOSネットワーク
新たな社会的養育の在り方に関する検討会（2017）「新しい社会的養育ビジョン」厚生労働省
子どもの権利委員会（2013）「子どもの権利委員会・一般的意見20号：思春期における子どもの権利の実施」国連文書番号CRC/C/GC/20（平野裕二の子どもの権利・国際情報サイト［https://w.atwiki.jp/childrights/pages/］）
宮島清、林浩康、米沢普子編著（2017）『子どものための里親委託・養子縁組の支援』明石書店
社会保障審議会児童部会児童虐待等要保護事例の検証に関する専門委員会（2019）「子ども虐待による死亡事例等の検証結果等について（第15次報告）」厚生労働省

第7章

年長の子どもへの
自立支援
：社会から排除される
　子どもたち

Key Word

自立支援／当事者参画／生い立ち整理／自立支援ツール

1. 里親家庭における自立支援とは

❶ 自立とは

　厚生労働省の里親養育指針では、「自立とは、誰にも頼らないで生きていくことではなく、適宜他者の力を借りながら他者と関係を結びながら自分なりに生きていくことである」と定義されている。

　しかし現実問題としては、社会的養護のもとで育つ子どもにとっての「自立」とは、「自立」＝「措置解除」である。つまり、措置解除され、独り立ちするということは、潜在的に「1人で生きていかなければいけない」ことを意味していると感じていることが多い。また、自立に向けて十分に心の準備ができていないのにもかかわらず、措置が解除された場合、「追い出された」「自立を強いられた」と自分の状況を卑下してしまうことが起きることも少なくない。

　社会的養護を担う施設職員も「自立」＝「誰にも頼らないで生きていくこと」と捉えていることが多い。そのため、これまでの自立支援は、ソーシャルスキルトレーニングや金銭管理といった、社会で生きていくために必要なスキルを子どもに身につけさせることを目的としたアプローチが中心だった。しかし、社会的養護を必要とする子どもの多くは、自分自身が独り立ちした際の生活のイメージを簡単に持つことができないため、この自立支援が実生活とかけ離れた支援、いわゆる支援者・養育者が「備わっていたらいい」と思うことを押し付けてしまう結果となり、実際のニーズに合っていないアプローチになってしまっている場合が多かったのではないか。

　さて、いわゆる一般家庭に近い状況にある里親家庭の中での自立支援とは一体何を指すのだろうか。一般家庭であれば、自立支援といった独り立ちに向けた支援を意識することはなく、まして自立に向けたプログラムを受けるわけではない。日常生活の中で子どもが生活上必要な知恵やスキルを親の姿を見ながら自然に身につけていくのである。里親家庭が一般家庭に近いのなら、里親家庭の“当たり前の日常”こそが、里親家庭だから提供できる自立支援ではないかと提案したいのだが、自立という概念を考えた場合、里親家庭の持つひとつの大きな特徴に気づく。それは里子が里親家庭への委託児童であるということである。そのため、上記で述べた自立のコンセプトを子どもも里親も抱きやすくなる。

　しかし、厚生労働省の定義にあるように、自立とは「1人で生きていく」ということではなく、「助けて」「困っている」と助けを求めることができる人や社会資源・地域につながることができる状態にあることである。「1人で生きていくこと」が強いられる社会的

養護の現状の中で、自立していく子どもたち、そして自立していった若者たちはどのように社会で暮らし、どのようなニーズを持っているのか、この章では、社会的養護を必要とする子ども・若者の自立の現状と支援のあり方について考えていきたい。

▶▶▶実践上のヒント

　里親家庭での当たり前の日常を考えてみる。例えば、養育者同士が夫婦喧嘩をすることもあるだろう。そして、喧嘩をしたら終わりではなく、翌日には話し合って仲直りをしている姿を子どもは見るかもしれない。また、養育者の寝坊をする姿やお酒を飲んでいる姿、そういっただらしない姿を見ることがあるかもしれない。食事においても、施設のように完璧な食事ではなく、「余り物で何か作ろう」という日常の当たり前が、独り立ち後の必要なスキルにつながるかもしれない。こういった日常の人間くさい営みこそが、これまで人に裏切られてきた経験が多い子どもにとって、「人」を信じてもいいという実感、一度関係が切れてもまた紡ぐことができるという経験、"人間っていいな"という思いにつながるのである。

❷ 年長の子どもの特性

　現在、社会的養護では、障がい等のある子どもが増加しており、里子の24.9％に障がい等があるというデータがある。精神疾患やひきこもり、不登校経験のある子ども、被虐待経験や里親家庭に委託されるまでに複数の措置変更を経てきたため特定の養育者との愛着形成が難しい子どもなど、養育が難しいケースが増加している。実親との交流を持つ子どもも増えており、社会的養護を必要とする子どもの心のケアだけでなく、家族関係の調整を行うことも求められるようになってきている。

　また、スマートフォンの普及により、携帯・ゲーム依存という問題が増えている。スマートフォンは友人関係を構築するひとつのツールであるが、出会い系サイト等を通じたトラブルに巻き込まれる場合も多い。また、子どもの対応においても、人権・プライバシーを尊重しないといけないこともあり、スマートフォンの問題に対しての介入が難しいという声は多くの里親から聞かれる。

　このように大人への移行期にある子どもの養育には、里親家族ならではの支援ニーズがあり、児童相談所やフォスタリング機関等との協働による専門的な相談支援を組み合わせた計画的な支援が重要になる。

Episode

Aは、小学生の頃より友人関係に悩み、中学校も不登校気味であった。高校進学後にスマートフォンを取得すると、スマートフォンを介するSNSでのつながりが増え、ネットでつながる人間関係に依存するようになった。また、気づかないうちにゲームに課金してしまい、高額請求がくることもあった。高校では友人ができず、夏休み前には行き渋るようになった。その後、昼夜逆転となり、朝も起きられず高校に行けなくなった。そして、スマートフォンの使い方で里親と口論になることが多くなった。典型的なスマートフォン依存の例である。

❸ 自立支援における協働の必要性と当事者参画の重要性

　里子は里親家庭への委託児童であるため、18歳に近づくにつれて、独り立ちの準備をせざるを得ない状況になる。里親としては、独り立ちの準備を強いているつもりはないのかもしれないが、子どもにとっては、そのように捉えてしまう場合がある。そのような場合、里親子の関係がこじれ、これまで築き上げてきた家族という関係性が崩れてしまう場合もある。本来なら、自立した後も、里親には、里子の実家として、いつでも帰れる場所、そして相談できる人としての機能を持ってもらいたいと期待されるのであるが、それができない場合が出てくる。そのため、**自立支援に関しては、里親がすべて担うのではなく児童相談所やフォスタリング機関等の支援機関と協働してすすめることが必要である**。自立を向かえる子どもに関しては、支援機関と連携し、子どもに合わせた自立支援計画を作成することが重要となる。

　自立支援計画を作成する場には、里親と里子が参加することが大切である。自立支援計画が子ども本人がいないところで作成された場合、子ども自身の思いや困りごと、独り立ちに向けた意向が反映されないものになる可能性は高くなる。自立支援計画は、自立していく子どものものであり、子どもの意思に基づくものにならなければ、実行は難しい。また、支援機関が集まり、子どももいっしょになったチーム会議を開くことは、子ども自身が自立後に頼ることができる機関があることを知る機会となる。

　また、自立後のさまざまな場面で必要になる「保証人に誰がなるか」に関しても、自立支援計画作成の時に明確にしておくことが必要である。

▶▶▶実践上のヒント

　ライフステージに応じて、保証人が必要となる場面が出てくる。例えば、携帯電話の契約・進学・賃貸契約をする際の保証人である。保証人になることのリスクは高く、

里親が担うには限界がある。しかし、保証人がいない事実は、社会的養護のもとで育った若者の人生において大きな負荷になる。措置中から、里親とケースワーカー、そして子どもの実親、そして親族と協議する必要性が出てくる。そして保証人になれる人がいなければ、代わりとなる解決策（例えば、未成年後見人等）を見つける必要がある。

❹ 自立における第三者の介入の必要性

　NPO法人ブリッジフォースマイルが全国の児童養護施設を対象に行った児童養護施設退所者の実態調査によると、自立支援・退所後支援における難しさとして、「行政の取り組み体制や予算が不十分」（47.2％）、「知的障害、発達障害、精神障害など自立において困難さを抱えた児童に専門性を持った支援者・支援機関が不十分」（40.6％）といった項目が上位にあがった。これらの要因が、施設職員が自立支援や退所後支援を行っていくのを難しくさせるようである。

　みずほ情報総研株式会社が、アメリカ・イギリス・ドイツ・フランス・カナダ・イタリアの里親支援等を離れたあとの支援のあり方を調査した結果、インケアの段階から継続した自立支援の実施（相談、調整機能）が重要であることが示された。具体的には、社会的養護の支援等の上限年齢の延長、生活相談、就労、教育訓練、職業訓練、経済的支援、住居確保の支援等が行われていた。継続性を担保するうえで、①社会的養護を離れる以前より、児童等と支援者の関係が継続するよう工夫されていること、②職業、進学等の選択をする以前そしてそれ以降も、継続して相談・助言が受けられる体制を整えることが重要であると報告されている。

Episode

　里子の養育において、里親は多くの課題と向き合うことになる。しかし、里親養育の難しさを児童相談所に伝えきれないという訴えを里親から聞くことが多いのだが、なぜそのようなことが起こるのであろうか。このことが起こる大きな理由のひとつが、児童相談所は「措置権」を持っているということである。里子についての悩みをケースワーカーに打ち明けた際、悩みを聞いて助言をしてほしかっただけなのに、意図せず一時保護されてしまったというケースがある。また、「里親失格と思われたらどうしよう」「相談したら里子を引き上げられてしまう」と思うと、気軽に相談ができないという声もよく聞かれる。また、行政主催の里親懇話会の日頃の悩みを共有する場面においても、行政の職員がメモを取っている姿を見て、「日頃の悩みも記録されて報告されてしまうのではないかと心配になる」といった里親の声も聞かれた。つまり、措置権があるがゆえ

に児童相談所と里親との関係性が難しくなるのである。

　それに比べて、フォスタリング機関等の民間の機関は措置権を持たない。措置権を持たないからこそできる支援が民間の機関の強みだと思われる。

---

2. 年長の子どもの社会生活自立の現状と課題

　里親家庭から措置解除された若者についての実態調査は少なく、調査されていても里親家庭や里親会とのつながりを持つ若者のみの回答となっており、より困難な状況にある若者の実態は把握できていない。そのため、児童養護施設退所者の退所後調査も合わせて、社会的養護からの自立の現状と課題を見ていきたい。

❶ 高校卒業後の進路（大学等進学後の中退率）

　厚生労働省によると、里子の中学卒業後の進路（2018年度末に中学校を卒業した児童のうち、2019年5月1日現在の進路）は、里親家庭（343人）のうち「高校等進学」は333人（97.1％）、「専修学校等」3人（0.9％）となっており、進学率は98％となっている。全中卒者（113.1万人）の「高校等・専修学校等」の進学率は99％で、その差は1％となっている。**現在里**

表7-1　児童養護施設・里親家庭からの進学状況

①中学卒業後の進路（平成30年度末に中学校を卒業した児童のうち、令和元年5月1日現在の進路）

		進学				就職		その他	
		高校等		専修学校等					
児童養護施設児	2,306人	2,175人	94.3%	43人	1.9%	43人	1.9%	45人	2.0%
里親委託児	343人	333人	97.1%	3人	0.9%	2人	0.6%	5人	1.5%
（参考）全中卒者	1,131千人	1,118千人	98.8%	2千人	0.2%	2千人	0.2%	7千人	0.7%

②高等学校等卒業後の進路（平成30年度末に高等学校等を卒業した児童のうち、令和元年5月11日現在の進路）

		進学				就職		その他	
		大学等		専修学校等					
児童養護施設児	1,752人	245人	14.0%	251人	14.3%	1,102人	62.9%	154人	8.8%
里親委託児	375人	102人	27.2%	81人	21.6%	169人	45.1%	23人	6.1%
（参考）全高卒者	1,134千人	589千人	51.9%	246千人	21.7%	203千人	17.9%	96千人	8.5%

家庭福祉課調べ（「社会的養護の現況に関する調査」）。全中卒者・全高卒者は学校基本調査。
※「高校等」は、高等学校、中等教育学校後期過程、特別支援学校高等部、高等専門学校
※「大学等」は、大学、短期大学、高等専門学校高等過程
※「専修学校等」は、学校教育法の基づく専修学校及び各種学校、並びに職業能力開発促進法に基づく公共職業訓練施設

出所：厚生労働省子ども家庭局家庭福祉課（2020）『社会的養育の推進に向けて』より。

親家庭の高校進学率に関しては、全国水準とほとんど変わりないところまできていることが分かる。

　次に、高校卒業後の進路をみる。全高卒者の「大学等・専修学校等」への進学率が73.6％となっているのに対し、里親家庭（375人）から「大学等・専修学校等」への進学率は183人（48.8％）とその差は24.8％となり、大学進学保障の課題が見えてくる。しかし、児童養護施設（1752人）から「大学等・専修学校等」への進学率は496人（28.3％）である。里親委託児の進学率が児童養護施設の児童と比べて約1.7倍と、同じ社会的養護においても進学率に大きな差があることが分かる（表7-1）。

　里親家庭の進学率が高い理由について、伊藤らが行った里親家庭の経済状況に関する調査結果を見てみると、里親手当から委託児童の自立支援に向けての預貯金を行っている里親が59.9％（月額の預貯金の平均額が3万7124円）いた。また、里親世帯の平均月収が40万円以上の世帯が約3分の1を占めており高所得世帯が多いということが示された。これらのことから進学に関して、里親家庭が施設より優位に位置していると言える。青葉（2012）も施設と里親家庭の進学率の違いが出ることについて、①里子が施設より措置解除後も里親宅に継続している例が多いこと、②里子1人くらいなら多少の援助は可能、③私的援助をしているケースがあること（住むところの支援・学資の一部援助）をあげている。

　次に、大学や専修学校に進学できなかった理由として、京都市が行った退所者調査を紹介する。進学できなかった理由として全員が「経済的に厳しかった」と答えており、次いで「授業についていけない」が15.4％であった。措置中は公的責任のもと衣食住が守られ、学習の保証はされているが、社会的養護を必要とする子どもの背景として、措置前の学習環境の悪さが起因する学力の低さや発達の課題、措置解除後の経済的なサポートのなさから、高等教育をあきらめざるを得ない子どもが多くいることが示された。

　また、さまざまな課題をクリアし高等教育への進学を果たした者すべてが大学等を卒業できているわけではない。NPO法人ブリッジフォースマイルによると、施設退所者118人中、進学して4年3か月経過した時点で卒業した人は59人（50.0％）に対して、中退した人は32人（27.1％）であった。文部科学省の調査によると、2012年の1年間に大学・短期大学・高等専門学校を中退した学生は2.7％である。単純比較はできないが、社会的養護の中退率は、全学生と比較して非常に高い。中退理由として浅井（2014）は、①経済的理由、②精神的不調・負担、③アルバイトとの両立の困難さ、④学業不振、⑤学校の人間関係をあげている。このように、いくら高等教育に進学できたとしても、経済的・精神的サポートを期待できない若者にとって、卒業することが容易ではないことが分かる。

Episode

　Bは、給付型奨学金を取得し、4年生大学に進学した。大学入学と同時に里親宅から出て一人暮らしを行った。経済的な余裕がないため、アルバイトに時間をさかねばならない生活になった。慣れない一人暮らしに加え、アルバイトにより学業が疎かになり、成績も下降、それに加えて、実親との関係調整などのストレスが加わった。しかし、同年代の友人にはこういった悩みを打ち明けることも難しかった。これらのことから、精神面が不安定になり、精神科を受診するが、病状は回復しなかった。医療費や病院に通う交通費の負担や、「学校にいけなくなったら、奨学金も返還していかないといけない」といった複合的な課題に押しつぶされそうになった。学びたくて進学を選んだにもかかわらず、アルバイトや家族調整に時間を割かれ、物理的にも精神的にも追い詰められた時、Bは思い切って、里親に連絡した。里親からは、すぐに帰ってくるようにと言われ、Bはそれをありがたく思った。里親宅で、食事や生活面のサポートを受けながら、1か月程度里親宅から大学に通ったところ、心身の調子がよくなり、再び一人暮らしを始めることができた。

❷ 社会的養護経験者の就職状況

　次に就職状況（図7-1）を見てみる。京都市の児童養護施設等退所者の調査によると、正規職員（35.4％）、パート・アルバイト（43.1％）、契約社員（3.1％）、派遣社員（4.6％）、自営業（1.5％）、となっている。総務省統計局によれば、同年齢層（15～24歳）における正規の職員の割合は55.4％となっており、ユース◆1の正規雇用の割合の1.5倍であった。社会的養護から育った若者の正規雇用の難しさが示された。また、職業形態としては飲食サービス業（24.6％）や棚卸・小売業（21.5％）、医療・福祉（16.9％）、製造業：工場（12.3％）、建築業（6.2％）があげられていた。

　NPO法人ブリッジフォースマイルの全国児童養護施設調査から就職先の離職状況を見てみると、就職後1年3か月経過（25.5％）、2年3か月（34.4％）、3年3か月（44.7％）となっていた。つまり、3年で約半数の若者が一度は離職していた。転職の理由として京都市の調査では、「職場の人間関係がうまくいかなかった」（40.0％）、「労働環境が苛酷だった」（31.1％）、「仕事へのやりがいが見出せなかった」（26.7％）、「病気やけがにより就労できなくなった」（22.2％）、「給与が少なかった」（17.8％）、「業務の内容についていけなかった」（11.1％）、「解雇された」（8.9％）、「学業との両立ができなかった」（8.9％）「周囲に反対された」（4.4％）、という理由があげられていた。

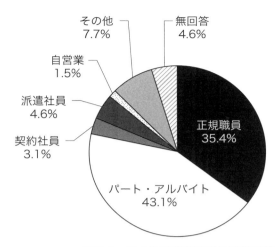

図7-1　社会的養護経験者の就労形態
出所：京都市（2017）『児童養護施設等退所者の生活状況及び支援に関する調査報告書』より。

　同年代の若者が大人へと移行していくスピードに比べて、より早い段階での自立が求められ、さらに実家族からのサポートが期待できないことから、多くのユースが就労に難しさを感じているのが示されていた。ユースにとって独り立ちに関する課題が山積していることが分かる。

　また、高卒求人での就職活動に関しては、住み込み就職などの条件を優先的に選択せざるを得ないことが多いため、社会的養護を必要とする子ども・若者が希望する職を見つけることが難しく、本人の能力ややりたいことと実際の仕事の内容が合わないといったミスマッチが起こることも少なくない。

　そういったミスマッチによって早期に離職をした場合、すぐに生活が破綻してしまうことが起こりやすいのが現状である。一般家庭であれば、再就職に向けて、家族が子どもを支えることが多いが、社会的養護を必要とする子ども・若者は家族を頼ることができない。そのため、早急に生活を維持するための仕事を確保せざるを得ず、友人の紹介や派遣、夜の仕事といったその場しのぎの就職になってしまうことが少なくない。

Episode

　Cは、高校卒業後の進路として就職を選択した。しかし、独り立ちのための預貯金もなく、住居確保のための初期費用も準備できなかった。そのため、就職先の選択肢も少なく、やむなく社員寮つきの旅館に就職することになった。しかし、就職後、仕事内容についていけず、さらに職場の人間関係もうまくいかず退職してしまった。そして、退職と同時に「家」を失った。その後、住居の確保と早期の再就職が必要となったため、SNSを通して知り合った知人から、社員寮があり簡単にお金を稼げる仕事があるという

情報を手に入れ、夜の仕事に就くようになった。

❸ 住居の状況

　NPO法人ブリッジフォースマイルの調査によれば、措置解除された就業者の住まいの状況は、社員寮（38.6％）、一人暮らし（28.0％）、福祉施設・自立援助ホーム（17.7％）、親兄弟宅（12.6％）であった（2014年3月から2018年3月までの間、施設を退所した人のうち就業者の住まいについての調査）。この数字が表していることは、就職状況でも触れたように、**仕事を失うと住まいを失うユースが約4割存在する**ということである。また、若者のホームレス50人に対する調査によると、6人（12％）が児童養護施設で育っていた。親権者や保証人、経済的な課題から適切な住居を確保できていないユースが多く存在することが示された。

Episode

　Dが賃貸契約をしようとするも、実家族が個人信用情報機関に事故情報が登録（いわゆるブラックリスト）されており、親権者である実家族を頼ることができなかった。数か所の不動産会社を回ってみたが、保証人の問題で賃貸契約ができなかった。結果的にその時付き合っていたパートナーが一緒に住もうと言ってくれたので、住居は確保することができた。しかし、パートナーとの別れが生じた際、また住居の課題が起きてくることは容易に想像できる。

❹ 親権者・保証人問題がもたらす、自立後の困難

　日本では、民法第4条に「年齢二十歳をもって、成人とする」と規定されている。しかし、社会的養護経験者の多くは18歳で措置解除となり独り立ちしていく。しかし、18歳から20歳までの間は成人ではないので、**携帯電話の契約、クレジットカードの契約、住居の契約、仕事の確保おいて、保証人が必要不可欠となる**。しかし、すべての里親や親権者が保証人の役割を担えるわけではない。そのため、ユースの多くが保証人の問題で悩むことになる。「同年代の友人が何のハードルがなく契約できているのに、なぜ自分だけできないのか」といった声はよく聞かれる。成人年齢を20歳から18歳に引き下げることを柱にした改正民法が可決・成立し、2022年4月1日から施行されることから、ユースの保証人問題が改善されることに期待したい。

　京都市の調査では、退所直後（約3年間）に困ったことという質問に対して、31名（34.1％）が「親との関係」と回答していた。委託中は子どもと実親の間にケースワーカーや里親が介入し、関係を調整しているが、措置解除後はユースと実親がダイレクトに関係

調整を行っていく場合が多い。例えば、措置解除後に金銭搾取を目的としてユースに接近してくる実親も存在する。さらに、委託中は「家族」としての機能を持たなかった実親から、借金や介護の役割を押し付けられるケースもある。しかし、実家族だからこそ断ってはいけないといったジレンマや、実家族のことは里親に相談しにくいといった心理が働き、課題解決が困難となる場合もある。時にはユースと実親の人生は別として、実親は家族だがユースがすべての責任を背負う必要がないということを支援者が伝えることも、ユースの負担を減らすことにもつながる。

> **Episode**
>
> 　里親委託中、Eは全く実父と関係を持たなかった。Eのもとに実父が死亡したことにより、実父がつくった多額の負債を背負わなければならなくなったという通知が届いた。Eは、何のことかも分からないまま書類を放置していると、裁判所から催促の文書が届き、慌てて里親に連絡。里親から「実父は親だけど、Eが負債を背負う必要がないもの」と伝えられたことで、Eは安心して財産放棄の手続きをすることにした。その後、フォスタリング機関から紹介された弁護士に相談、弁護士の力を借りて財産放棄の手続きを進め、解決に向かった。

❺ 社会的養護経験者であるということ

　社会的養護経験者のユースは、他者に助けを求めることを苦手することが多い。ユースの多くが、これまでの実親からの虐待や、社会的養護での経験から、自分自身の痛みや傷付き、しんどさといった部分に対して蓋をしている。社会的養護において、声を発しても拾ってもらえなかった経験や、福祉の中でサービスを受けるといった受け身の姿勢で生活してきたことが影響していると考えられる。

　また、「生い立ち」「家族背景」についての整理ができていないことの影響も大きい。例えば、社会福祉サービスを受ける場合、生育歴や家族背景について聞かれることが多い。そういった質問にうまく答えられなかったという経験が多くなり、社会福祉サービスを受けることへの抵抗感が高まってしまうユースを多く見てきた。実際、多くのユースが、行政機関で自分の「生い立ち」や「家族背景」をうまく答えられないため、行政の窓口をたらい回しにされた経験があると訴える。

　また、里親家庭において、里子が同じような経験をしたものとの出会う機会は、施設に比べて少ない。つまり、里子特有の悩みを共有したり、ロールモデルに出逢う機会が少ないのである。里親によっては里親会に里子を積極的に連れていく場合もあるが、高年齢児

になると一緒に外出することも難しい。里親は、意識的に里子のために里親同士のつながりを持ち、里子同士の出会える場を提供することが重要となる。また、同じような経験をしてきた里子やユースが集う居場所や当事者団体に関する情報提供をすることもひとつの策である。

▶▶▶実践上のヒント

「里親に相談したいけど、本当に頼ってもよいのか」「他の子どもたちがいるのに……」「心配かけられない」といった子どもたちの声がある反面、「いつでも帰ってきたらいいのに」「なんで頼ってくれないのか」といった里親の声もある。本来、一般家庭であれば都合をつけなくても家に帰ることができる。しかし、いくら里親との関係が良い子どもでも、里親に対して気を遣う場面もある。そのため、母の日・父の日に集まる場を設けたり、お正月に揃ってお節料理を食べるなど意識的に家に帰ってくるきっかけをつくることが必要である。

▶▶▶実践上のヒント

社会的養護にある子どもたち、ケアを離れ自立したユースは日常生活のさまざまな場面（友人関係・職場関係者・行政窓口・講演会など）で自身の「生い立ち（ライフストーリー）」を人と共有することがある。しかし、ライフストーリーを共有するということには、リスクがあり、自分自身が傷ついてしまうことがある。そして同時に、また聞き手を不快な気持ちにさせてしまうこともある。

そういったリスクを軽減させるために、アメリカの社会的養護当事者団体は「ストラテジック・シェアリング（SS）」というツールを開発した（➡第8章参照）。SSは、自身のライフストーリーを効果的かつ安全に共有するための手法である。すべての人に対して、同じストーリーを伝える必要もなければ、"可哀想さ"をアピールする必要もない。まず自分自身が「語りたいこと」「語りたくないこと」を整理していくことから始めていく。ユースにとり、自分自身を守る方法を身につけることは重要なスキルのひとつとなる[2]。

3. 年長の子どものニーズに対応した自立支援のあり方

❶ 進学・就職保障の現状・課題

　これまで、社会的養護を必要とする子どもたちへの進学に関して、公的に保証されるのは高校進学までだった。しかし、2020（令和2）年4月より「修学支援新制度」としてのいわゆる高等教育無償化が始まった。進学することに対する門は開かれたが、進学後はどうだろうか。

　文部科学省は、高校時の成績・学習能力は制度の採否の判断材料にならないとしているが、支援の打ち切り基準は4つ定められている（表7-2）。さまざまな課題を抱えながら大学生活を送るユースにとって、支援を継続するための基準というものは、高いハードルとなることが危惧される。前節で紹介したように、社会的養護経験者が持つさまざまなニーズと学業の両立は容易ではないからである。

　修学支援新制度ができたことにより、社会的養護経験者の進学が増えることが予想されるが、そのことにより、ケアを必要とする学生が増えることが予想できる。例えば、障がいのある学生への修学支援が円滑に行われるようにコーディネーターを配置し、一人ひとりのニーズに応じた修学支援を提供している大学がある。また、修学・就労に関する個別相談や、ノートテイカー・パソコンテイカーの配置やスケジュール管理・履修相談などにも対応している。つまり、大学内に障がいのある学生をケアするための支援センター等があるように、**修学の継続に困難を抱える社会的養護を必要とする若者に特化または社会的養護に理解ある職員・窓口を配置し、学校生活のサポートや精神面のケアに加え、住居や生活の保証もセットで行う必要性がある**といえる。

表7-2　学業成績・学修意欲に関する要件

	学業成績の基準
廃止	次の1〜4のいずれかに該当する時 1.修業年限で卒業又は修了できないことが確定したこと 2.修得した単位数の合計数が標準単位数の5割以下であること 3.履修科目の授業への出席率が5割以下であることその他の学修意欲が著しく低い状況にあると認められること 4.次に示す警告の区分に該当する学業成績に連続して該当すること
警告	次の1〜3のいずれかに該当する時（上の「廃止」の区分に該当するものを除く。） 1.修得した単位数の合計数が標準単位の6割以下であること 2.GPA等が学部等における下位4分の1の範囲に属すること 3.履修科目の授業への出席率が8割以下であることその他の学修意欲が低い状況にあると認められること

出所：文部科学省　修学支援新制度　資料13「斟酌すべきやむを得ない事情がある場合の特例措置について」より。

2017（平成29）年から事業化された「社会的養護自立支援事業」として、里親家庭や児童養護施設等の入所措置となっていた者に対して、18歳到達後も原則22歳年度末まで必要な支援を行えるようになった。この制度を利用しながら里親家庭から大学等に通うことができるのであれば、安定した大学生活を送ることも想定できるかもしれない。しかし、すべての子どもが育った里親家庭を頼れるわけではない。例えば、里親家庭のある所在地より遠いところへ進学した場合等である。彼らの学校や生活の状況を一番近くで察知・把握できるのは大学という機関ではないのだろうか。先ほども述べたように、大学からのサポート体制の充実が望まれるのである。

　上記のように、進学についての制度や課題はありながら充実が図られているのに対し、就職に関しては「自立支援資金貸付事業」♦3や自立援助ホーム♦4の利用くらいである。しかし、「自立支援資金貸付事業」についても、利用者は少なく、就職保障のための支援は十分とはいえない。

❷ 生い立ちの整理

　措置解除後に向けて、自分自身の「生い立ち」について整理することが重要である。永野（2017）はユース自身の「生まれ」や「生い立ち」の状況が不明であることによるアイデンティティの不確かさがもたらす不安定さについて指摘しているが、「誰から生まれてきたのか」「どこで生まれたのか」「自分の親は誰なのか」、自分を理解するうえの基盤がない状態だと、どこか抜け落ちた心理状態となり、ユースの不安定さにつながると考えられる。

　里親家庭では、他の委託児童と家族の関係や、親戚の集まりなど日常的に「家族」を意識せざるを得ない場面がある。また、学校生活の中で「生い立ち」の授業があり、「両親の名前」「名前の由来」「出生地」「生まれた時の体重」などを調べる宿題がある。しかし、里子によっては「生い立ち」や「家族」について、里親に聞いたり相談したりすることを躊躇する場合がある。なぜならば、「育ての親」だと思っている人に対して「産みの親」について聞くことは、申し訳なさ、恥ずかしさ、気が引けるといった気持ちが起こるからである。

　神戸市にあるNPO法人Giving Treeでは「生い立ちDiary」を里親と作成している。「生い立ちDiary」とは、「出生地」「両親の名前」「名前の由来」「ロードマップ」などの情報を収集し、写真や母子手帳などと一緒に整理したものである。これを整理しておくことによって、里子が「生い立ち」や「家族」について知りたいと思った時に里親が慌てるのではなく、必要なタイミングで里子に見せることができるようになる。

> **Episode**
>
> 　Fは、里親宅に遊びにきた赤ちゃんと出会ったことが刺激になったのか、「自分の赤ちゃんの写真を見たい！」と里親に言った。しかし、Fの小さい頃の写真は1枚もなかった。児童相談所からはFは乳児院に入所していたことを聞いていたため、以前入所していた乳児院に本児の写真がないかと相談したところ、あることが分かった。そこで里親と共に訪問し、乳児院に保管されていた写真を見ながら、担当職員に幼少期のエピソードを話ししてもらい、過去を紡いでいく作業をした。

❸ ニーズに対応した支援

　措置解除後にユースが学校を中退、また仕事を離職するなど、生活が破綻しケアを必要としたとしても、社会的養護への再措置は制度上難しい。しかし、**措置中であれば何度でも失敗を経験し、エネルギーを溜め直すことができる。そのため、措置中に自立に向けて試行錯誤する体験ができることが望ましいと思われる。**例えば、措置中に地域のアパートを借り、一人暮らしをしながら、仕事や学校に行く経験をする。つまり、①1か月にどれだけの光熱費・食費・家賃・通信費などがかかるのか、②1人で生活することの孤独さ、③一人暮らしをすることでどのようなトラブルが発生するのか、を実感・シミュレーションすることにより、自立に向けたプランの立て直しが可能となる。

　子どもの持つ特性や実親の背景・措置解除後のユースの持つ社会資源によって、困りごとや支援ニーズが異なってくる。社会福祉法人全国社会福祉協議会によると、アフターケア事業所が行っている支援として、①電話やメールなどでの相談支援、②ハローワーク、会社訪問、面接などの同行やキャリアカウンセリングなどを行う就労支援、③物件探しや引っ越しの手伝い等の住宅支援、④退所児童向けサロンの実施などを行う居場所づくり、⑤進路相談や高校卒業認定試験支援を行う学習支援、⑥債務整理や家賃等の貸付、生活用品・食材の提供などを行う経済的支援、⑦貸付・給付金などの情報、生活保護受給に関する情報、障害福祉サービスや公的な手続きに関する情報などの情報提供が行われており、ユースのニーズに合わせた必要な支援を組み合わせて展開していることが示されている。しかし、ユースの多くは先ほども述べたように措置解除後に助けを求めることを苦手とするため、**措置解除後の困難の予防のためにも、措置解除前からの支援が必要不可欠となる。**

❹ ニーズに対応したプログラム事例

　自立に向けて、また自立後のサポートについては、先ほど述べたように一人ひとりの子どもの課題・ニーズに対応した支援プログラムが必要となる。しかし、里親家庭の生活の

場において、子どもが持っている社会資源やスキルがどのような段階にあるのか、何が足りていないのか、自立に必要なものが何なのか、口頭では里親から聞くことがあるが、里子自身が状況を理解するツールを持っていないことが多い。

　アメリカ合衆国の当事者団体である Foster Club（フォスタークラブ）では、里子が里親家庭から離れる前の移行計画を立てる際に役立つ「Transition Toolkit」というツールを作成している。子どもの持つ社会資源やリソース・支援者を明確（支援者の名前・連絡先など具体的に）にすること、短期的・長期的なゴールを明確にすること、また独り立ちに向けた課題（金銭管理・仕事・ライフスキル・住居・教育・医療など）を細分化し、状況を把握することを目的に開発されたワークシートである。これは、ユースの状況を整理するだけでなく、自立後困難な状況に陥った際、支援する大人に対してユースが状況を説明しやすくなるツールでもある。

　自立支援において、里親や支援者だけでなく、里子自身が自分で自分の身を守り、自分自身で助けを求められるツールを提供することは、自立後のユースの助けとなる。日本においても、必要なプログラムであるといえる。

Episode（著者の高校生の時のストーリー）

　著者は、乳児院から18歳まで社会的養護のもとで育ってきた当事者である。生まれてから社会的養護での生活しか知らず、また中学校になるまでは校区の中に児童養護施設や乳児院が存在したため、同級生との関係で、自身の生い立ちや社会的養護について説明する必要もなく生活を送ることができた。むしろ、自身が社会的養護のもとで暮らしているという、またそれが特別な環境であるという意識がなかったのかもしれない。しかし、社会的養護とは無縁の地域にあった高等学校へ進学した時、初めて挫折を味わうことになった。

　友人との人間関係を構築する際、友人が家族を紹介するように、「児童養護施設で育った」と話せば、「児童養護施設って何？」「親がいないってこと？　なんで？」「かわいそうやん」と涙を流す友人もいた。自身の生い立ちを語ることで、社会がどのように「社会的養護を認知」しているのかを理解する機会となった。

　友人関係を構築する場面で、生い立ちを語ることへのハードルを感じ、学校に行きづらくなる時期もあった。学校へ行きづらくした大きな要因は、初めて向き合う「社会的養護であること」への解決策が見出せないことであった。「高校をやめたい！」と思い学校を休んだ私を見た養育者は、私の兄弟を呼び家族会議を開いてくれた。「何に困っているのか」「高校をやめるのであれば、今後どうしたいのか」「学校をやめたら施設を出ないといけないが、どう生きていきたいのか」と、自身の人生について向き合う機会

となった。

　兄との会話の中で、社会的養護への向き合い方に悩んでいるのは自分だけではないと気づいた。また、私が困った場面で、養育者や兄が寄り添ってくれたことが私にとって大きな励みとなった。「高校をやめたい」という私の発言に対し、否定的な回答ではなく、「あなたはどうしたいのか」といった私の思いを尊重し向き合ってくれたことを今でも覚えている。これは、支援者となった今、ユースへの関わりで大切にしていることのひとつでもある。

　また、このことを通して、自分自身が置かれている社会的養護という状況をどのように同級生に説明したらいいのかのヒントを得た。そして、そのヒントは、同級生と「家族」や「生い立ち」について話をすることへの私の中の抵抗感を軽くし、そして、自分らしく高校生活を送るうえでの大きなターニングポイントになったと言える。

（畑山麗衣）

▶注─────────────────────────────────

1　里親委託や児童福祉施設措置が解除されて、社会的養護のシステムから離れた若者のことを指す。
2　NPO法人インターナショナル・フォスターケア・アライアンス（IFCA）STRATEGIC SHARINGブックレットより。
3　自立支援資金貸付事業とは、児童養護施設や自立援助ホーム等を退所した者であって就職した者又は大学等へ進学した者のうち、保護者がいない又は保護者からの養育拒否等により、住居や生活費など安定した生活基盤の確保が困難な状況にある者又はそれが見込まれる者に対して、家賃相当額の貸付や生活費の貸付を行うこと。
4　自立援助ホーム（児童自立生活援助事業）は、義務教育を終了した満20歳未満の児童等や、大学等に在学中で満22歳になる年度の末日までにあるものであって、児童養護施設等を退所したもの又はその他の都道府県知事が必要と認めたものに対し、これらの者が共同生活を営む住居において、相談その他の日常生活上の援助、生活指導、就業の支援を行う事業。

▶参考・引用文献
浅井春夫（2014）「児童養護施設で暮らす子どもたちに大学進学の権利保障を──本学部で田中孝奨学金制度を創設する意義と展望」『立教大学コミュニティ福祉研究所紀要（2）』1～23頁
伊藤嘉余子（2018）「里親家庭における養育実態と支援ニーズに関する調査研究事業」報告書『平成29年度 厚生労働省「子ども・子育て支援推進調査研究事業」』
厚生労働省雇用均等・児童家庭局長通知（2012）「里親及びファミリーホーム養育指針」（平成24年）
厚生労働省子ども家庭局家庭福祉課（2020）『社会的養育の推進に向けて』
京都市（2017）『児童養護施設等対所者の生活状況及び支援に関する調査報告書』
みずほ情報総研株式会社（2017）『社会的養護関係施設等における18歳以上の支援のあり方に関す

る研究報告書』

文部科学省（2014）『学生の中途退学や休業等の状況について』

武藤素明編著、青葉紘宇著（2012）「里親養育における自立支援を考えるに当たって」『施設・里親から巣立った子どもたちの自立』147 〜 175頁

永野咲（2017）『社会的養護のもとで育つ若者の「ライフチャンス」』明石書店

NPO法人ブリッジフォースマイル調査チーム（2018）『全国児童養護施設調査2018　社会的自立と支援に関する調査』

総務省統計局（2013）『平成24年就業構造基本調査　結果の概要』

社会福祉法人全国社会福祉協議会全国対処児童等支援事業連絡会（2017）『社会的養護施設等の退所児童に関する支援の実態把握等調査研究等事業』

特定非営利活動法人ビッグイシュー基金（2010）『若者ホームレス白書』

年長の子どもへの
自立支援
：ライフチャンスと
　当事者参画の視点から

Key Word

オプション／リガチュア／当事者参画

1. 社会的養護は何を保障すべきか

　かかわった子どもたちに幸せでいてほしい。この願いは、家庭養護をはじめとした社会的養護にかかわる誰もが抱くものだろう。ここで、あらためて考えてみたい。社会的養護は、子どもたちに「何を保障する」制度なのだろうか。

　「児童養護施設の働きが成功したかどうか判定する最も重要な目安は、退所後に子らがどうなるかということであろう」と述べたのは、日本の児童養護施設について研究したグッドマンである（Goodman=2006; 243）。この言葉の「児童養護施設」を「家庭養護」に置き換えてみても、この指摘は共通するだろう。しかし、社会的養護を必要とした子どもたちが、その後どのような生活を送っているか、実はこれまであまり知られてこなかった。

　本章では、社会的養護を巣立った若者たちの生活の実態を「ライフチャンス」という視点から確認していきたい。そして、社会的養護が「ライフチャンス」を保障し、そして、いわゆる「自立」を実現するために必要なことについて考えてみたい。

2.「ライフチャンス」とは何か

❶ オプション（options）とリガチュア（ligatures）

　まず、「ライフチャンス」という言葉の整理からはじめたい。「ライフチャンス」という概念は、政治社会学の領域で「社会構造によって付与される個人の発展のための可能性」と定義されている（Dahrendorf1979=1982）。非常に簡潔に言ってしまえば、「社会の構造の中でそれぞれの人生のためにどのような選択肢から何を選ぶことができるか」ということだと言える。

　そして、この「ライフチャンス」は、「オプション（options）：社会構造が付与している〈選択可能性〉」と「リガチュア（ligatures）：帰属・社会的なつながり」という2つによって決定される。オプションをより具体的にいうと、「①経済状況、衣食住の状況、安心・安全な環境など、基本的な生活の条件を規定するもの：基礎的オプション、②将来にわたる教育機会や就労機会、文化や遊びの機会など、より社会的な選択肢とその機会を規定するもの：選択的オプション」のような、生活の条件や選択肢と考えることができる（永野

2017)。このオプションの状況が制限されていれば——つまり、生活の条件が過酷であり、そもそもの選択肢がなければ、ライフチャンスは低くなってしまう。

オプション（社会の中での選択肢）は想像しやすいとして、「リガチュア」という言葉は聞き馴染みがない言葉だろう。この言葉の元来の意味は、手術の際に傷口を縫い合わせる結紮糸のことを指す。この概念を定義したダーレンドルフという社会政治学者は、これまで使われてきた「つながり」や「帰属」とは違う意味であることをはっきりさせるために、「リガチュア」という聞き馴染みのない言葉をあえて用いている。

ライフチャンス概念におけるリガチュアは、社会の中での個人の「位置」を定め、人びとの行動の基盤をつくり、選択に意味を付与するものとして説明される。具体的には、「①家族や社会的ケアなど、自身と社会の間にある関係性を規定するもの、②友人関係、教育機関や職場、地域での社会的なつながりなど、自身と社会との関係性を規定するもの」（永野2017）といった、「社会との関係性や社会的なつながり」を意味すると理解できる。このリガチュアは、その質によってライフチャンスを高めることもあれば、制限するよう働くこともある。例えば、安定した家族関係や地域社会とのつながりや結びつき（リガチュア）はライフチャンスを高める。一方で、行動を制限したり束縛的するような家族関係や社会の中で迫害を受ければ、リガチュアが「足枷」となりライフチャンスを制約する。また、リガチュアがまったくなければ、自分がどこに属するのか、どこへ進めばよいのか分からず、宙に浮いた根なし草のようになって、意味を持った選択を不可能にする。

つまり、「ライフチャンス」を高めるには、オプション（社会の中での選択肢）だけでなく、選択に意味を付与するリガチュア（社会との関係性や社会的なつながり）にも重きを置き、両者をそれぞれに高めることが重要である。

3. 社会的養護のもとでのオプション

ここから、社会的養護のもとでのライフチャンスを確認していきたい。まずは、オプション（社会の中での選択肢）の状況をみていこう。

❶ 社会的養護のもとでの「オプション」の回復

社会的養護を必要とする子どもたちは、保護・措置以前の環境で経済的困窮や虐待・ネグレクトを経験したり、衣食住が十分でないこともある。こうした危機的な環境は、オプ

ション（社会の中での選択肢）が大きく制限された状況であると考えることができる。この状況から保護され、社会的養護のもとで生活することで、危機的な生活を脱し、衣食住が保障された暮らしを送ることができるようになる。また、衣食住の安定を基盤に、以前の環境で困難だった通学や学習の回復もみられる。社会的養護からの高校進学率も上昇しており、2019（令和元）年5月1日現在では、94.3％（里親97.1％、児童養護施設94.3％）となり（厚生労働省2020）、全中卒者の高校進学率が98.8％であるのと比べると数％のところまで差が縮まっている。

　このように、社会的養護の大きな役割は、（言うまでもないが）安心・安全な生活を回復させ、基本的な生活を安定させていくことである。こうした社会的養護での安定した日々の生活が、基礎的なオプション（社会の中での選択肢）を回復させ、ライフチャンスを拡大していく土台となる。

Episode

　小学校高学年で保護されたAさんは、社会的養護のもとで、「初めて当たり前の暮らしをした」と話す。それは、電気・ガス・水が止まることを心配せず、健康的な食事ができる暮らしである。

　家庭では小学校へ行くことができなかったBさんも、社会的養護の暮らしの中では、自然と学校へ通えるようになった。勉強は楽しく、同年代の友人との出会いは「生き返った感じ」だった。Cさんは施設に入所してなかったら、「自分は高校には行けなかっただろう」とふりかえる。

　こうした当事者の語りからも、安心・安全が守られた暮らしを保障すること、義務教育をはじめとした教育機会を保障することは、社会的養護の基本的かつ重要な役割であることをあらためて感じさせられる。

---

❷ 社会的養護のもとで育つ若者の「オプション」の格差

　一方で、これまでに行われたいくつかの数量的な調査を照らし合わせると、社会的養護のもとで育った若者たちのオプション（社会の中での選択肢）の格差が見えてくる。

　その1つは、高校入学以降の教育機会の格差である。先に述べたように、社会的養護からの高校進学率はほぼ全体と同等になってきたものの、児童養護施設のもとでの高校中退率は17.2％で、これは社会全体の高校中退率1.7％と比較するとおよそ10倍となる（永野・有村2014）。また、社会的養護からの大学等進学率は、2019（令和元）年5月1日現在、全高卒者が51.9％のところ14.0％（里親27.2％、児童養護施設14.0％）であり（厚生労働省2020）、

さまざまな奨学金制度が創設されていながらも依然として格差が大きい。また、一般との格差があるのに加えて、都道府県間の大学等進学率の格差も示されている（永野・有村2014）。つまり、社会的養護のもとからの大学進学自体に困難があるだけでなく、措置された先によって、大学等進学の可能性が左右されるということである。

　加えて、顕著な経済状況の格差も示されている。措置解除となった若者の生活保護受給率は、同年代の受給率の約18倍以上となっており（永野・有村2014）、若者全体と比べて深刻な経済的困窮に陥る割合が非常に高い。一般的に家族のサポートを得られることの多い年代にもかかわらず、自身の稼ぎに生活のすべてがかかっていることの多い措置解除後の若者たちにとって、さまざまな理由で就労が困難になると、即座に重度の経済的困窮に陥る危険性がある。

Episode

　2020年に起こった新型コロナウイルス感染症（COVID-19）の拡大においても、社会的養護のもとで育った若者たちに生じた影響は大きい。当事者の参画を推進するIFCAが措置解除後の若者を対象に行ったアンケート調査では、経済状況の見通しについて、回答者425名のうち22.6%が「現在、お金に困っている」、10.4%が「1か月以内にはお金がなくなりそう」と回答している。合わせて3割を超える若者たちが1か月以内に経済的に困窮する可能性を訴えている。また、8.0%が、生活保護を受給中または申請中・予定と回答し、37.8%が、必要な医療、精神的ケア・カウンセリング、薬の入手ができなくなり困っていると回答している。

　そもそもの生活がギリギリの状況であれば、想定外の危機が生じた際に、一気に生活が困窮してしまう。だからと言って、家族を頼ることや、元の養育者を頼ることも難しく、27.8%が、「自分だけでどうにかしている、または、ほとんど自分だけでどうにかしている」と回答している。さらに、緊急事態宣言の間には、「ステイホーム」や家族で支え合うことを求められ、自身の生い立ちや家族の問題をあらためて突きつけられたという声も聞かれた。後述するリガチュアの脆弱さや「生の不安定さ」がうかがえる。

　全国民が同じ新型コロナの危機に遭ったが、そのことの与えるダメージの深刻さの違いを思い知らされた。

❸「オプション」の保障に向けた養育者の役割

　上記のように、社会的養護を必要とする子ども・若者のオプション（社会の中での選択肢）をみると、大学等進学に大きなハードルが存在している。大学等進学の動機やきっかけは、

養育者へのあこがれや養育者からの可能性の提示によって生じていることが多い一方で、養育者からの進学の反対や奨学金制度等についての情報提供のなさによって進学が制限されることもある。

　例えば、子ども・若者が「進学を希望しない」という時、「意欲がない」、「学力がない」ということが指摘されることがあるが、進学のイメージがなかったり、自身の進学の可能性を知らされていなければ、勉強に向かう意欲が生まれないのは当然である。また、社会的養護自立支援事業が創設され、奨学金制度も10年程前と比べると整いつつある。しかし、こうした制度が若者たちに伝わるか、また実際に使えるかは、養育者のかかわりによるところが大きい。

　オプション（社会の中での選択肢）を用意するだけでは、ライフチャンスは保障されない。ただし、オプションなしに、人生を選択していくことはできない。現在可能性のあるオプションを知り、提示していく、また拡大していくような養育者のあり方が、子どもたちの人生に大きな影響を及ぼしているといえる。

▶▶▶実践上のヒント

　社会的養護のもとで長く生活してきたDさんは、実親やきょうだいの状況をみる中で、自分も高校を卒業したら、寮のある職場に住み込み就労をするのだろうと自然に考えてきた。そんなある日、里親が、自身の大学での経験をDさんに話してくれた。それは、自分も苦学生で夜間の大学に通ったこと、友人と出会えたこと、好きなことを学ぶ楽しさを伝えるものだった。さらに、Dさんが使用できる奨学金があること、その申請を手伝うことを伝え、興味がある分野があれば、大学の見学に行ってみようと誘った。Dさんは、初めて自分に大学進学の可能性があることに気づき、自分は何を学んでみたいのだろうと考えるようになった。

　奨学金制度も大学も「ある」が、進学の可能性に気づけていないDさんが、自力でそのオプションを手繰り寄せていくことは非常に難しい。ライフチャンスを拡大していくきっかけは、そばにいる「人」による影響が大きいといえる。

❹ ユース・アドボカシーによる制度的底上げ

　大学等進学や経済的状況から、ライフチャンスの状態を考える時、社会的養護を必要とする子どもたちは、早い段階から不利益が集中した状況にある。この「不利益」を克服していくためには、本人の並々ならぬ努力が求められたり、幸運の積み重なりに期待するしかない。

　このように、現在ある制度や支援をつなぎ合わせても、マイナスからのスタートを余儀なくされている子どものライフチャンスを保障するには、制限されているオプション（社会の中での選択肢）に対して制度的な底上げが必要であると考えられる。この制度的底上げは、社会的養護のもとで育つ子ども・育った若者のライフチャンスが社会全体との大きな格差を内包しているという点を鑑みれば、社会の責任として、スティグマを伴わない「権利」としての制度でなければならない。その方向性を定めるには、当事者の主体的な参画が鍵であると考えられる。当事者がニーズの所有者としての主体性を持ち、制度設計や評価に参画することは、真のニーズの充足に不可欠な視点である。

　イギリスやカナダ、アメリカでは、1970年代後半から当事者団体やネットワークの活動が誕生している。一方、日本において、社会的養護のもとで育った若者たちの活動が可能になったのは、2000年に入る頃であった。

　日本における社会的養護の領域での当事者活動の「歴史」は、カナダのオンタリオ州で学んだ当時の高校生たちが2001年に大阪でChildren's Views and Voices（CVV）を立ち上げた時に始まったと考えられる。その後、約10団体が立ち上がり、アフターケアを事業化して提供するグループと、個別・小規模で当事者同士が支え合い、多様な活動するグループが活動を行うようになった。

　2000年からの約10年を萌芽期とすると、2010年以降の新たな団体の誕生は、社会的養護における当事者参画の新たな流れを感じさせる。2013年の設立以降、日本とアメリカの交流を通して、社会的養護の当事者たちの社会参画を強調したプログラムづくり行ってきたのがインターナショナル・フォスターケア・アライアンス（IFCA）である。アメリカで蓄積されてきた参画のための考えやツールを日本に取り入れつつ、「当事者参画」「ユース・アドボカシー」に特化した活動を行っている。また、2017年には、カナダ・オンタリオ州の取り組みに倣った「Our Voice」も活動を開始した。SNSを使った当事者による発信や支援活動も広がり、2018年からは、年に1回各地の当事者団体や個人が集う全国交流会が行われるなど、新たな動きをみせている。

❺ 米国にみるユース・アドボカシー

　アメリカでは、1988年に後の全米の当事者参画のモデルとなる当事者グループ「カリフォルニア・ユース・コネクション（CYC）」が活動を開始し（クーザ2019）、2020年現在も組織的・戦略的な政策提言を続けている。

　このCYCは、年間のユース・アドボカシーの計画を持ち、当事者ユースが具体的な制度の改善策を作成していく。そして、その年の集大成が「州議事堂の日（DAY at the CAPITAL）」と呼ばれる3日間のイベントである。カリフォルア州全体から、120人を超え

る当事者ユース（若者）が州都に集まり、3日間かけてユースからユースへ、ユース・アドボカシーのスキルに関するトレーニングが行われる。最終日には、州議事堂でのスピーチや議員への陳情を行い、制度の改善を求めていく。

　こうして議会に対し、ユースの声を直接届けることで、CYCは多くの法律・制度を変えてきた。その数は30年間で20を数える。当事者によるユース・アドボカシーが制度を変え、オプション（社会の中での選択肢）を底上げしているのである。

❻ 真の当事者参画のために①──自分のストーリーを守るトレーニング

　ただし、当事者ユースが、自身の育ちや生活をふりかえって、自身の「声」を見つけ、発信していくのは、簡単なことではない。米国では、こうした難関をくぐっていくための1つのツールとして、連邦レベルで活動する当事者団体フォスタークラブ（Foster Club）などによって、ストラテジック・シェアリング（Strategic Sharing）という自身のストーリーや意見を話す際の安全性確保のためのトレーニングが提案され、広く共有されてきた（Foster Care Alumini of America）。

　このトレーニングの重要な点は、自身の経験を話そう・共有しようとする当事者ユースたちに、自身のストーリーは自分自身のものであると伝えることにある。話したくないことは話さなくていい、何をどこまで話すかは、自分の安全性と相談しながら決めていくことができることを伝えていく。語ろうとする当事者自身が、ストーリーを語る過程や目的といったすべてに対して、コントロールする感覚を持て、語らされているのではなく、目的のために望んで語っているという感覚を持てていることが重要である。そして、聞き手のニーズに応じて、自身のエピソードなどを効果的に用いて、相手の変革を促していく。日本では上述したIFCAが許可と翻訳権を受けて、日本語版を作成し、日本の実情に合わせるようユースの手で工夫が加えられながら、普及に向けた活動が行われている（Internatinal Foster Care Alliance 2015）。

　当事者活動の萌芽期（2000年代）の日本には、このような考えは全く存在しておらず、期待に応えようと自分の経験を話し過ぎてしまったり、十分に扱うことのできないトラウマについて話すことでしんどさを抱えてしまう当事者の若者たちを多く見てきた。自身のストーリーを話すことは、変革への大きなエネルギーを持つと同時に、リスクも内包するのである。

　ストラテジック・シェアリングには、当事者自身だけでなく、依頼する側や聴き手に対するトレーニングも含まれている。例えば、当事者になぜ語ってほしいか伝えること、当事者が十分な準備ができるよう十分な時間を確保することを心がけること、当事者の語りたいことを尊重すること、当事者の語りを編集したり捻じ曲げたりしないこと、当事者の

語りがどこでどのように使われるのか開示すること、好奇心を満たすためだけの深掘りをしないこと、当事者に対しても専門家に対して示す敬意や感謝と同様の態度を示すことなどが記されている。社会的養護を経験した当事者は、社会的養護の専門家である。制度を変えようとあげた「声」をしっかりと受けとめたい。

❼ 真の当事者参画のために②──若者とおとな〈当事者と支援者〉のパートナーシップ

　当事者として活動をしたいと考えているユースたちであっても、私たちの誰もがそうであったように、継続した支えやサポートが不可欠である。米国では、当事者ユースを支えるおとなのことを、サポーティブ・アダルト（SA）と呼び、当事者ユースの主体性を尊重し、実質的なサポートを行う（International Foster Care Alliance 2019b）。安全に安心して、当事者が声を発信することができるよう、こうしたサポートの体制を構築することが必要である。

　日本でも、今後、当事者ユースの意見表明の機会や参画の場面が増えていくと期待される。その際には、ユースが「対等な立場で」意見が述べられるような具体的な配慮が必要である。例えば、会議には複数名で参加できるようにすることや、事前にワーキンググループを開催し、制度の詳細を説明したり、会議の意義や進め方、難解な用語を説明するなど、ユースが発言しやすい環境を整えることも必要である。こうした若者とおとな（当事者と支援者）が（平等ではなく）公平で、対等でいられるパートナーシップが、真の当事者参画には求められる。

- -

4. 社会的養護のもとでのリガチュア

- -

❶ リガチュアの脆弱さ

　次に、社会的養護のもとで暮らす・暮らした若者たちの、リガチュア（社会との関係性や社会的なつながり）の状況はどうだろうか。21人への聞き取り調査（永野2017）からは、3つの視点を見出すことができる。

　第一に、家族の中で形成されるリガチュア（関係性やつながり）の状況がある。例えば、保護以前に、家族がなんらかの問題を抱えている場合には、家族とのつながりや関係性が足枷（あしかせ）となったり、欠如した状態であったと考えられる。保護・措置によって、こうした家族のつながりや関係性に大きな変化がもたらされる。

しかし、保護の後も家族の課題が継続されたままであることが多く、家族の関係性やつながりが葛藤を抱えたままである可能性もある。社会的養護のもとでは、家族の再統合にとどまらず、家族との適切な距離での交流など、家族のリガチュア（関係性やつながり）のつなぎ直しを図らなければならない。

▶▶▶実践上のヒント

　実親との関係性は、措置解除となった後にも当事者の若者たちを悩ませることがある。Ｄさんは、二度目の保護以降、実親との関係を長らく絶ってきた。ある日突然、実親の生活保護申請に伴う扶養照会の書類が自宅に届いた。Ｄさんは親が生きていること、近くに住んでいること、何より生活に困窮していることを知ることとなった。急に知らされた情報に混乱したＤさんは、アフターケアの担当者に相談したところ、「扶養できない」と回答すればよいと助言をもらった。しかし、「親孝行すべきではないか」「家族になれるのではないか」という考えが浮かんできてしまい、切っても切れない血縁に悩まされることとなった。

　第二に、社会的養護のもとでのリガチュア（関係性やつながり）が想定される。社会的養護のもとでの生活は、家族の関係性やつながりから（一時的に）分断され、養育者（里親や施設職員）との新たな社会的つながりを結び始める契機でもある。つまり、**社会的養護のもとへの措置は、新たな社会的養護のもとでのリガチュア（関係性やつながり）によって家族のリガチュアを補完・代替する役割を持つ**と考えられる。しかし、社会的養護のもとでも、養育者の頻繁な交代などがあれば、十分な関係性やつながりを築くことは難しい。さらに、養育者からの体罰や暴力、ともに生活する子ども間の上下関係や暴力は、依然として残されている社会的養護の大きな課題である。こうしたケアのもとでの関係性は、抑圧的なリガチュア（関係性やつながり）を再び所有させ、ライフチャンスを制限するものとなる。

　第三のリガチュアとして、社会の中でのリガチュア（関係性・つながり）があげられる。しかし、社会的養護を必要とした若者たち（とその家族）は、措置以前からすでに社会で孤立していることが多く、さらに社会的養護を必要としたことを理由に、社会からの差別・偏見にさらされることもある。

❷ 新たなリガチュアの獲得

　とくに措置解除となったあとには、家族とのつながりだけでなく、社会的養護のもとでのリガチュア（関係性やつながり）も途絶えやすく、児童養護施設を対象とした調査では、

退所後の３年間で、約３割が施設と連絡の取れない状況が明らかとなっている（永野・有村2014）。社会的養護は、巣立った若者たちを孤立・周縁化させない関係性の構築が必要である。

　措置解除後も養育者とのつながりを維持し、緩やかに社会とのつながりを構築していくことが望ましいと思われるが、措置解除後に元の養育者を頼りにくい心情が語られることもある。社会の中で孤立せず、新たな関係性やつながりを築いていくためには、元の養育者のリガチュアに限らないアフターケア機関等の利用や社会の広範なネットワークや仕組みが求められる。

❸ 生涯にわたるつながりを
——永続的な関係を約束するパーマネンシー・パクトの取り組み

　こうしたつながりの重要さは、米国でも同様に指摘されている。社会的養護を必要とする子どもたちは、上述したように家族のリガチュア（関係性やつながり）が分断したり、社会的養護の養育者との関係性が希薄になることもある。また出会うおとなは専門職であることが多く、任務や任期が終われば、関係性は途切れてしまう。こうして、米国の当事者ユースたちが生涯にわたる「親族のような」つながりが必要だと感じ、2007年、Foster Clubがパーマネンシー・パクト（Permanency Pact）と呼ばれるツールを作成した（図8-1）。

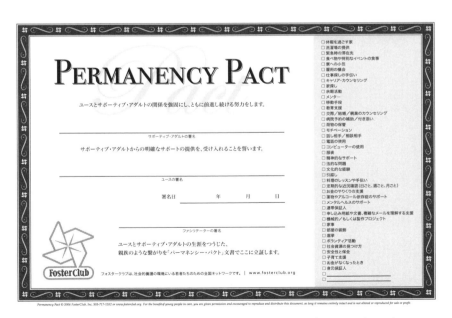

図8-1　Foster Clubのパーマネンシー・パクト証書　テンプレート
項目を参考にお互いの意思をすり合わせていく

出所：IFCA（2019b）『ユースとサポーティブ・アダルトの生涯をつうじた、家族のようなつながり　パーマネンシー・パクト——児童養護施設や里親家庭で育つ若者たちのパーマネンシーを築くためのツール』

このパーマネンシー・パクトでは、社会的養護のもとで育った若者と若者自らが選んだ信頼できるおとな「サポーティブ・アダルト」が、相互に意思を確認し、「パクト（約束）」を結ぶ。当事者ユースは、列挙されたサポートの例を必要とするか検討し、サポーティブ・アダルトはユースが希望したサポートを提供できるか検討する。この関係性のファシリテート（調整・仲介）を、児童相談所のソーシャルワーカーや年長の当事者が行う。

　それまでの養育者に限らないサポーティブ・アダルトが、それぞれの希望や立場を明確にし、業務や職責ではなく、一個人として、ユースが必要とし、かつ「できる範囲」でのかかわりを表明するもので、社会的養護のもとで育った若者に往々にして欠如しがちな、信頼できるひとりのおとなと生涯をつうじた「親族のような」かかわりをもたらすことを助ける。

　リレーショナル・パーマネンシー（永続性のある関係性）が、その後の人生の安定性に大きな影響を与えるという研究も示されており、実践的にも重要な取り組みである。

▶▶▶実践上のヒント

　措置解除後も「困った時は」頼ってほしい、と考えている養育者も多いだろう。ただ、この「困った時」というのがどのレベルなのか、判断するのは実は難しい。曖昧な「困った時」ではなく、具体的にどういった時なのか、（若者が必要とする場合には）どこまでのサポートが継続できるのかしっかりとすり合わせておく必要がある。

　Eさんは、措置解除となり、それまで暮らしていた里親家庭を離れる時、「いつでも帰ってきてね」と声をかけられたが、同時に、「じゃあ、鍵を預かるね」とそれまで持っていた合鍵を返すよう伝えられた。このやりとりでDさんは、言葉とは裏腹にいつでも帰っていいわけではないことを痛感し、もう頼れないのだと認識したという。Fさんのもとには、元の養育者から毎月、お米が届いていた。養育者側からすれば、お米さえあれば、なんとか食べていけるだろうという配慮と思われる。しかし、Fさんは、一言のメッセージもなく送られてくるお米にあたたかみを感じることができなかった。Fさんが求めていたのは、お米ではなく「元気でやっているか」という電話や手紙だったという。

　気恥ずかしかったり、暗黙の了解があるだろうと思っていると、こうした悲しいすれ違いが起こってしまう。関係性を維持していくためには、パーマネンシー・パクトのようなツールを活用し、お互いの気持ちを確認しておくことが有効だろう。

5. 社会的養護を必要とする若者の「生の不安定さ」

　ここまで、社会的養護を必要とする子ども・若者のライフチャンスを、オプション（社会の中での選択肢）とリガチュア（社会との関係性や社会的なつながり）の面から整理してきたが、この2つでは捉えきれないものがあることに気づく。それは、「アイデンティティの根幹にある『生まれ』と『生きる』ことの揺らぎ」である「生の不安定さ」である。

❶「生の不安定さ」

　筆者は、社会的養護のもとで育つ子ども・若者たちの「生の不安定さ」について、以下の3つの意味を有し、ライフチャンスを極度に制限しかねないものとして存在していると指摘してきた（永野2017）。

① 「生」が不明であること：自身の「生まれ」や「生いたち」の状況が不明であることなどによるアイデンティティの不確かさがもたらす不安定さ
② 「生」が否定されること：家族などから自身の「生命」が否定される経験によって生じる不安定さ
③ 「生」が混乱すること：境遇やルーツの突然の開示によって、自身の「人生」のアイデンティティやルーツが揺るがされ、「育ち」が混乱することによって生じる不安定さ

　一般的には、家族という強固なリガチュア（関係性やつながり）のもとにある子ども期に、（その質の如何にかかわらず）措置によって家族とのつながりが（一時でも）分断されることで、「なぜ家族と（が）いないのか」「なぜケアのもとにいるのか」という大きな葛藤が生じることになる。

　自分の家族や出自について知ることは、誰もが持つ当然の権利である。しかし、社会的養護のもとで暮らす子どもたち・暮らした若者たちは、自分の誕生や措置された理由について、はっきりと知らされていないことも多い。さらには、自身の命や存在を身近なおとなたちから否定的に扱われた経験を持つこともある。そうした経験から、「自分が何者か」というアイデンティティが大きく揺るがされたり、「自分を大切にする」ことが実感しづらくなることもある。

　しばしば若者たちから語られる「生きづらさ」の根源をたどっていくと、こうした

「生」の不安定さにたどり着くようにも思われる。こうした「生の不安定さ」は、時として保護によって保障された生存のチャンスを再び危機に陥れてしまうほどのものである。

❷ 自分の人生・育ちを知る

　こうしたアイデンティティの揺らぎによる「生」の不安定さに対して、自身の「生」について知ることやそのための取り組みが、家族とのつながりだけでなく、「生きること」そのものをつないでいく。具体的な取り組みとして、過去から現在までの生い立ちや家族との関係を整理し、自責の感情を修正しながら、過去との連続性を取り戻し、アイデンティティを確立していくことを支援する「生い立ちの整理」や、分断されてきた育ちをつなぐために、子どもが養育者（専門家）とともに自身の生い立ちを理解していく「ライフストーリーワーク」といった自身の「生」を知るための取り組みが行われている。これは、ただ事実を告げるのではなく、どのような誕生・育ちであっても、保護者やそれに代わる養育者に大切に育てられてきたこと、「あなた自身がとても大切な存在である」ということを伝えていく作業である。これらの取り組みは、十分な準備のもと、子どもたちの状況に応じた適切な時期に、信頼できる養育者とともに行っていくことが求められる。

▶▶▶実践上のヒント

　Gさんは、子ども時代になぜ自身が児童養護施設で暮らしているのか職員に尋ねた時、「捨てられたからだ」と言われた。30代になった今も、親にさえ「捨てられた」自分の存在に価値が見出せずに苦しんでいる。Hさんは、親のことを質問すると職員が困った顔をすることに気づき、困らせたくないと尋ねることをやめた。情報のないまま18歳で退所し、直後に母親が突然現れ、衝突し絶縁した。2人の経験からは、社会的養護のもとで、生い立ちや家族についての情報と向き合う機会が提供されないままであり、そのことが措置解除後の生活にも影響をもたらしていることが分かる。

　Iさんは、乳児院から措置解除となるまで社会的養護で生活してきた。親族の家へ行った時、Iさんはすでに他界した実母のことを聞かされた。親族によるとIさんの実母は、Iさんのことを一度も抱っこしなかったのだと言う。それを聞いたIさんは、自分の生まれに絶望し、母の遺品をすべて処分してしまった。そんなある日、Iさんが過ごした乳児院から当時の養育者が訪問してきた。その養育者は、Iさんが特別かわいい赤ちゃんで、職員みんなで奪い合うようにして抱っこしたことを伝えた。Iさんは、赤ちゃんだった自分は母以外の多くの養育者に大切に抱っこされていたことを知ることができた。Iさんは、「この人がいるから、まだ大丈夫」と思えると語る。

　社会的養護のもとでは、多くの子ども・若者たちが養育者の変更を経験する。その

時々の養育者たちに大事にされていたこということが、どれだけ力強いメッセージとなるだろう。生い立ちや育ちを丁寧につないでいくことが求められる。

❸ 人生のコントロール権を取り戻す

　「生の不安定さ」の根源の1つに、自身の人生のコントロールが効かないという経験があげられる。社会的養護のもとで暮らしてきた子ども・若者の多くは、「保護を必要としたこと」や「社会的養護のもとで暮らすこと」を自ら決めてきたわけではない。家庭に問題が起きたことも、保護されることも、家庭へは帰れないことも、里親家庭や施設で暮らすことも、自分たちで決めてきたわけではない。自分の人生にかかわる重要な事項を、周囲のおとなたち（社会）に次々と決められ、翻弄されてきた。いわば、自分の人生でありながら、あらゆる時点で自分の人生の主人公でいることが許されず、コントロール権を奪われてきたといえる。

　一方で、主に年齢要件によって措置が解除されれば、その途端に同年代よりも早期の「自立」が求められ、独力で生活のすべてを担わなければならない。それは、自分の人生を自分で決定し、生活のすべてに自己決定・自己責任を求められるということでもある。これまで自分の生活にまつわることをコントロールすることのできなかった若者たちにとって、措置解除の日から突然「好きなように（そして、自立して、しっかり）生きるように」とハンドルを渡されても、どちらへいけばいいのか、その先に何があるのか、誰が応援してくれるのか、見通しを持つことは難しい。

　社会的養護を必要とする・した子どもたちに、「自立」を求めるのであれば、まずは、これまで奪われてきた彼らの「声」を、「人生のコントロール権」を、彼らの手の中に戻さなければならない。

❹ 自分の人生への参画

　そのためにできることは、子どもの意見を、声を、聴くことである。「私たちのことを、私たち抜きで決めないで（Nothing about us, without us.）」という言葉がある。自分たちに関することを決定する時には、自分たちの話を聞いてほしい、という至極基本的な要求である。このフレーズは、社会的養護に限らず、当事者の声を届けようとする多くの領域において、参画の標榜とされる。

　上記したような政策への当事者参画と同様に、自身の人生（保護・措置・ケアプラン）への参画も重要である。国際的にみれば、こうした家族や子ども（いわゆるケースの当事者）をプラン決定の場に加えることは珍しいことではない。

例えば、アメリカ合衆国ワシントン州では、子ども家庭局と家族や子どもが安全に情報を共有し、対話し、プランを作るためのモデルがあり、12のタイプのミーティングが示されている。その1つの、家族の意思決定ミーティング（Family Team Decision Making Meeting：FTDM）では、家庭からの分離や措置変更、家庭再統合などの重大な決定をする場合に、これに先立って開催される。このミーティングには、児童相談所のワーカー、両親、ケアを行う人、両親と若者それぞれの弁護士、該当する場合には部族の代表、支援団体などが召集されるが、12歳以上の若者本人も出席することができ、14歳以上の場合には、自身が選んだ2人の参加者も出席することができる。

　日本においても、一部の児童相談所等において、ファミリー・グループ・カンファレンス（FGC）（➡第4章コラム参照）という子どもや家族を中心としたミーティングの取り組みが行われてきた。

　保護以前の環境では、子どもたちは、生き延びるために自分の感情を麻痺させたり、自分の気持ちに気づかないよう蓋をしてきたことも多い。またこれまで上げた声が無視され続けていれば、声を上げることもやめてしまっているかもしれない。このようにおとなたちの事情や決定に翻弄される中では、自発的に、自分の気持ちに向き合ったり、その気持ちを伝える機会を得ることは難しい。安全が確保され、開かれた対話の場が用意されることで、家族の気持ちや問題を確認したり、自分の気持ちを伝えることのできる。こうした対話を通して、家族や自身の「生」を整理していくことが、その後の安定性につながっていくのではないだろうか。

　2016（平成28）年の児童福祉法改正を受け、2017年夏に出された「新たな社会的養育ビジョン」では、「すべての局面において、子ども・家族の参加と支援者との協働を原則とする」ことが示された。この中でも「参加とは、十分な情報を提供されること、意見を表明し尊重されること、支援者との適切な応答関係と意見交換が保障されること、決定の過程に参加することを意味する」と示されている。今後、子どもたちの意見や声が、自身のケアや暮らしに響き、自分の人生に参画できることが期待される。

6. 社会的養護がライフチャンスを保障するために

　最後に、冒頭の問いである「社会的養護が『ライフチャンス』を保障し、そして、いわゆる『自立』を実現するために何が必要なのか」にあらためて向き合ってみたい。

　社会的養護のもとで暮らす子ども・若者には、大学等進学をはじめとしたオプション（社会の中での選択肢）の格差が残されていること、家族や養育者とのリガチュア（関係性や社会的なつながり）が脆弱であることに対して、当事者参画を軸に対峙していく必要がある。

　同時に、奨学金制度や自立支援施策が整備されつつあるが、それのオプションが用意されたことをもって、ライフチャンスが保障されたことにはならない。また、用意された制度を使わなかったことに対する自己責任を問うことはできない。それは、オプションから何を選択するかは、自分にかかわるつながり（リガチュア）の状況に影響を受けるし、「生きていていい」と思えるような「生の不安定さ」からの解放なしには成立しないからである。

　若者の自立を支えるためには、まずはこうした課題に、社会的養護をはじめとした社会全体が対応し、社会的責任を果たさなければならない。

Episode

　社会的養護で生活してきたJさん。家庭へ戻っては再度保護されたりと生活場所を転々としてきたが、児童養護施設でも、その後生活した里親家庭でも、しっかり者で養育者たちも頼りにするような存在だった。そんなJさんに周りのおとなは学習塾へ通う機会を提供し、奨学金制度を紹介した。Jさんは大学進学を果たし、誰もが「Jさんは優等生」だと感じていた。

　ところが、大学に入ってしばらくした後、Jさんは自分の部屋から出られなくなってしまった。そして、「何のために生きているのか分からない」「死ぬと迷惑をかけるから、仕方なく生きてきただけ」「自分以外に頼れる人はいない」と言う。

　おとなたちは、これまで、オプション（社会の中での選択肢）を整えることには注力してきたものの、Jさんの生活場所が安定せず、リガチュア（社会との関係性や社会的なつながり）が分断されたり、十分に築けずにきたこと、家庭で経験した虐待のトラウマ経験に十分なケアができておらず、「生の不安定さ」を抱えたままであったことを痛感した。

　Aさんがしっかりした優等生のように見えたのは、自分がしっかりしないと生きてこられなかったからに他ならない。そのことに気づかされたおとなたちは、トラウマのケアにつなげること、そしてJさんが生きていてもよいと思え、周囲を頼ってよいと思えるようゆっくり長く付き合っていこうと考えている。

（永野 咲）

▶参考・引用文献

Dahrendorf, Ralf（1979）*Lebenschancen. Anläufe zur sozialen und politischen Theorie*, Suhrkamp, Frankfurt a.M.（吉田博司、田中康夫、加藤秀治郎訳（1982）『ライフ・チャンス──「新しい自由主義」の政治社会学』創世記）

Foster Care Alumni of America・Casey Family Programs 『Strategic Sharing』

Goodman, Roger（2000）*Children of the Japanese Stat: The Changing Role of Child Protection Institution in Contemporary Japan*, Oxford University Press.（津崎哲雄訳（2006）『日本の児童養護──児童養護学への招待』明石書店）

International Foster Care Alliance（2015）『ストラテジック・シェアリング── Strategic Sharing』

International Foster Care Alliance（2017）『Youth Publication Vol.5 ──特集　社会的養護における当事者参画』

International Foster Care Alliance（2019a）『児童福祉施設や里親家庭を巣立つ若者たちの伴走者のためのブックレット　サポーティブ・アダルト』

International Foster Care Alliance（2019b）『ユースとサポーティブ・アダルトの生涯をつうじた、家族のようなつながり　パーマネンシー・パクト──児童養護施設や里親家庭で育つ若者たちのパーマネンシーを築くためのツール』

厚生労働省子ども家庭局家庭福祉課（2020）「社会的養育の推進に向けて（令和2年4月）」https://www.mhlw.go.jp/content/000503210.pdf（2020.7.4）

アイデ・クーザ（2019）「当事者参画に力をそそぐ」『子どもの虐待とネグレクト』21(1)、日本子ども虐待防止学会

永野咲、有村大士（2014）「社会的養護措置解除後の生活実態とデプリベーション──二次分析による仮説生成と一次データからの示唆」『社会福祉学』54（4）、28 ～ 40頁

永野咲（2017）『社会的養護のもとで育つ若者の「ライフチャンス」──選択肢とつながりの保障、「生の不安定さ」からの解放を求めて』明石書店

※本稿に含まれる研究の実施にあたっては、JSPS 科研費 20K13775「日本におけるケアリーバー調査のシステム構築と制度との循環（永野咲）」の助成を受けている。

社会的養護のもとで育った若者の
「生涯にわたるつながり」のために
———パーマネンシー・パクトの取り組み

　第8章でも触れたように、社会的養護のもとで育った若者には、往々にして信頼できるおとなとの生涯をつうじた「親族のような」かかわりが欠如する。それは、当事者の若者（ユース）が、原家族とも、社会的養護のもとで出会った養育者とも、ソーシャルワーカーともかかわり続けることができず、自分の前にいるおとなは常に「仕事」であり、「期間限定」のかかわりであったという切実な経験である。

　こうした状況が自立を困難にしているとして、2007年、米国の連邦レベルで活動する当事者団体FosterClubがパーマネンシー・パクト（Permanency Pact）と呼ばれるツールを作成した。パーマネンシー・パクトとは、社会的養護のもとで育つ若者と自ら選んだ信頼できる大人「サポーティブ・アダルト」がそれぞれの立場を明確にし、ニーズとサポートの意思を確認し、「パクト（約束）」を結ぶためのツールである。

　それまでの養育者に限らないサポーティブ・アダルトが、ユースが必要とし、かつサポーティブ・アダルトが「できる範囲」でのかかわりを業務や職責ではなく、一個人として、表明するものである。これまでおとなとの「約束」が反故にされ続けた経験を持つユースが多い中で、自分の選んだ信頼できる「ひとりのおとな」と自分がかかわり続けるという「約束」を結ぶことは大きな意味を持つ。

　日本でも、措置解除後に頼れるおとなが必要であるという状況は共通である。パーマネンシー・パクトの活用を通して、サポートの必要性を感じたとしても、「頼りたいと思っても頼れない・頼るのが得意ではない」「お願いして申し訳ないと思う」というユースの感情や後ろめたさに対して、事前にサポートできる／できないことを明確にしておくことで、躊躇を減らし、お互いの期待の齟齬や「暗黙の了解」の読み違えを防ぐことができると考えられる。

　IFCAでは、日本版のパーマネンシー・パクトの作成に取り組んできた。2018年には、日本の社会的養護のもとで育ったユース22名と米国ユース7名とが集まり、フォーカスグループインタビューを実施し、以下のような日本版の支援リストの案を作成した。今後、ユースを主体に試行を繰り返しながら、完成を目指す予定である。

日本の当事者ユースが考える 41のサポートリスト

●金銭的な支援
- □生活費の支援
- □緊急時の貸付
- □金銭管理

●住居のサポート
- □賃貸契約のサポート
- □緊急時の滞在先
- □引越しの手伝い

●生活の支援
- □片付け・掃除のサポート
- □食料の送付
- □料理を教えてくれる
- □家具の組み立て

●大学の支援
- □奨学金申請の情報のサポート
- □経済的な進学支援
- □卒業や就労までのサポート

●家族関係のサポート
- □家族が安全かの確認
- □家族問題の相談（医療・葬儀・債務）

●措置延長
- □措置延長や手続きの支援
- □大学を卒業するまでの措置

●法的なサポート
- □保証人
- □書類作成の手助け
- □書類へのサイン
- □スマートフォンの契約
- □契約への同行

●生い立ちの整理
- □ライフストーリー・ワーク
- □境遇の苦しさを共有できる場所

●精神的なサポート
- □孤独感を共有できる
- □落ち込んだときのサポート
- □いつでも話を聞いてくれる
- □寂しい時に話ができる

●交流
- □ごはんを一緒に食べる
- □家に招待してくれる
- □年末やお正月お盆を一緒に過ごす
- □「家族」旅行
- □定期的な電話やライン
- □何気ない内容の連絡
- □定期的に会って話す
- □気軽に帰れる場所

●社会保険
- □社会保険・年金のサポート

●子育ての支援
- □里帰り出産
- □子どもをみてもらえる

●健康面
- □体調不良時のサポート
- □障害者手帳の管理

出所：IFCA（2019b）『ユースとサポーティブ・アダルトの生涯をつうじた、家族のようなつながり　パーマネンシー・パクト――児童養護施設や里親家庭で育つ若者たちのパーマネンシーを築くためのツール』

　ただし、パーマネンシー・パクトの取り組みは、公的なアフターケアや自立支援の取り組みを基盤にするものであり、公的な支援を代替・後退させるものではないことを付言しておきたい。

（永野 咲）

第 9 章

市町村における里親・ファミリーホームとの協働による地域支援・子育て支援

Key Word

市区町村／地域支援／母子保健／子育て支援／要保護児童対策地域協議会

1. 里親・ファミリーホームによる地域支援・子育て支援の意義

❶ 地域の受け皿としての里親・ファミリーホーム

　里親・ファミリーホームは、社会的養護を必要とする子どもを家庭に迎え入れて養育する「家庭養護」であり、社会的養護の担い手として、社会的な責任に基づいて養育の場を提供する。

　子どもの育ちには、家庭はもちろん、地域とのつながりが重要となる。保護者が育児疲れや病気などによって一時的に子どもの養育ができない状況になった場合、児童相談所の一時保護所や児童養護施設が子どもの受け皿になることが多いが、こうした事例に対して里親やファミリーホームを活用することの意義は大きい。地域の身近な里親・ファミリーホームが子どもを預かることができれば、子どもは通学や通園を継続することができ、地域とのつながりを維持することができる。

> **Episode**
>
> 　要保護児童のAちゃんには、保育所や病院など、地域のさまざまな関係機関が関わってきた。ある日、Aちゃんの母親から手術で入院するため、子どもを預かってほしいと児童相談所に相談があった。そのため、地域の里親に一時保護委託することにした。その結果、Aちゃんは、通い慣れた保育所や病院から継続的に支援を受けることができた。

　虐待を受けた子どもの一時保護や、その予防的な役割を果たすショートステイを行う場合、里親・ファミリーホームを利用するなど、施設以外にも、子どもにとって身近な地域に多くの受け皿があることが望ましい。

❷ 関係機関や地域社会との協働の必要性

　里親・ファミリーホームによる地域支援・子育て支援の意義は非常に大きいが、こうした営みは、関係機関や地域社会との協働なくしては成立しない。里親・ファミリーホームにおける養育では、地域社会と関係を結び、必要に応じて助け、助けられる相互依存の関係性が不可欠である。

　発達や愛着に課題を抱える子どもに対して専門的な支援を行う場合、地域にある社会資源を活用するために関係機関との密接な連携が必要である。また、子どもにとって里親などの養育者は、地域社会で生活する大人のモデルでもある。そのため、里親・ファミリー

ホームと地域社会との関係のあり方が子どもの価値観形成に影響することを自覚し、地域で孤立するのではなく、支援ネットワークなどのさまざまなつながりの中に身をおき、家庭養育をひらくことが求められる。

　そこで本章では、里親・ファミリーホームによる地域支援・子育て支援の実践について、市町村の関係機関との協働などに焦点を当てて紹介する。

▶▶▶実践上のヒント

　里親・ファミリーホームにおいては、委託児童の養育について、地域の理解を得るためにも、子どもと地域との交流を大切にし、コミュニケーションを活発にするなどの地域への働きかけを行うことが重要である。

2. 里親・ファミリーホーム委託における市区町村の役割

❶ 市区町村と里親・養親の協働

　「市町村子ども家庭支援指針」には、「子どもを養育している里親、養子縁組里親の家庭や養子縁組家庭が、地域において社会的につながりを持ち、孤立しないために、市町村（支援拠点）は、地域の社会資源の活用や、役所の手続が円滑に進むよう、児童相談所や関係機関と連携して必要な支援を行う。」とされている。また、市町村と里親との具体的な連携の内容とあり方については、「子どもを養育している里親家庭が疾病等の社会的事由や仕事の事由等によって、家庭における子どもの養育が一時的に困難となった場合などには子育て支援事業の活用などの支援を図る。」「里親制度の普及啓発に努めるとともに、地区里親会との連携を行い、協力して要保護児童の支援に努めなければならない。」「縁組意思がないまま、氏を変更することを目的とする養子縁組の届出を未然に防止するため、市町村長は，虚偽の養子縁組であると疑われる届出についてはその受理又は不受理につき、管轄の法務局、地方法務局又はそれらの支局の長に照会する。」とされている。

　このように、市区町村と里親・養親は、地域で子どもを養育しているために協働することが求められている。また、積極的に地域で里親制度の理解を広めることによって、社会的養護が必要な子どもへの地域支援の幅を広げていくことが求められている。

Episode

　B市では年に3回、県、児童相談所、里親会、民間フォスタリング機関と協働して里親の啓発事業を行っている。地域のイベントを通じて、里親に関する講話、里親経験者の体験談、里親制度の説明会などを行い、里親制度の普及啓発に努めている。この活動により、地域住民に里親の理解が広まり、毎年10組前後の新規里親登録へとつながっている。

❷ 子どもと里親を支える地域の支援体制の構築

　里親は所定の研修を受講し、都道府県知事・指定都市市長からの認定を受けたうえで社会的養護にある子どもの委託を受けているとはいえ、地域で暮らす一般的な子育て世帯となんら変わりはない。同じ社会的養護にある子どもたちが生活している児童養護施設等とは規模も形態もまったくと言ってよいほど異なっている。

　例えば、児童養護施設には家庭復帰を目指すために保護者への相談援助を行ったり、関係機関との調整をしたりする「家庭支援専門相談員」や、必要に応じて入所児童への心理療法を行う「心理療法担当職員」等の専門職が配置されている。里親やファミリーホームにはそうした専門職の配置がないため、外部の機関を利用してそれらの役割を補うことになる。

　保護者への相談援助は児童相談所や民間フォスタリング機関（里親養育包括支援機関）と協働して行ったり、心理治療が必要な児童に対しては民間の児童精神科や心療内科へ受診したりすることが求められてくる。

　それだけに、里親・ファミリーホームは、子どもに関わる地域のさまざまな専門機関と連携しながら、子どもを養育していく必要がある。市区町村は、そうした地域の支援体制を構築するために、必要な社会資源等の情報提供、関係機関との連絡調整などの役割が期待される。

▶▶▶実践上のヒント

　厚生労働省の示した「フォスタリング機関（里親養育包括支援機関）及びその業務に関するガイドライン」では、里親とフォスタリング機関、児童相談所がチームを組みながら里親養育を行うことを「チーム養育」と言い、里親養育を理解して支援するために、子どもに関係する地域の専門機関等とネットワークを構築することを「応援チーム」と呼んでいる。このように多機関多職種連携をベースとして応援団を確保し

ていくことで社会的養護が成り立つことを常に意識する必要がある。

> **Episode**
>
> 　児童福祉司のCさんは里親委託にともない、事前に市福祉事務所の家庭相談員Dさんに里親のEさんと委託児童のFくんを紹介した。家庭相談員のDさんは、市の関係部署へ事前に情報提供したのち、転入の手続きをする際には、里親のEさんと一緒に関係部署へ同行してくれたため、手続きをスムーズに行うことができた。

3. 里親・ファミリーホームと協働する地域資源

❶ 市区町村子ども家庭総合支援拠点

　2016（平成28）年の児童福祉法改正において、「市町村は、子どもとその家庭及び妊産婦等を対象に、実情の把握、情報の提供、相談、調査、指導、関係機関との連絡調整その他の必要な支援を行うための拠点（市区町村子ども家庭総合支援拠点。以下「支援拠点」という。）の整備に努めなければならない。」（児童福祉法第10条の2）と規定された。その支援対象には、当然、里親に委託された子どもや養子縁組した子どもも含まれる。なお、支援拠点の主な業務は表9-1のとおりである。

表9-1　市区町村子ども家庭支援拠点の主な業務

①市区町村に在住するすべての子どもとその家庭及び妊産婦等に関して、関係機関等から必要な情報を収集して地域の実情を把握すること。
②子育てに関する地域の支援や社会資源等に関する情報の提供を行うこと。
③相談者のニーズを把握し、それに応じたカウンセリング等の支援を行うとともに、母子保健、子育て支援、障害児支援等の市区町村事業の活用をすすめること。
④関係機関と連携して適切な支援を有機的につないでいくこと。

出所：「市区町村子ども家庭総合支援拠点」設置運営要綱より。

❷ 子育て世代包括支援センター

　2016（平成28）年の児童福祉法改正とともに、母子保健法第22条の改正が行われ、妊娠期から子育て期にわたる切れ目のない支援を行う「子育て世代包括支援センター」（法律上の名称は「母子健康包括支援センター」）が新たに規定され、市町村は同センターを設

置するように努めなければならないこととされた。なお、子育て世代包括支援センターの主な業務は表9-2のとおりである。

表9-2　子育て世代包括支援センターの主な業務

①地域の妊産婦・乳幼児等の実情を把握すること。
②妊娠・出産・子育てに関する各種の相談に応じ、必要な情報提供・助言・保健指導を行うこと。
③支援プランを策定すること。
④保健医療又は福祉の関係機関との連絡調整を行うこと。

出所：「子育て世代包括支援センター業務ガイドライン」19頁より。

　妊娠から乳幼児期の母子保健事業を中心とした支援を行う「子育て世代包括支援センター」と子どもと家庭全般の支援を行う「市区町村子ども家庭総合支援拠点」とが子どもや家族のライフステージにあわせて一体的に継続的な支援をしていく体制を地域で整備していくことが求められている。

❸ 要保護児童対策地域協議会

　2004（平成16）年の児童福祉法改正によって、地方公共団体は、支援を要する子どもや家庭に関する情報の交換や支援内容の協議を行う「要保護児童対策地域協議会（以下「要対協」という。）」を設置できることとなった。その運営の中核となり、支援の実施状況の把握や関係機関との連絡調整を行うのは市区町村の児童福祉担当課が担っていることが多く、「調整機関（要保護児童対策調整機関）」と呼ばれている。要対協の構成員には守秘義務が課されているため、支援を要する子どもや家庭に関して、関係機関が有する情報に基づき必要な協議を行うことができる。また、調整機関は協議をするために必要があると認める時は、関係機関に対して情報の提供等を求めることができる。

　要対協の構成員は、市区町村の児童福祉・母子保健・障害福祉等の担当部局、児童相談所、福祉事務所、児童家庭支援センター、民生委員・児童委員、保健所、保健センター、医師会、子育て世代包括支援センター、地域子育て支援拠点、保育所、幼稚園、学校、教育委員会、警察、子育て関連のNPO法人などである。ここに里親会やファミリーホーム、児童養護施設等が入ることも想定される。なお、要対協の機能は、表9-3のような三層構造となっている。

表9-3　要保護児童対策地域協議会の三層構造

代表者会議	要対協の構成員の代表者による会議であり、実際の担当者で構成される実務者会議が円滑に運営されるための環境整備を目的として、年に１～２回程度開催される。
実務者会議	実際に活動する実務者から構成される会議であり、すべてのケースについて進行管理を行い、定期的な状況のフォロー、主担当機関の確認、支援方針の見直し等を行う。
個別ケース検討会議	個別の支援対象児童等について、直接関わりを有している担当者や今後関わりを有する可能性がある関係機関等の担当者により、当該支援対象児童等に対する具体的な支援の内容等を検討するために適時開催される。

出所：「要保護児童対策地域協議会設置・運営指針」より。

　里親委託される子どもの中には、愛着障害や発達障害等、特別な配慮が必要であったり、養育者の変更に伴うさまざまな問題（「赤ちゃん返り」や「試し行動」等）が見られたりして、専門的な知識や関わり方の工夫が必要な場合がある。地域で里親養育を支えるために、要対協の個別ケース検討会議を活用して複数の関係機関が情報を共有しながら支援方針を検討したり、実務者会議のケース進行管理でフォローしたりすることによって、里親不調や里親による虐待の防止につなげられると考えられる（図9-1）。

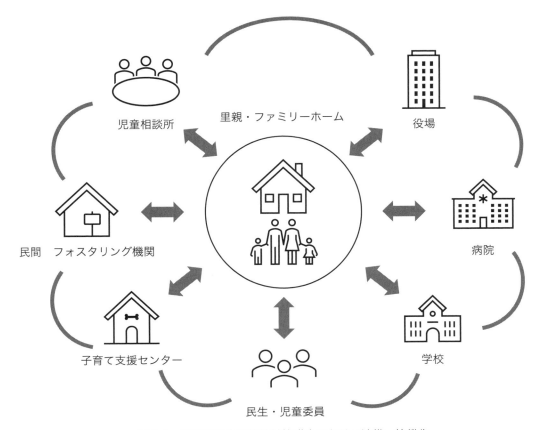

図9-1　要保護児童対策地域協議会における連携・協働先

❹ 福祉事務所（家庭児童相談室）

　2004（平成16）年の児童福祉法改正法により、児童家庭相談の第一義的な窓口が市町村の業務として法律上明確化されたことから、市に設置されている福祉事務所は、市における児童家庭相談の中心的な役割を担うこととなった。福祉事務所には、家庭児童の福祉に関する相談や指導業務の充実強化を図るため、家庭児童相談室が設置されている（「家庭児童相談室の設置運営について」昭和39年4月22日付厚生省発児第92号厚生事務次官通知）。家庭児童相談室には、家庭相談員が配置されており、子どもや家庭の問題におけるさまざまな相談に応じている。

　このほか、福祉事務所は、生活保護の実施、助産施設における助産の実施、母子生活支援施設における母子の保護の実施を行う役割もある。そのため、支援を要する家庭についてのさまざまな情報が福祉事務所には集約されることとなることから、地域の相談支援の中核的な役割を担っている。

▶▶▶実践上のヒント

　福祉事務所は、要保護児童対策地域協議会の調整機関を担っていることが多く、児童相談所が地域と連携する際の窓口となっている。市区町村の母子保健や障害福祉など他部署との情報共有や他機関と連携する際には、要保護児童対策地域協議会の個別ケース検討会議を活用して地域で里親養育を支えるネットワークを構築していくことが重要である。

❺ 保健センター

　乳幼児を委託されている里親にとって、地域で最も身近な公的機関として関わりがあるのが保健センターである。保健センターは、地域保健法に基づき、地域住民に身近な対人保健サービスを総合的に行う拠点として市区町村に設置されている。具体的には、乳幼児健康診査、予防接種の指導、乳幼児への家庭訪問、離乳食の指導等の母子保健事業や地域によっては、親子教室やパパ・ママ教室、MCG（Mother Child Group）などの子育て支援プログラムなどを行っているところもある。乳幼児健康診査や訪問事業等を通じて、子どもの発達や育児の困り感等の日常の悩みを相談することができるため、乳幼児の委託を受けた場合は、地域の保健センターの保健師と連携することが必要である。

> **Episode**
>
> 　0歳で特別養子縁組を前提に里親委託されたGちゃん。里親のHさん夫妻は、乳児院での実習経験はあったものの、0歳児を養育することに不安があった。そのことを担当の児童福祉司に相談したところ、児童相談所から連絡を受けたI保健センターの保健師が、早速、H里親宅を訪問し、Gちゃんの様子を観察するとともに、ミルクを与える量やタイミングなどのアドバイスをしてくれた。その後も保健師が2週間に1回、訪問してくれたことで、H里親さんは自信をもってGちゃんの養育をすることができた。

❻ 学校・教育委員会

　小中学校、高等学校においては、委託された子どもたちが日中の多くの時間を過ごすことから、日常的な連携がとても重要である。児童相談所の里親担当児童福祉司や民間フォスタリング機関等が中心となり、委託される前、もしくは委託後早い段階でケース会議を行い、学校と情報共有する必要がある。協議する内容としては、これまでの生育歴、委託に至る経緯、学力や学校での生活状況、アレルギーや基礎疾患、障害の有無、実親との交流状況など、今後、学校生活において配慮すべき点について方針を確認しておく。

　また、委託された子どもが学校生活を送るうえで、本名を使うのか、通称（里親の名字）を使うのか、里親と子どもとの関係をどのように周知させるのか等についても打ち合わせをしておくとよい。今後の支援を検討するうえでは、市区町村に設置されている要対協の個別ケース検討会議を活用することが望ましい。

　多くの場合、要対協の構成員には教育委員会が含まれているため、学校を支援する体制についても併せて検討することができる。委託されたあとも定期的に個別ケース検討会議を行うことで里親・ファミリーホームを中心とした地域の支援体制を構築することが大切である。

▶▶▶実践上のヒント

　学校には、クラス担任の他、学年主任、生徒指導主事、教務主任、進路指導主事、教育相談、養護教諭などさまざまな立場の教員がいる。また、スクールカウンセラーやスクールソーシャルワーカーなどの配置も進んできているため、学校で活用できる資源を利用しながら、必要に応じて他機関との連携を図ることが重要である。

❼ 民生委員・児童委員、主任児童委員

民生委員は、民生委員法に基づいて厚生労働大臣から委嘱され、社会福祉の増進のために、地域住民の立場から生活や福祉全般に関する相談・援助活動を行っている非常勤の地方公務員である。すべての民生委員は児童委員を兼ねており、地域住民の子育てに関するさまざまな相談や支援を行う。また、一部の児童委員は児童に関することを専門的に担当する主任児童委員の指名を受け、地域の児童委員と児童福祉に関係する機関とをつなぐ役割を担っている。

民生委員・児童委員は、より地域で身近な立場から子どもや家庭の支援を行っているため、市区町村が学校、保育所・幼稚園、子育て支援センターなどの関係機関と並んで積極的に協働していくことが必要不可欠である。

Episode

小学3年生のJちゃんは、たびたび登校しぶりがあり、朝、学校へ行く前に癇癪を起して里親のKさんに八つ当たりをしたり、大声で叫んだりすることがあった。近所に住む民生・児童委員のTさんに相談したところ、もともとLさんが登下校時の地域の見守り活動をしていたことから、Jちゃんとも顔見知りであることが分かった。そこで、Lさんが朝、Kさんの家にJちゃんを迎えにきて、登校時にJちゃんに付き添ってくれることになった。しばらくして、Jちゃんの登校しぶりはなくなった。

❽ 障害児通所支援

障害児通所支援とは児童福祉法第6条の2の2に定められている児童発達支援、医療型児童発達支援、放課後等デイサービス、保育所等訪問支援のことをいう。放課後等デイサービスは、2012（平成24）年4月に児童福祉法改正で新たに位置付けられた障害福祉サービスであり、就学児（小学生〜高校生）を対象に、放課後や学校の休日に地域の児童発達支援センターや事業所に通い、個別支援計画に基づく療育プログラムや学習指導、集団遊び、ソーシャル・スキル・トレーニング（SST）などを行う。同じように、未就学児を対象としているサービスを児童発達支援という。里親・ファミリーホームに委託されている子どもに何らかの障害や発達上の課題があり、支援が必要と判断される場合には、児童発達支援や放課後等デイサービス等を利用することができる。

障害児通所支援を利用する場合、申請の窓口は市区町村の障害福祉担当課である。利用にあたっては、障害の程度や特性、サービス利用の必要性等について、里親が居住する市区町村担当課と児童相談所で十分協議しておく必要がある。児童相談所が作成した自立支

援計画書に基づき、事前に里親、市区町村担当課、児童相談所、サービスを提供する事業者などで利用にあたってのカンファレンスを行ったのち、市区町村によって利用の決定がされる。月のうち何日サービスを利用できるかは、その子の障害の程度や必要性によって判断されることになる。この時の里親・ファミリーホームへの利用料負担は免除される。

> **Episode**
>
> 　Mちゃんは4歳の時に里親委託となった。ことばの発育が遅く、4歳になっても発語が不明瞭であったため、担当の児童福祉司と相談のうえ、地域の児童発達支援事業所を利用することになった。市の障害福祉担当課の職員と面談後、翌月から週2回の利用が決まった。事業所では、Mちゃんが普段通っている保育所とも情報を共有したうえで、ことばの発育を促すための関わり方を教えてくれたため、里親は非常に参考になった。

4. 里親による地域支援・子育て支援

❶ 施設入所児童ホームステイ事業

　筆者が勤務する岐阜県においては、1980（昭和55）年から児童養護施設に入所している子どもで、親を亡くしていたり、親との面会交流の機会が乏しかったりする子どもたちを中心に、夏休み中の一定期間、一般の家庭に招いて宿泊する、施設入所児童ホームステイ事業（旧・三日里親事業）を行っている。こうした取り組みは、自治体によっては、季節里親やボランティア里親などと呼ばれ、短い期間ではあるが、子どもたちにとっては家庭生活体験を、受け入れる家庭にとっては里親体験をすることができ、そこから長期的な交流につながることがある。施設入所児童ホームステイ事業を経験したうえで、次のステップとして週末里親（短期里親、ショート里親ともいう）や養育里親として登録される方が毎年、一定数の割合であり、里親の開拓にもつながっている。毎年、申込受付の窓口となっているのが、各市町村の児童福祉担当課である。この事業を通じて、市町村職員が普段関わりの少ない地域の里親とも顔見知りになる機会となっている。

> **Episode**
>
> 　Nさん夫妻は数年前から不妊治療を続けてきたが、子どもに恵まれず、里親になることを考え始めた。そのような中、たまたま地域の情報誌に、「施設入所児童ホームステ

イ事業」の案内を目にした。早速、町の担当課を通じて、事業への参加を申し込んだ。8月の3日間、児童養護施設に入所している小学5年生の男の子と小学2年生の女の子のきょうだいを自宅に招いてともに過ごす経験をしたNさん夫妻は、正式に養育里親になることを決意し、児童相談所へ里親認定のための申請を行った。

❷ 子育て短期支援事業としての里親の活用

　子育て短期支援事業とは、児童福祉法第6条の3第3項に規定された市区町村が実施する事業である。子育て短期支援事業には、短期入所生活援助（ショートステイ）事業と夜間養護等（トワイライトステイ）事業がある。保護者の病気、入院、出産、看護、育児疲れや育児不安のほか、冠婚葬祭への出席、経済的な困窮などの場合に一定期間（原則7日以内）子どもを預けることができるのがショートステイ。保護者が仕事などの理由で、平日の夜間又は休日に不在になる場合、その間、子どもを預かって面倒をみたり、食事の提供等を行ったりするのがトワイライトステイである。いずれも費用は保護者負担となるが、収入に応じて利用料は異なる。

　子どもの預かり先としては、これまでは児童養護施設や乳児院等、適切に保護することができる施設とされており、「近隣に実施施設がないこと等により必要な養育・保護を行うことが困難である場合には、実施施設は、あらかじめ登録している保育士、里親等（市町村が適当と認めた者。以下「里親等」という。）に委託することができる。」（子育て短期支援事業実施要綱より）とされていた。しかし、2021（令和3）年4月1日から児童福祉法改正法が施行され、市区町村から直接、里親等へ委託することが可能となった（図9-2）。

　これにより、地域の実情に応じたショートステイやトワイライトステイを実施することができるようになった。ひとり親家庭や近くに頼れる親類等がいない保護者で、仕事の帰りが遅く、平日の夜間に子どもだけになってしまう場合、近所にトワイライトステイを頼める里親がいれば、子どもは寂しい思いをせずに親の帰りを待つことができるし、食事が与えられない等のネグレクトの予防にもつながる。同様に、子どもを一時的に預けなければならない事情が生じた場合、ショートステイを利用して普段から顔なじみのある近所の里親に子どもを預けることができれば、生活環境が大きく変わることなく、子どもも安心して里親宅で過ごすことができる。

　少子化や核家族化により、かつてのようにご近所同士で子どもの面倒をみたり、地域で支え合ったりする環境が乏しくなっている中で、行政がこうした事業を通じて、積極的に子育て支援に里親を活用することによって、保護者は安心して地域で子育てすることができるようになる。いざというときに子どもを預かってもらったり、一緒に子どものことを

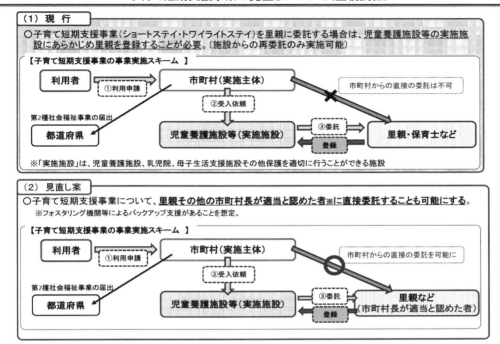

図9-2　子育て短期支援事業の見直しについて（里親関係）

出所：内閣府 子ども・子育て支援新制度説明会（令和2年2月21日）資料5-3「子育て短期支援事業の見直しについて（里親関係）」より。

考えてくれたりする支援者が身近にいると感じることで、子育ての孤立化を防ぐことができ、虐待予防にもつながる。

> **Episode**
>
> 　小学6年生のOくんは、父親と2人暮らしである。Oくんの父親は糖尿病の症状が悪化したため、2〜3日検査入院することになった。しかし、親族で頼れる者が近くにいなかったため、病院の医療ソーシャルワーカーに相談したところ、市のショートステイを利用できることが分かった。市の相談員と面談後、Oくんと同じ校区に住む里親を紹介され、父親の入院中、Oくんは里親宅で過ごすことになった。

❸ 里親による地域での子育て支援

　里親の養育経験を活かして、地域の保護者向けに子育て講座等を開催する活動が広がっている。例えば、青少年養育支援センター陽氣会代表の杉江健二氏は、里親として25年以上の経験があり、自身が開発したCommunicative Parenting Approach（略して「CPA」）を

ベースにした「イライラしない子育て講座」を名古屋市を中心に各地で開催している。

　今後、里親と市区町村子ども家庭総合支援拠点、子育て世代包括支援センター、保健センター、子育て支援センター、保育所、幼稚園、学校等と連携することにより、里親としての養育経験を活かした地域の子育て支援の広がりが期待されるところである。

> **Episode**
>
> 　専門里親のPさんは里親登録して20年になり、これまでに10人以上の里子を養育した経験がある。Pさんは、自身の養育経験を活かし、2年前から地域の子育て支援センターで、月に1回、子育て講座を開催している。毎回、10組前後の親子の参加があり、子育ての悩みを共有したり、具体的なアドバイスが得られたりするため、参加する保護者の子育て不安の軽減につながっている。

5. ファミリーホームによる地域支援・子育て支援

❶ ファミリーホームによる地域での子育て支援

　NPO法人 Giving Tree は、神戸市のファミリーホームが主体となり、社会的養護の子どもへの自立支援および里親支援を行っている。具体的には、自立支援サポートとして、入学式や入社式、冠婚葬祭などの場面で社会人として必要となるスーツ等の購入に必要な費用の助成、奨学金として私立高校進学の際の入学金・入学準備費用の助成などを行っている。ライフストーリーワークに関連したプログラム、さらには、里親や地域の保護者を対象とした子育て相談やペアレントトレーニングなども提供している。

　社会的養護出身者であるユースの中には、18歳になり自立生活を始めてから、里親家庭や児童養護施設などと疎遠になるケースも少なくない。NPO法人 Giving Tree では、「ふるさとギフト」として、実家からの仕送りのように3か月に1回、食品・衣服・生活用品の送付を行っている。ギフトを受け取ったユースから返事をしてもらうようにすることで、ユースが社会で孤立しないようにつながりを継続する機会を作る工夫がされている。このように豊富な経験があるからこそ分かる、かゆいところに手が届く配慮ある支援が行われている。

> **Episode**
>
> 　同じ市内の里親QさんからファミリーホームのRさんに相談の電話が入った。委託されている子どもが家庭内で暴れているので助けてほしいとのことだった。そのため、ファミリーホームのRさんは、子どもが以前にいた児童養護施設の職員と一緒に家庭訪問し、里親Qさんと子どもの話を聴いた。本当に難しい状況になれば、警察などの介入が必要かもしれないが、里親子でうまくいかない時に第三者の立場の人が来てくれるだけで冷静に話し合うことができることもある。いざとなったら助けてもらえると思った里親Qさんは、「正直、しんどいけど、もう少し子どもと向き合ってみよう」と前向きに考えることができるようになった。

▶▶▶実践上のヒント

　里親・ファミリーホームは、地域の中で行う養育であり、場合によっては閉鎖的で孤立的な養育となる危険性がある。こうした認識を持ち、社会的なつながりを意識して養育することが大切である。里親同士とのつながりだけでなく、さまざまな社会資源や地域社会とのつながりが豊かな養育環境を生み出すと考えられる。

❷ 地域社会活動への積極的な参加

　子どもの成長に合わせて子ども会やPTAの役員をするなど、積極的に地域社会の活動に参加する里親・ファミリーホームが増えてきている。**里親・ファミリーホームにおける養育は、あくまで社会的養護であるため、地域や社会に対して閉ざされたものになってはならない。里親・ファミリーホームでは、子どもを養育するだけでも精一杯だと思われるが、社会的養護という公的な役割を担っているからこそ、地域での活動に力を注いでいく必要がある。**

　諸事情によって近隣等との関係形成が困難な場合であったとしても、地域の里親会や地域の社会資源のネットワークなどのつながりの中に身をおき、孤立しないよう、独善的な養育に陥らないよう養育をひらくことが求められる。

> **Episode**
>
> 　S市でファミリーホームをしているTさんとUさんは、PTAなどの役員に積極的に立候補するようにしており、現在、TさんはPTAの会長をしている。PTAの活動を通して、自分たちのことをオープンにすることで、里親やファミリーホームのこと、委託されて

いる子どものことを多くの人に理解してもらうようにしている。また、地域のいろいろな人と親しくなることで、相談したり、逆に、相談してもらったりすることができるし、子ども同士も仲良く過ごせている。本当はゆっくりしたい気持ちもあるが、地域のさまざまな人との関係は良好で、楽しく子どもの養育をすることができている。

▶▶▶実践上のヒント

養育で大切なのは、子ども自身が「地域の人たちに見守られ、支えられているんだ」という安心感を抱くことができることである。子どもも地域社会の住民の1人であり、地域社会を抜きにして、養育されるものではない。通園や通学の途中で近隣の人たちに声をかけられて育った子どもは、大きくなってからもそれをモデルとして実践していくと考えられる。

❸ 里親・ファミリーホームと関係機関の関係

社会的養護を必要とする子どもは、虐待やネグレクトなどの逆境体験を持ち、さまざまな行動上の課題を抱えていることが多いため、単一の機関や個人だけの養育では限界がある。そうした子どもをより適切に養育するためには、里親・ファミリーホームと関係機関が互いの役割を理解し合い、連携することが必要不可欠である。その際に、里親・ファミリーホームと関係機関は、支援の受け手と担い手という関係ではなく、1人の子どもの最善の利益を社会全体で育むパートナーという関係である。どちらも子どもの養育に必要であることを常に念頭におき、積極的に協働していくことが大切である。

（河合直樹・千賀則史）

▶参考・引用文献
厚生省(1964)「家庭児童相談室の設置運営について」
厚生労働省(2017)「子育て世代包括支援センター業務ガイドライン」
厚生労働省(2018)「フォスタリング機関(里親養育包括支援機関)及びその業務に関するガイドライン」
厚生労働省(2019)「子育て短期支援事業実施要綱」
厚生労働省(2020)「児童相談所運営指針」
厚生労働省(2020)「市町村子ども家庭支援指針」
厚生労働省(2020)「市区町村子ども家庭総合支援拠点」設置運営要綱
厚生労働省(2020)「要保護児童対策地域協議会設置・運営指針」
内閣府(2020)子ども・子育て支援新制度説明会　資料5-3「子育て短期支援事業の見直しについて(里親関係)」

NPO法人Giving Treeホームページ　https://www.givingtree.host/
『里親と子ども』編集委員会編（2008）『里親と子どもVol.3』明石書店
青少年養育支援センター陽氣会ホームページ　https://youkikai.net/

資 料

❶里親制度の運営について

（平成 14 年 9 月 5 日付雇児発第 0905002 号【一部改正】平成 29 年 3 月 31 日雇児発 0331 第 35 号厚生労働省雇用均等・児童家庭局長通知「里親制度の運営について」より）

❷小規模住居型児童養育事業（ファミリーホーム）の運営について

（平成 21 年 3 月 31 日付雇児発第 0331011 号【一部改正】令和 3 年 3 月 26 日付子発 0326 第 1 号厚生労働省雇用均等・児童家庭局長通知「小規模住居型児童養育事業（ファミリーホーム）の運営について」より）

❸子育て短期支援事業における里親の活用について

（令和 3 年 1 月 27 日付子家発 0127 第 3 号厚生労働省子ども家庭局家庭福祉課長通知「子育て短期支援事業における里親の活用について」より）

❹子ども・子育て支援法施行令の改正について

（令和 3 年 4 月 1 日付府子本第 491 号内閣府子ども・子育て本部統括官／3 文科初第 4 号文部科学省初等中等教育局長／子発 0401 第 4 号厚生労働省子ども家庭局長通知「子ども・子育て支援法施行令の改正について」より）

◉里親及びファミリーホームに委託されている児童が保育所へ入所する場合等の取扱いについて

（平成14年9月5日付雇児発第0905002号【一部改正】平成29年3月31日雇児発0331第35号厚生労働省雇用均等・児童家庭局長通知「里親制度の運営について」より）

　標記については、今後の里親制度の運営に関し留意すべき事項を、別紙のとおり里親制度運営要綱として定めたので、御了知の上、その取扱いに遺漏のないよう努められたい。

　この通知は、地方自治法（昭和22年法律第67号）第245条の4第1項の規定に基づく技術的な助言であることを申し添える。

別紙

里親制度運営要綱

第1　里親制度の趣旨

　　里親制度は、家庭での養育に欠ける児童等に、その人格の完全かつ調和のとれた発達のための温かい愛情と正しい理解をもった家庭を与えることにより、愛着関係の形成など児童の健全な育成を図るものであること。

第2　里親制度の運営

　1　里親制度は、都道府県知事（指定都市及び児童相談所設置市にあっては、その長とする。以下同じ。）、児童相談所長、福祉事務所長、児童委員及び児童福祉施設の長が、児童福祉法（昭和22年法律第164号。以下「法」という。）、児童福祉法施行令（昭和23年政令第74号。以下「政令」という。）、児童福祉法施行規則（昭和23年厚生省令第11号。以下「省令」という。）及び里親が行う養育に関する最低基準（平成14年厚生労働省令第116号。以下「最低基準」という。）のほか、この「里親制度運営要綱」、平成23年3月30日雇児発0330第9号厚生労働省雇用均等・児童家庭局長通知「里親委託ガイドラインについて」、平成24年3月29日雇児発0329第1号厚生労働省雇用均等・児童家庭局長通知の別添6「里親及びファミリーホーム養育指針」等により、それぞれ運営し、関与するものであること。

　2　法第32条の規定により都道府県知事から児童を里親に委託する権限の委任を受けた児童相談所長は、必要と思われる事項につき、都道府県知事に報告すること。

　3　児童相談所長は、福祉事務所長、児童委員、児童福祉施設の長、市区町村、学校等をはじめ、里親支援機関、里親会その他の民間団体と緊密に連絡を保ち、里親制度が円滑に実施されるように努めること。

　4　児童福祉施設の長は、里親とパートナーとして相互に連携をとり、協働して児童の健全育成を図るよう、里親制度の積極的な運用に努めること。特に、児童福祉施設に配置されている家庭支援専門相談員、里親支援専門相談員等は、児童相談所や里親支援機関等と連携し、里親への支援等に努めること。

第3　里親制度の概要

　1　里親の種類

　　里親は、法第6条の4に定義されており、里親の種類は、養育里親、専門里親、養子縁組

里親、親族里親であること。

(1)　養育里親

　　保護者のない児童又は保護者に監護させることが不適当であると認められる児童（以下「要保護児童」という。）を養育することを希望し、かつ、省令で定める要件を満たす者のうち、都道府県知事が要保護児童を委託する者として適当と認め、養育里親名簿に登録されたものをいう。［法第6条の4第1号］

　　なお、法令上、養育里親は、専門里親を含むものとして規定されているが、この要綱においては専門里親を除く養育里親を単に養育里親という。

(2)　専門里親

　　省令で定める要件に該当する養育里親であって、①児童虐待等の行為により心身に有害な影響を受けた児童、②非行のある若しくは非行に結び付くおそれのある行動をする児童、又は③身体障害、知的障害若しくは精神障害がある児童のうち、都道府県知事がその養育に関し特に支援が必要と認めたものを養育するものとして養育里親名簿に登録されたものをいう。［省令第1条の36］

(3)　養子縁組里親

　　要保護児童を養育すること及び養子縁組によって養親となることを希望し、かつ、省令で定めるところにより行う研修を修了した者のうち、養子縁組里親名簿に登録されたものをいう。［法第6条の4第2号］

(4)　親族里親

　　要保護児童の扶養義務者（民法（明治29年法律第89号）に定める扶養義務者をいう。以下同じ。）及びその配偶者である親族であって、要保護児童の両親その他要保護児童を現に監護する者が死亡、行方不明、拘禁、疾病による入院等の状態となったことにより、これらの者による養育が期待できない要保護児童の養育を希望する者のうち、都道府県知事が児童を委託する者として適当と認めるものをいう。［法第6条の4第3号、省令第1条の39］

2　里親登録又は認定の要件

　　都道府県知事は、養育里親（専門里親を含む。）又は養子縁組里親となることを希望する者からの申請に基づき、当該希望する者について養育里親名簿又は養子縁組里親名簿に登録し、又はしないことの決定を行う際には、都道府県児童福祉審議会（法第8条第1項ただし書に規定する都道府県にあっては、地方社会福祉審議会とする。以下同じ。）の意見を聴くこと。

　　また、都道府県知事は、都道府県児童福祉審議会（法第8条第1項ただし書に規定する都道府県にあっては、地方社会福祉審議会とする。以下同じ。）の意見を聴いて、要保護児童を委託する者として適当と認める者を親族里親として認定すること。［法第6条の4、政令第29条］

　　また、里親登録又は認定の要件は、次のとおりであること。

(1)　養育里親

①　要保護児童の養育についての理解及び熱意並びに児童に対する豊かな愛情を有していること。［省令第1条の35第1号］

②　経済的に困窮していないこと（要保護児童の親族である場合を除く。）。

［省令第1条の35第2号］

③ 都道府県知事が行う養育里親研修を修了していること。［法第6条の4第1号、省令第1条の35第3号］

④ 里親本人又はその同居人が次の欠格事由に該当していないこと。［法第34条の20第1項、政令第35条の5］

　　ア　成年被後見人又は被保佐人（同居人にあっては除く。）

　　イ　禁錮以上の刑に処せられ、その執行を終わり、又は執行を受けることがなくなるまでの者

　　ウ　法、児童買春・児童ポルノ禁止法（児童買春、児童ポルノに係る行為等の規制及び処罰並びに児童の保護等に関する法律）又は政令第35条の5で定める福祉関係法律の規定により罰金の刑に処せられ、その執行を終わり、又は執行を受けることがなくなるまでの者

　　エ　児童虐待又は被措置児童等虐待を行った者その他児童の福祉に関し著しく不適当な行為をした者

（2）専門里親

① （1）の①から④までのすべてに該当すること。

② 次の要件のいずれかに該当すること［省令第1条の37第1号］

　　ア　養育里親として3年以上の委託児童の養育の経験を有すること。

　　イ　3年以上児童福祉事業に従事した者であつて、都道府県知事が適当と認めたものであること。

　　ウ　都道府県知事がア又はイに該当する者と同等以上の能力を有すると認めた者であること。

③ 専門里親研修を修了していること。［省令第1条の37第2号］

④ 委託児童の養育に専念できること。［省令第1条の37第3号］

（3）養子縁組里親

① （1）の①、②及び④のすべてに該当すること。［法第34条の20第1項、政令第35条の5、省令第36条の42第2項第1号及び第2号］

② 都道府県知事が実施する養子縁組里親研修を修了していること。［省令第36条の42第2項第3号］

（4）親族里親

① （1）の①及び④に該当すること。［省令第36条の47］

② 要保護児童の扶養義務者及びその配偶者である親族であること。［省令第1条の39］

③ 要保護児童の両親その他要保護児童を現に監護する者が死亡、行方不明、拘禁、疾病による入院等の状態となったことにより、これらの者による養育が期待できない要保護児童の養育を希望する者であること。［省令第1条の39］

3　里親委託

（1）法第27条第1項第3号の規定に基づき、都道府県（指定都市及び児童相談所設置市を含む。以下同じ。）は、要保護児童を里親に委託する措置を採るものであること。

（2）児童を里親に委託したときは、都道府県は、里親手当及び児童の養育に要する一般生活

費、教育費等の費用（養子縁組里親及び親族里親については里親手当を除く。）を、里親に対する措置費として支払い、国はその2分の1を負担するものであること。［法第50条第7号、第53条］

(3) 法において児童とは18歳未満の者をいう（法第4条第1項）が、都道府県は、必要と認めるときは、里親に委託された児童については、満20歳に達するまで引き続き委託を継続する措置を採ることができること。［法第31条第2項］

第4　里親の登録又は認定等

1　里親登録又は認定等の共通事項

(1) 里親となることを希望する者（以下「里親希望者」という。）は、居住地の都道府県知事に対し、申請書を提出しなければならないこと。

なお、この書面には省令に規定する事項を記載させるほか、必要に応じて健康状態を調査するための健康診断書、経済状態を確認するための書類等を提出させること。

(2) 都道府県は、里親希望者に対し、第10の必要な研修を実施すること。なお、研修の実施の時期については、都道府県において里親希望者の意向等も踏まえ、申請書の提出の前又は後の適切な時期に実施すること。

(3) 児童相談所長は、申請書の提出があった場合には、児童福祉司等を里親希望者の家庭に派遣し、その適否について十分な調査を行った上、その適否を明らかにする書類を申請書に添付して、都道府県知事に送付すること。

(4) 児童相談所長は、法第34条の20第1項の欠格事由については、里親希望者に本人又はその同居人が欠格事由（里親希望者の同居人にあっては、同項第1号を除く。）に該当しない旨を申し出る書類の提出を依頼すること、市町村に犯罪歴を証明する書類の提出を依頼すること等により適宜確認すること。

(5) 都道府県知事は、里親の認定を行うに当たっては、里親希望者の申出があった後速やかに認定の適否につき都道府県児童福祉審議会の意見を聴くこと。［政令第29条］

(6) 知識、経験を有する等児童を適切に養育できると認められる者については、必ずしも配偶者がいなくても、里親として認定して差し支えないこと。

(7) 1人の里親希望者について、異なった種類の里親を重複して認定しても差し支えないこと。

(8) 里親が、里親認定を辞退する場合は、児童相談所長を経て、都道府県知事に、遅滞なく、その理由を付して届け出なければならないこと。

2　養育里親及び専門里親の登録等

(1) 申請書及び添付書類［省令第36条の41第1項から第4項］

養育里親希望者及び専門里親希望者の申請書の記載事項及び添付書類は、次のとおりであること。

ただし、②クの書類について、当該書類により証明すべき事実を公簿等によって確認することができるときは、添付を省略させることができる。

①　申請書に記載する事項

ア　里親希望者の住所、氏名、性別、生年月日、個人番号、職業及び健康状態

イ　里親希望者の同居人の氏名、性別、生年月日、個人番号、職業及び健康状態

ウ　養育里親研修を修了した年月日又は修了する見込みの年月日

　　エ　養育里親になることを希望する理由

　　オ　1年以内の期間を定めて要保護児童を養育することを希望する場合にはその旨

　　カ　従前に里親であったことがある者はその旨及び他の都道府県において里親であった場合には当該都道府県名

　　キ　専門里親希望者にあっては、養育里親として3年以上の委託児童の養育の経験を有する者であること、3年以上児童福祉事業に従事した者であって都道府県知事が適当と認めたものであること又は都道府県知事がこれらと同等以上の能力を有すると認めた者であることのいずれかの要件に該当する事実

　　ク　専門里親希望者にあっては、委託児童の養育に専念できる事実

　　ケ　専門里親希望者にあっては、専門里親研修を修了した年月日又は修了する見込みの年月日

　　コ　その他都道府県知事が必要と認める事項

　②　申請書に添付する書類

　　ア　里親希望者及びその同居人の履歴書

　　イ　里親希望者の居住する家屋の平面図

　　ウ　養育里親研修を修了したこと又は修了する見込みであることを証する書類（専門里親希望者を除く。）

　　エ　欠格事由（里親希望者の同居人にあっては、法第34条の20第1項第1号を除く。）のいずれにも該当しない者であることを証する書類

　　オ　健康診断書、経済状態を確認するための書類

　　カ　専門里親希望者にあっては、①キの事実を証する書類

　　キ　専門里親希望者にあっては、専門里親研修を修了したこと又は修了する見込みであることを証する書類

　　ク　その他都道府県知事が必要と認めるもの

(2)　養育里親名簿の登録［法第34条の19、省令第36条の40第1項］

　　都道府県知事は、養育里親又は専門里親の認定後速やかに次の事項を養育里親名簿に登録すること。

　　ア　登録番号及び登録年月日

　　イ　住所、氏名、性別、生年月日、個人番号、職業及び健康状態

　　ウ　同居人の氏名、性別、生年月日、個人番号、職業及び健康状態

　　エ　養育里親研修を修了した年月日

　　オ　1年以内の期間を定めて要保護児童を養育することを希望する場合にはその旨

　　カ　専門里親の場合にはその旨

　　キ　親族による養育里親の場合にはその旨

　　ク　その他都道府県知事が必要と認める事項

(3)　都道府県知事は、登録の際に養育里親又は専門里親の希望（委託期間、子どもの年齢、将来的に養子縁組里親となることも考えている等）について把握すること。

(4)　取消し及び変更の届出［省令第36条の43］

①　養育里親又は専門里親が次の場合に至ったときは、次の者が、次の期間内に、その旨を都道府県知事に届け出なければならないこと。

　ア　死亡した場合は、その相続人が、その事実を知った日から30日以内に

　イ　成年被後見人又は被保佐人となった場合は、その後見人又は保佐人が、その日から30日以内に

　ウ　法第34条の20第1項第2号から第4号までに該当するに至った場合は、当該養育里親又は専門里親本人が、その日から30日以内に

　エ　省令第1条の35に規定する要件に該当しなくなった場合は、当該養育里親又は専門里親本人が、その日から30日以内に

②　養育里親及び専門里親は、（2）の養育里親名簿の登録事項について変更が生じたときは、遅滞なく、都道府県知事に届け出なければならないこと。

（5）登録の消除［省令第36条の44］

①　都道府県知事は、次のいずれかに該当する場合には、養育里親名簿の登録を消除しなければならないこと。

　ア　本人から登録の消除の申出があった場合

　イ　（4）①の届出があった場合

　ウ　（4）①の届出がないが、その該当事実が判明した場合

　エ　不正の手段により養育里親名簿への登録を受けた場合

②　都道府県知事は、次のいずれかに該当する場合には、登録を消除することができること。

　ア　法第45条第1項に基づく里親が行う養育に関する最低基準に違反した場合

　イ　法第46条第1項の規定により都道府県知事から報告を求められて、報告をせず、又は虚偽の報告をした場合

　ウ　学校教育法に規定する保護者に準じて受託中の児童を就学させなければならない旨の法第48条の義務に違反した場合

③　都道府県知事は、専門里親として登録を受けていた者が、専門里親に関する要件に該当しなくなったときは、専門里親である旨の記載を消除しなければならないこと。

（6）登録の有効期間［省令第36条の45］

　　養育里親名簿の登録の有効期間は5年とすること。ただし、専門里親としての登録の有効期間については2年とすること。

　　なお、更新後の有効期間についても同様とすること。

（7）登録の更新［省令第36条の46］

①　養育里親名簿の登録は、養育里親又は専門里親の申請により更新すること。

②　登録の更新を受けようとする者は、更新研修を受けなければならないこと。

③　①の申請があった場合において、有効期間の満了の日までに更新研修が行われないとき又は行われているがその全ての課程が修了していないときは、従前の登録は、有効期間の満了の日後もその研修が修了するまでの間は、なおその効力を有すること。また、この場合に、その登録の更新がされたときは、その有効期間は、従前の有効期間の満了の日の翌日から起算すること。

（8）都道府県知事は、登録の更新を行う場合には、児童相談所長に当該里親の里親継続の意

思や家庭状況等を調査させた上、次の点に留意して行うこと。

 ア 里親継続の意思がある者で、必要な研修を修了し、かつ家庭調査の結果、省令に規定する要件に著しい変動のないものについては、登録の更新を行い、都道府県児童福祉審議会には、その旨の報告をすれば足りること。

  なお、資格要件に著しい変動があるなどにより、登録の更新が不適当であると認める者については、都道府県児童福祉審議会の意見を聴いて、その可否を決定しなければならないこと。

 イ 登録の更新の場合の申請書の提出等の取扱いは、事務処理の簡素化等の観点から、各都道府県の実情に応じた運用を図られたいこと。

 ウ 専門里親の登録を受けている場合、専門里親としての登録の更新を行うときは専門里親の要件等について調査し、専門里親認定を辞退し、養育里親となる場合には養育里親としての資格要件等の調査を行う必要があること。

(9) 扶養義務のない親族については、親族里親ではなく、養育里親を適用する。これは、扶養義務のある親族（祖父、祖母、兄弟姉妹等）は、親族里親として、児童の一般生活費等は支給するが、里親手当は支給しないこととする一方、扶養義務のない親族（おじ、おば等）は、養育里親を適用し、里親手当を支給できることとするものである。（扶養義務者については4（1）参照。おじ、おばに対して養育里親の認定を行おうとするときは、家庭裁判所により扶養義務を設定されていないことを本人に確認すること。）

 親族による養育里親については、養育里親研修の受講が要件となるが、相当と認められる範囲で研修科目の一部を免除することができる。また、経済的に困窮していないことという要件は、親族里親と同様に適用されていない。また、親族である要保護児童を養育することを希望している点で、一般の養育里親と希望理由が異なる。

 このように、親族による養育里親は、一般の養育里親と認定要件が異なることから、親族による養育里親である旨を養育里親名簿に記載して、明確にしておくとともに、親族関係がない他の児童の養育は委託しないものとする。

3 養子縁組里親の登録等

(1) 申請書及び添付書類［省令第36条の41第3項及び第6項］

 養子縁組里親希望者の申請書の記載事項及び添付書類は、次のとおりであること。

 ただし、②カの書類について、当該書類により証明すべき事実を公簿等によって確認することができるときは、添付を省略させることができる。

 ① 申請書に記載する事項

 ア 里親希望者の住所、氏名、性別、生年月日、個人番号、職業及び健康状態

 イ 里親希望者の同居人の氏名、性別、生年月日、個人番号、職業及び健康状態

 ウ 養子縁組里親研修を修了した年月日又は修了する見込みの年月日

 エ 養子縁組里親になることを希望する理由

 オ 従前に里親であったことがある者はその旨及び他の都道府県において里親であった場合には当該都道府県名

 カ その他都道府県知事が必要と認める事項

 ② 申請書に添付する書類

　　ア　里親希望者及びその同居人の履歴書

　　イ　里親希望者の居住する家屋の平面図

　　ウ　養子縁組里親研修を修了したこと又は修了する見込みであることを証する書類

　　エ　欠格事由（里親希望者の同居人にあっては、法第34条の20第1項第1号を除く。）

　　　のいずれにも該当しない者であることを証する書類

　　オ　健康診断書、経済状態を確認するための書類

　　カ　その他都道府県知事が必要と認めるもの

（2）養子縁組里親名簿の登録［法第34条の19、省令第36条の40第2項］

　　都道府県知事は、養子縁組里親の認定後速やかに次の事項を養子縁組里親名簿に登録する

　こと。

　　ア　登録番号及び登録年月日

　　イ　住所、氏名、性別、生年月日、個人番号、職業及び健康状態

　　ウ　同居人の氏名、性別、生年月日、個人番号、職業及び健康状態

　　エ　養子縁組里親研修を修了した年月日

　　カ　その他都道府県知事が必要と認める事項

（3）都道府県知事は、登録の際に養子縁組里親の希望（児童の性別、年齢、養育里親となる

　　ことも考えている等）について把握すること。

（4）取消し及び変更の届出［省令第36条の43］

　①　養子縁組里親が次の場合に至ったときは、次の者が、次の期間内に、その旨を都道府県

　　知事に届け出なければならないこと。

　　ア　死亡した場合は、その相続人が、その事実を知った日から30日以内に

　　イ　成年被後見人又は被保佐人となった場合は、その後見人又は保佐人が、その日から

　　　30日以内に

　　ウ　法第34条の20第1項第2号から第4号までに該当するに至った場合は、当該養子縁

　　　組里親本人が、その日から30日以内に

　　エ　省令第1条の35に規定する要件に該当しなくなった場合は、当該養子縁組里親本人

　　　が、その日から30日以内に

　②　養子縁組里親は、（2）の養子縁組里親名簿の登録事項について変更が生じたときは、

　　遅滞なく、都道府県知事に届け出なければならないこと。

（5）登録の消除［省令第36条の44］

　①　都道府県知事は、次のいずれかに該当する場合には、養子縁組里親名簿の登録を消除し

　　なければならないこと。

　　ア　本人から登録の消除の申出があった場合

　　イ　（4）①の届出があった場合

　　ウ　（4）①の届出がないが、その該当事実が判明した場合

　　エ　不正の手段により養子縁組里親名簿への登録を受けた場合

　②　都道府県知事は、次のいずれかに該当する場合には、登録を消除することができること。

　　ア　法第45条の2第1項に基づく里親が行う養育に関する最低基準に違反した場合

　　イ　法第46条第1項の規定により都道府県知事から報告を求められて、報告をせず、又

は虚偽の報告をした場合

　　ウ　学校教育法に規定する保護者に準じて受託中の児童を就学させなければならない旨の法第48条の義務に違反した場合

（6）登録の有効期間［省令第36条の45］

　　養子縁組里親名簿の登録の有効期間は5年とすること。なお、更新後の有効期間についても同様とすること。

（7）登録の更新［省令第36条の46］

　　①　養子縁組里親名簿の登録は、養子縁組里親の申請により更新すること。

　　②　登録の更新を受けようとする者は、更新研修を受けなければならないこと。

　　③　①の申請があった場合において、有効期間の満了の日までに更新研修が行われないとき又は行われているがその全ての課程が修了していないときは、従前の登録は、有効期間の満了の日後もその研修が修了するまでの間は、なおその効力を有すること。また、この場合に、その登録の更新がされたときは、その有効期間は、従前の有効期間の満了の日の翌日から起算すること。

（8）都道府県知事は、登録の更新を行う場合には、児童相談所長に当該里親の里親継続の意思や家庭状況等を調査させた上、次の点に留意して行うこと。

　　ア　里親継続の意思がある者で、必要な研修を修了し、かつ家庭調査の結果、資格要件に著しい変動のないものについては、登録の更新を行い、都道府県児童福祉審議会には、その旨の報告をすれば足りること。

　　　　なお、資格要件に著しい変動があるなどにより、登録の更新が不適当であると認める者については、都道府県児童福祉審議会の意見を聴いて、その可否を決定しなければならないこと。

　　イ　登録の更新の場合の申請書の提出等の取扱いは、事務処理の簡素化等の観点から、各都道府県の実情に応じた運用を図られたいこと。

4　親族里親の認定等

（1）親族里親は、委託児童の扶養義務者又はその配偶者であることが必要である。この場合の扶養義務者とは、民法第877条第1項で「直系血族及び兄弟姉妹は、互いに扶養をする義務がある。」とされており、児童の祖父、祖母及び兄弟姉妹が基本となる。この事実は、戸籍謄本によって確認されたいこと。

　　このほか、同条第2項で「家庭裁判所は、特別の事情があるときは、前項に規定する場合のほか、三親等内の親族間においても扶養の義務を負わせることができる。」とされており、児童のおじ、おばが家庭裁判所の審判で扶養義務が設定されることがあるが、これは特別の事情がある場合に限られる例外である。この事実は、本人の申し出によって確認されたいこと。

（2）親族里親の申請については、児童相談所において児童の委託が適当と認めた場合について、申請書の提出を求めること。

（3）児童の委託が解除されたときには、その認定を取り消すこと。この場合には、都道府県児童福祉審議会の意見を聴く必要はないこと。

第5　里親への委託等

1　委託等の共通事項

（1）都道府県知事の役割

　　ア　都道府県は、法第3条の2において、「児童を家庭において養育することが困難であり又は適当でない場合にあつては児童が家庭における養育環境と同様の養育環境において継続的に養育されるよう」必要な措置を講じなければならないこととされており、児童の最善の利益が図られるよう里親等への委託を優先して検討すること。

　　イ　都道府県知事は、法第27条第1項第3号の措置又は措置の変更をしようとするときは、児童相談所長、児童福祉施設の長、里親支援機関、児童又はその保護者の意見を十分聴き、里親制度の活用を図るように努めること。

　　ウ　都道府県知事は、里親に児童を委託する場合、里親と委託する児童との適合等が極めて重要なので、里親支援機関等と連携し、児童のアセスメントや里親と児童の調整を十分にした上で、当該児童に最も適合する里親に委託するように努めること。特に、その児童がこれまで育んできた人的関係や育った環境などの連続性を大切にし、可能な限り、その連続性が保障できる里親に委託するよう努めること。

　　エ　都道府県知事は、里親養育における不調は委託児童に心理的な傷を与える危険があるので、里親支援機関等、地域の関係機関などと連携を図り、支援体制を確立してから委託すること。

　　オ　都道府県知事は、虚弱な児童、疾病の児童等を里親に委託する場合には、知識、経験を有する等それらの児童を適切に養育できると認められる里親に委託すること。

　　カ　都道府県知事は、児童を里親に委託する場合、政令第30条の規定に基づき、児童福祉司等の中から1人を指名して、当該里親の家庭を訪問して必要な指導をさせるとともに、必要に応じて、法第27条第1項第2号の規定に基づき、児童委員に、児童福祉司等と協力して、当該里親の指導をさせること。

　　キ　都道府県知事は、児童を里親に委託する場合、里親に対し、養育上必要な事項及び指導を担当する児童福祉司、児童委員等（以下「指導担当者」という。）の名前を記載した書類を、児童相談所を経て交付すること。

　　ク　都道府県知事は、里親に委託されている児童の保護がより適切に行われると認められる場合には、児童に児童心理治療施設若しくは児童自立支援施設に通所させ、又は障害児通所支援、居宅介護、重度訪問介護、同行援護、行動援護、生活介護、短期入所を利用することができること。

　　ケ　都道府県知事は、現に児童を養育している里親に更に他の児童の養育を委託する場合には、指導担当者等の意見を聴いて、児童を委託すること。

　　　特に、里親が同時に養育する委託児童及び委託児童以外の児童の人数の合計が4人を超える場合や、すでに専門里親として委託児童を養育している場合は、里親や児童の状態を十分把握し、里親への養育の負担が大きくならないよう慎重に行うこと。

　　コ　都道府県知事は、児童が兄弟姉妹である等必要と認められる場合には、同時の措置によって、1の里親に対して2人以上の児童を委託して差し支えないこと。

　　サ　里親に委託された児童について、家庭復帰、養子縁組若しくは社会的自立等により里

親委託が必要でなくなった場合又は里親委託を継続し難い事由が発生した場合、都道府県知事は、児童相談所長の意見を聴いて、里親委託を解除すること。この場合、児童福祉の観点から、慎重に審査の上で行うこと。

シ　都道府県知事は、未成年後見人が指定され、又は選任されている児童であっても、当該児童の福祉のために必要と認める場合には、里親に委託することができること。

なお、この場合にあっては、未成年後見人が当該児童を受託する里親となり、又はすでに当該児童を受託している里親が当該児童の未成年後見人となることを妨げない。

(2)　児童相談所長の役割

ア　児童相談所長は、児童福祉法等の規定により通告若しくは送致された児童又は相談のあった児童につき、必要な調査、判定を行った結果、その児童を里親に委託することが適当であると認めた場合、これを都道府県知事に報告すること。

イ　児童相談所長は、絶えず児童福祉施設と密接な連絡をとり、その実情に精通するとともに、当該施設において入所保護を受けている児童のうち里親委託を適当とする児童がいた場合には、その児童につき必要な調査、判定を行い、措置を行った都道府県知事に報告すること。

ウ　里親に児童（特に乳児又は幼児）を委託する場合には、児童相談所長は、保護者に対し、母子健康手帳を里親に渡すよう指導すること。また、児童又は児童の保護者が母子健康手帳の交付を受けていない場合は、里親に対し、交付を受けるよう指導すること。

2　養育里親への委託

(1)　養育里親への委託については、児童の保護者に対し、養育里親と養子縁組里親との違いを丁寧に説明し、長期に委託する場合や数週間や1年以内など短期間委託する場合など、ニーズに応じた多様な里親委託ができることを説明し、理解を得ること。

(2)　養育里親に短期間委託する場合には、児童の生活環境の変化を最小限に抑える観点から、児童相談所長に必要な調査をさせた上、できるだけ当該児童の保護者の居住地の近くに居住する養育里親に委託することが望ましいこと。

(3)　短期間の委託を行う場合、緊急を要するケースが予想されるので、児童委員、社会福祉主事等から児童相談所長への電話連絡等による仮委託として処理するなど、弾力的な運用に配慮すること。

なお、この仮委託を行った場合には、児童相談所長は、仮委託後速やかに児童の状況、保護者の状況等を調査し、養育里親への正式な委託の措置に切り替えること。

また、仮委託のみで終了した場合は、緊急の保護を必要とした事例とみなして、委託一時保護として処理すること。

(4)　委託の措置理由が消滅したと考えられる時期には、児童福祉司に保護者等を訪問させるなどして実情の把握をさせるなど、委託の解除等措置の円滑な実施に努めること。

(5)　児童福祉施設入所児童等に対しても、夏休みや週末を利用して家庭生活を体験するため、養育里親への養育委託を行う等、積極的な運用を図られたいこと。

なお、この場合の費用の負担については、当該児童福祉施設の長が児童相談所を介して当該養育里親に協議されたい。また、この場合にあっては昭和62年5月20日児発第450号厚生省児童家庭局長通知「児童福祉施設（児童家庭局所管施設）における施設機能強化推進

費について」の第3の3「施設入所児童家庭生活体験事業」の対象となるので、積極的に活用されたい。

3　専門里親への委託

（1）専門里親へ委託することが適当な児童の判断は、当該児童が虐待等の行為により受けた心身への有害な影響、非行等の問題及び障害の程度等を見極め、児童相談所が慎重に行うこと。

（2）専門里親の委託児童は、様々な行動上の問題を起こす場合があることが予想される。このような場合、児童相談所は、関係機関の協力を得て、委託児童と専門里親との間を十分に調整した上で委託を行い、その後のフォローアップに努めること。

（3）専門里親対象児童について、2人目の児童を委託する場合には、1人目の児童が十分安定し2人目の児童の委託について納得しているか、又は1人目の児童について家庭復帰のための準備や調整が本格的にはじまった時期が望ましいこと。

4　養子縁組里親への委託

（1）都道府県知事は、養子縁組里親に児童を委託する際には、当該里親と永続的な関係性を築くことが当該委託児童にとって最善の利益となるように配慮すること。

（2）都道府県知事は、養子縁組が成立した者に対しても、里親支援機関等により相談等の支援を行うこと。

5　親族里親への委託

（1）親族里親は、両親等児童を現に監護している者が死亡、行方不明、拘禁、疾病等による入院等の状態になったことにより、これらの者による養育が期待できない場合において、当該児童の福祉の観点から、家庭における養育環境と同様の養育環境において継続的に養育されるよう、扶養義務者及びその配偶者である親族に当該児童の養育を委託する制度である。

（2）委託について、「死亡、行方不明、拘禁、疾病による入院等の状態になったことにより、これらの者による養育が期待できない場合」には、虐待や養育拒否により養育が期待できない場合や精神疾患により養育できない場合なども含まれること。なお、実親がある場合は、実親による養育の可能性を十分に検討する。

（3）民法第877条第1項により、直系血族及び兄弟姉妹は、互いに扶養する義務がある。しかしながら、扶養義務がある場合であっても、親族に養育を委ねた結果、その親族が経済的に困窮し、生計を維持することが困難となってしまう場合には、親族里親の制度を活用することにより、一般生活費等を支給し、親族により養育できるようにすることができること。

（4）扶養義務のない親族に対する里親委託については、養育里親が適用されること。

第6　里親が行う児童の養育

1　里親が行う児童の養育についての指針は、平成24年3月29日雇児発0329第1号厚生労働省雇用均等・児童家庭局長通知の別添6「里親及びファミリーホーム養育指針」のとおりであること。

2　都道府県知事は、委託児童に対して適切な社会的な養育を行うため、必要に応じて、児童相談所、里親支援機関、里親、児童委員、里親支援専門相談員、福祉事務所などによる養育チームを編成し、会議を開催するなど、児童の養育について協議し、里親の行う児童の養育

の向上を図ること。

3　児童相談所長は、自立支援計画を里親に提示するに当たっては、里親に対し、委託児童の養育において当該里親が果たすべき役割について説明しなければならない。

4　里親は、児童に対して、実親のこと等適切な情報提供を適切な時期に行うこと。その際は、児童相談所と十分な連携を図ること。

5　里親は、児童の養育について研修や助言を受け、又は自己評価を行うなどにより養育の質の向上に努めること。

6　里親は、児童と保護者との通信、面会、一時帰宅等については、児童相談所と協議の上、児童の最善の利益にかなう方法で行うこと。

7　里親は、児童の養育に関して問題が生じ又は生じるおそれがある場合及び児童の養育についての疑問や悩みは、1人で抱え込まず、速やかに指導担当者に連絡するとともに、児童相談所等の公的機関又は里親支援機関等の民間団体に相談を行い、児童が健全に育成されるよう努めること。

8　里親は、児童の養育に関する記録をつけること。

9　里親は、受託中の児童で親権を行う者又は未成年後見人のある者についても、監護、教育及び懲戒に関し、その児童の福祉のため必要な措置をとることができること。［法第47条第3項］

10　里親は、学校教育法に規定する保護者に準じて、受託中の児童を就学させなければならないこと。［法第48条］

11　里親は、必要に応じて児童福祉法第6条の3第2項に規定する放課後児童健全育成事業を利用することができること。

第7　里親が行う養育に関する最低基準

1　最低基準と里親

　　里親は、最低基準を遵守するとともに、最低基準を超えて、常にその行う養育の質を向上させるよう努めなければならないこと。［法第45条の2第2項、最低基準第3条］

2　里親が行う養育に関する一般原則

　　里親が行う養育は、委託児童の自主性を尊重し、基本的な生活習慣を確立するとともに、豊かな人間性及び社会性を養い、委託児童の自立を支援することを目的として行われなければならないこと。また、里親は、養育を効果的に行うため、研修を受け、その資質の向上を図るように努めなければならないこと。［最低基準第4条］

3　児童を平等に養育する原則

　　里親は、委託児童に対し、自らの子若しくは他の児童と比して、又は委託児童の国籍、信条若しくは社会的身分によって、差別的な養育をしてはならないこと。［最低基準第5条］

4　虐待等の禁止

　　里親は、委託児童に対し、被措置児童等虐待その他委託児童の心身に有害な影響を与える行為をしてはならないこと。［最低基準第6条］

5　懲戒に係る権限の濫用の禁止

　　里親は、委託児童に対し法第47条第3項の規定により懲戒に関しその児童の福祉のため

に必要な措置を採るときは、身体的苦痛を与え、人格を辱める等その権限を濫用してはならないこと。[最低基準第6条の2]

6　教育

　　里親は、委託児童に対し、学校教育法の規定に基づく義務教育のほか、必要な教育を受けさせるよう努めなければならないこと。[最低基準第7条]

7　健康管理等

　（1）里親は、常に委託児童の健康の状況に注意し、必要に応じて健康保持のための適切な措置を採らなければならないこと。[最低基準第8条第1項]

　（2）委託児童への食事の提供は、当該委託児童について、その栄養の改善及び健康の増進を図るとともに、その日常生活における食事についての正しい理解と望ましい習慣を養うことを目的として行われなければならないこと。[最低基準第8条第2項]

8　衛生管理

　　里親は、委託児童の使用する食器その他の設備又は飲用する水について、衛生的な管理に努め、又は衛生上必要な措置を講じなければならないこと。[最低基準第9条]

9　給付金として支払を受けた金銭の管理

　　里親は、委託児童に係る厚生労働大臣が定める給付金の支給を受けたときは、給付金として支払を受けた金銭を次に掲げるところにより管理しなければならない。[最低基準第9条の2]

　（1）当該委託児童に係る当該金銭及びこれに準ずるもの（これらの運用により生じた収益を含む。）をその他の財産と区分すること。

　（2）委託児童に係る金銭を給付金の支給の趣旨に従って用いること。

　（3）委託児童に係る金銭の収支の状況を明らかにする記録を整備すること。

　（4）当該委託児童の委託が解除された場合には、速やかに、委託児童に係る金銭を当該委託児童に取得させること。

10　自立支援計画の遵守

　　里親は、児童相談所長があらかじめ当該里親並びにその養育する委託児童及びその保護者の意見を聴いて当該委託児童ごとに作成する自立支援計画に従って、当該委託児童を養育しなければならないこと。[最低基準第10条]

11　秘密保持

　　里親は、正当な理由なく、その業務上知り得た委託児童又はその家族の秘密を漏らしてはならないこと。[最低基準第11条]

12　記録の整備

　　里親は、委託児童の養育の状況に関する記録を整備しておかなければならないこと。[最低基準第12条]

13　苦情等への対応

　（1）里親は、その行った養育に関する委託児童からの苦情その他の意思表示に対し、迅速かつ適切に対応しなければならないこと。[最低基準第13条第1項]

　（2）里親は、その行った養育に関し、都道府県知事から指導又は助言を受けたときは、当該指導又は助言に従って必要な改善を行わなければならないこと。[最低基準第13条第2

項]

14　都道府県知事への報告

（1）里親は、都道府県知事からの求めに応じ、次に掲げる事項に関し、定期的に報告を行わなければならないこと。［最低基準第14条第1項］

　　ア　委託児童の心身の状況

　　イ　委託児童に対する養育の状況

　　ウ　その他都道府県知事が必要と認める事項

（2）里親は、委託児童について事故が発生したときは、遅滞なく、これを都道府県知事に届け出なければならないこと。［最低基準第14条第2項］

（3）里親は、病気その他やむを得ない事由により当該委託児童の養育を継続することが困難になったときは、遅滞なく、理由を付してその旨を都道府県知事に届け出なければならないこと。［最低基準第14条第3項］

15　関係機関との連携

　　里親は、委託児童の養育に関し、児童相談所、里親支援機関、当該委託児童の就学する学校その他の関係機関と密接に連携しなければならないこと。［最低基準第15条］

16　養育する委託児童の年齢

　　里親が養育する委託児童は、18歳未満の者とすること。ただし、都道府県知事が委託児童、その保護者及び児童相談所長からの意見を勘案して必要と認めるときは、児童福祉法第31条第2項の規定に基づき当該委託児童が満20歳に達する日までの間、養育を継続することができること。

　　なお、児童の年齢が18歳を超えた場合においても、一時保護中に18歳に達した者及び施設入所等の措置中に18歳に達した者については、委託を受けることができること。［法第31条、最低基準第16条］

17　養育する委託児童の人数の限度

（1）里親が同時に養育する委託児童及び当該委託児童以外の児童の人数の合計は、6人（委託児童については4人）を超えることができないこと。［最低基準第17条第1項］

（2）専門里親が同時に養育する委託児童の人数は、児童虐待等の行為により心身に有害な影響を受けた児童、非行のある若しくは非行に結びつくおそれのある行動をする児童又は身体障害、知的障害若しくは精神障害がある児童（以下「被虐待児童等」という。）については、2人を超えることができないこと。［最低基準第17条第2項］

18　委託児童を養育する期間の限度

　　専門里親による被虐待児童等の養育は、当該養育を開始した日から起算して2年を超えることができないこと。ただし、都道府県知事が当該委託児童、その保護者及び児童相談所長からの意見を勘案して必要と認めるときは、当該期間を更新することができること。［最低基準第18条］

19　再委託の制限

　　里親は、次に掲げる場合を除き、委託児童の養育を他の者に委託してはならないこと。［最低基準第19条］

（1）都道府県知事が、里親からの申請に基づき、児童相談所長と協議して、当該里親の心

身の状況等にかんがみ、当該里親が養育する委託児童を一時的に他の者に委託することが適当であると認めるとき。

（2）（1）のほか、特にやむを得ない事情があると都道府県知事が認めるとき。

20　家庭環境の調整への協力

専門里親は、児童相談所長が児童家庭支援センター、里親支援機関、児童委員、福祉事務所等の関係機関と連携して行う委託児童の家庭環境の調整に協力しなければならないこと。

［最低基準第20条］

第8　里親等への指導

1　都道府県知事は、里親に対し、指導担当者を定期的に訪問させるなどにより、児童の養育について必要な指導を行うこと。

2　児童相談所長は、里親への指導に関して、指導担当者に必要な助言を行うこと。

3　指導担当者は、訪問等により里親に対し指導した事項を児童相談所長に報告し、必要があれば、都道府県知事に報告すること。

4　指導担当者は、児童の養育に関して必要な指導を行ったにもかかわらず、里親がこの指導に従わない場合は、児童相談所長を経て、都道府県知事に意見を添えて報告すること。

5　児童相談所長は、連絡先の教示など児童が児童相談所や都道府県児童福祉審議会等に相談しやすい体制の整備に努めること。

6　都道府県知事は、指導担当者に定期的に児童の保護者と連絡させるなど、児童の家庭復帰が円滑に行われるよう努めること。

7　都道府県知事は、委託を受けた里親に、児童の保護について、必要な指示をし、又は必要な報告をさせることができること。［法第30条の2］

第9　里親への支援

1　児童福祉法等の一部を改正する法律（平成28年法律第63号）の施行により、都道府県が行わなければならない業務として、法第11条第1項第2号へにおいて以下の（1）から（5）が規定され、同条第4項及び省令第1条の41で、当該業務に係る事務の全部又は一部を、都道府県知事が当該業務を適切に行うことができる者と認めた者に委託することができることとされている。なお、法第11条第5項に、委託を受けた者の守秘義務が規定されている。

具体的には、平成29年3月31日雇児発0331第44号厚生労働省雇用均等・児童家庭局長通知「里親支援事業の実施について」において定めている。

（1）里親に関する普及啓発を行うこと。

（2）里親につき、その相談に応じ、必要な情報の提供、助言、研修その他の援助を行うこと。

（3）里親と法第27条第1項第3号の規定により入所の措置が採られて乳児院、児童養護施設、児童心理治療施設又は児童自立支援施設に入所している児童及び里親相互の交流の場を提供すること。

（4）法第27条第1項第3号の規定による里親への委託に資するよう、里親の選定及び里親と児童との間の調整を行うこと。

（5）法第27条第1項第3号の規定により里親に委託しようとする児童及びその保護者並びに里親の意見を聴いて、当該児童の養育の内容その他の厚生労働省令で定める事項について当該児童の養育に関する計画を作成すること。

2　里親が行う児童の養育は、個人的な養育ではなく社会的な養育であるので、都道府県は、児童の養育のすべてを里親に委ねてしまうのではなく、必要な社会資源を利用しながら、里親に対して相談に応じ、必要な情報の提供、助言、研修その他の援助を行わなければならないこと。また、この業務の全部又は一部を、里親支援機関等へ委託することもできること。

3　都道府県知事は、里親支援機関等と連携し、里親からの相談に対応できる体制の整備に努め、里親から相談や支援を求められた場合、その他必要に応じ速やかに適切な対応を図ること。

4　里親への支援に当たっては、児童養護施設及び乳児院に配置される里親支援専門相談員と連携して行うこと。
　　なお、里親支援専門相談員については平成24年4月5日雇児発0405第11号厚生労働省雇用均等・児童家庭局長通知「家庭支援専門相談員、里親支援専門相談員、心理療法担当職員、個別対応職員、職業指導員及び医療的ケアを担当する職員の配置について」で定めている。

5　都道府県知事は、里親から都道府県知事による再委託の措置（一時的な休息のための援助（レスパイト・ケア）の措置）の申出があった場合、又は里親の精神的・肉体的疲労度等から都道府県知事による再委託の措置（一時的な休息のための援助の措置）を必要と判断した場合には、児童の養育に配慮し、速やかに、委託児童を都道府県があらかじめ定めた乳児院、児童養護施設等又は他の里親に再委託する適切な対応を図ること。
　　なお、具体的には、平成14年9月5日雇児発第0905006号厚生労働省雇用均等・児童家庭局長通知「里親の一時的な休息のための援助の実施について」で定めている。

6　都道府県知事による再委託の措置（一時的な休息のための援助の措置）を受けようとする里親は、この措置により児童が心理的に傷つかないよう、この措置により児童が委託される里親や児童福祉施設との間で、良好な関係を築くよう努めること。

第10　里親への研修

1　養育里親の研修については、児童福祉法施行規則第1条の34の厚生労働大臣が定める基準（平成21年厚生労働省告示第225号）において研修科目等について規定しており、その詳細は、平成21年3月31日雇児発0331009号厚生労働省雇用均等・児童家庭局長通知「養育里親研修制度の運営について」で定めている。

2　専門里親の研修については、児童福祉法施行規則第1条の37第2号の厚生労働大臣が定める研修（平成21年厚生労働省告示第226号）において研修科目等について規定しており、その詳細は、平成14年9月5日雇児発第0905003号厚生労働省雇用均等・児童家庭局長通知「専門里親研修制度の運営について」で定めていること。

3　養育里親又は専門里親の登録の更新に関する研修については、児童福祉法施行規則第36条の46第2項の厚生労働大臣が定める基準（平成21年厚生労働省告示第227号）において研修科目等を規定しており、その詳細は、1及び2の通知で定めている。

4　養子縁組里親の研修については、児童福祉法施行規則第1条の38の厚生労働大臣が定める基準（平成29年厚生労働省告示第133号）において研修科目等について規定しており、その詳細は、平成29年3月31日雇児発0331第37号厚生労働省雇用均等・児童家庭局長通知「養子縁組里親研修制度の運営について」で定めている。

5　養子縁組里親の登録の更新に関する研修については、児童福祉法施行規則第第36の46第4項の厚生労働大臣が定める基準（平成29年厚生労働省告示第135号）において研修科目等を規定しており、その詳細は4の通知で定めている。

6　養子縁組里親及び親族里親の研修については、必要に応じ養育里親の研修を活用する等により適宜行うこと。

第11　被措置児童等虐待への対応

1　里親又はその同居人による委託児童への虐待は、法第33条の10から第33条の16までに規定する被措置児童等虐待に関する施策の対象となること。

2　都道府県知事は、平成21年3月31日雇児福発第0331002号厚生労働省雇用均等・児童家庭局家庭福祉課長、障障発第0331009号厚生労働省社会・援護局障害保健福祉部障害福祉課長連名通知「被措置児童等虐待対応ガイドライン」等を踏まえ、被措置児童等虐待の発生予防や早期発見等、適切に対応すること。

第12　里親制度の普及

1　都道府県知事は、自ら又は児童相談所長、里親支援機関、児童家庭支援センター、福祉事務所長、児童委員、民間団体等を通じて、里親希望者及びNPO等の里親制度支援者に対し情報提供、広報活動を行うことはもちろん、民間団体等と協力して広報等の活動を積極的に行うことにより、里親希望者や里親制度支援者の開発に積極的に努めるとともに、里親制度に対する一般の理解と協力を高めるように努めること。

2　都道府県知事は、児童を養育し難い保護者や児童の養育を希望する者が、児童相談所等に相談に来るよう啓発に努めること。

第13　都道府県間の連絡

1　都道府県知事は、他の都道府県に居住する里親に児童を委託しようとする場合には、当該他の都道府県知事に、当該児童に関する必要な書類を送付して、その児童に適合する里親のあっせんを依頼すること。

　　依頼を受けた都道府県知事は、適当な里親を選定し、その里親に関する必要な書類を依頼した都道府県知事に送付し、里親にその旨を通知すること。

　　書類の送付を受けた都道府県知事は、適当と認める場合には、その書類に基づいて、里親への児童の委託を行うこと。

2　都道府県知事は、都道府県内に居住する里親に委託する適当な児童がいない場合には、里親に関する必要な書類を他の都道府県知事に送付することが望ましいこと。この場合、里親にその旨を通知すること。

　　書類の送付を受けた都道府県知事が、その里親に対し児童を委託しようとする場合は、そ

の書類に基づいてこれを行うこと。

3　都道府県知事は、児童を委託した里親が当該都道府県内に居住していない者である場合又は他の都道府県に住所の移転を行った場合には、関係書類を送付して、当該里親の居住地の都道府県知事にその指導を依頼するとともに、当該里親にその旨を告げること。この場合、当該里親は、居住地の都道府県知事の指導監督に服するものとし、各種の申出又は届出は、居住地の都道府県知事に行うこと。

4　1から3までの場合には、委託元の都道府県の児童相談所長と委託先の都道府県の児童相談所長の双方が連絡を密にし、児童の養育に支障のないよう留意すること。

5　1から3までの場合には、委託元の都道府県の児童相談所長は、委託された児童の保護者に、当該児童の養育の状況を報告すること。

6　指導を依頼された都道府県知事が里親委託の措置に影響を及ぼすと認める事実を知った場合には、直ちに、児童を委託した都道府県知事にその旨を連絡すること。

第14　費用

法第27条第1項第3号の規定により児童を里親に委託した場合の措置に要する費用については、平成11年4月30日厚生省発児第86号厚生事務次官通知「児童福祉法による児童入所施設措置費等国庫負担金について」によること。

資料❷　小規模住居型児童養育事業（ファミリーホーム）の運営について

（平成21年3月31日付雇児発第0331011号【一部改正】令和3年3月26日付子発0326第1号厚生労働省
雇用均等・児童家庭局長通知「小規模住居型児童養育事業（ファミリーホーム）の運営について」より）

　　児童福祉の向上については、かねてから特段のご配慮を煩わしているところであるが、今般、
「児童福祉法等の一部を改正する法律」（平成20年法律第85号）の公布により新たに小規模住
居型児童養育事業が創設されることとなった。当該事業における設備及び運営に関する基準は、
児童福祉法施行規則（昭和23年厚生省令第11号）によるほか、別紙のとおり「小規模住居型
児童養育事業実施要綱」を定め平成21年4月1日から適用することとしたので、その適正かつ
円滑な運営を図られたく通知する。

　　なお、この通知は、地方自治法（昭和22年法律第67号）第245条の4第1項の規定に基づ
く技術的な助言である。

（別紙）

小規模住居型児童養育事業（ファミリーホーム）実施要綱

第1　目　的

　　　小規模住居型児童養育事業は、養育者の家庭に児童を迎え入れ、家庭における養育環境と
同様の養育環境において養育を行う家庭養護の一環として、保護者のない児童又は保護者に
監護させることが不適当であると認められる児童（以下「要保護児童」という。）に対し、
この事業を行う住居（以下「ファミリーホーム」という。）において、児童間の相互作用を
活かしつつ、児童の自主性を尊重し、基本的な生活習慣を確立するとともに、豊かな人間性
及び社会性を養い、児童の自立を支援することを目的とする。

第2　ファミリーホーム事業者

(1)　小規模住居型児童養育事業者（以下「ファミリーホーム事業者」という。）は、都道府県
知事（指定都市及び児童相談所設置市にあっては、その長とする。以下同じ。）が適当と認
めた者とする。

(2)　ファミリーホーム事業者については、主に次の場合が対象となる。

①　養育里親（専門里親を含む。以下同じ。）として委託児童の養育の経験を有する者が、養
育者となり、自らの住居をファミリーホームとし、自ら事業者となるもの

②　養育里親であって、児童養護施設、乳児院、児童心理治療施設又は児童自立支援施設（以
下「児童養護施設等」という。）の職員の経験を有する者が、養育者となり、自らの住居を
ファミリーホームとし、自ら事業者となるもの（当該児童養護施設等を設置する法人が支援
を行うものを含む。）

③　児童養護施設等を設置する法人が、その雇用する職員を養育者とし、当該法人が当該職員
に提供する住居をファミリーホームとし、当該法人が事業者となるもの（この場合において、
家庭における養育環境と同様の養育環境は、単に虐待等のない良好な生活基盤であるだけで
なく、子どもの逆境体験や離別・喪失による傷つきを回復するための生活基盤として、「家」
という物理的環境のほか、一貫かつ継続した密な関係性を形成し養育能力がある特定の養育

者との生活が共有できること等が必要であることから、養育者となる職員については人事異動が想定されていないことが望ましい。）

第3　対象児童

　　この事業の対象児童は、要保護児童のうち、家庭における養育環境と同様の養育環境の下で児童間の相互作用を活かしつつ養育を行うことが必要とされたものであって、児童福祉法（昭和22年法律第164号。以下「法」という。）第27条第1項第3号の規定に基づき委託された者とする。

第4　対象人員

（1）ファミリーホームの委託児童の定員は、5人又は6人とする。

（2）ファミリーホームにおいて同時に養育する委託児童の人数は、委託児童の定員を超えることができない。ただし、災害その他のやむを得ない事情がある場合は、この限りでない。

第5　ファミリーホームの設備等

　　ファミリーホームには、委託児童、養育者及びその家族が、健康で安全な日常生活を営む上で必要な設備を設けなければならない。

第6　事業内容

　　この事業は、法第27条第1項第3号の規定による委託を受け、養育者の住居を利用し、次の観点を踏まえつつ、児童の養育を行うものとする。

（1）要保護児童を養育者の家庭に迎え入れて、要保護児童の養育に関し相当の経験を有する養育者により、きめ細かな養育を行うこと。

（2）児童間の相互作用を活かしつつ、児童の自主性を尊重した養育を行うこと。

（3）児童の権利を擁護するための体制や、関係機関との連携その他による支援体制を確保しつつ、養育を行うこと。

第7　職員

（1）ファミリーホームには、2人の養育者及び1人以上の補助者（養育者が行う養育について養育者を補助する者をいう。以下同じ。）を置かなければならない。なお、この2人の養育者は一の家族を構成しているもの（夫婦であるもの）とする。

（2）（1）の定めにかかわらず、委託児童の養育にふさわしい家庭環境が確保される場合には、当該ファミリーホームに置くべき者を、1人の養育者及び2人以上の補助者とすることができる。

（3）養育者は、当該ファミリーホームに生活の本拠を置く者でなければならない。

（4）養育者は、養育里親である者（令和2年4月1日時点において養育者であった者は、経過措置として令和5年3月31日までの期間は要件を満たしているものとみなす。）であって、法第34条の20第1項各号に規定する者並びに精神の機能の障害により養育者の業務を適正に行うに当たって必要な認知、判断及び意思疎通を適切に行うことができない者のいずれ

にも該当しない者のうち、次の①から④までのいずれかに該当する者をもって充てるものと
する。補助者は、法第34条の20第1項各号に規定する者並びに精神の機能の障害により
補助者の業務を適正に行うに当たって必要な認知、判断及び意思疎通を適切に行うことがで
きない者のいずれにも該当しない者とする。

① 　養育里親として2年以上同時に2人以上の委託児童の養育の経験を有する者
② 　養育里親として5年以上登録し、かつ、通算して5人以上の委託児童の養育の経験を有す
　　る者
③ 　児童養護施設等において児童の養育に3年以上従事した者
④ 　①から③までに準ずる者として、都道府県知事が適当と認めた者
　　なお、①及び②については、平成21年4月1日より前における里親としての経験を含む
　ものとする）

(5) 　養育者及び補助者（以下「養育者等」という。）は、家庭養護の担い手であることから、
　　児童福祉法施行規則第1条の34及び第1条の37第2号に定める研修その他の資質の向上を
　　目的とした研修を受講し、その養育の質の向上を図るよう努めなければならない。

第8　実施に当たっての留意事項
　　　ファミリーホーム事業者は、運営方針、養育者等の職務内容、養育の内容、委託児童の権
　　利擁護に関する事項等、児童福祉法施行規則第1条の17に規定する事項を運営規程に定め
　　るとともに、次に掲げる事項に留意し適切に事業を実施すること。

(1) 　都道府県（指定都市及び児童相談所設置市を含む。以下同じ。）は、児童の委託をしよう
　　とするときは、児童相談所長、児童又はその保護者及びファミリーホーム事業者の意見を聴
　　くこと。

(2) 　児童を委託する場合、養育者及び既に委託されている児童と新たに委託する児童との適合
　　性が極めて重要であるため、都道府県は、児童のアセスメントや、養育者及びすでに委託さ
　　れている児童と新たに委託する児童との適合性の確認等十分な調整を行った上で、当該児童
　　に最も適したファミリーホーム事業者に委託するよう努めること。特に、その児童がこれま
　　で育んできた人的関係や育った環境などの連続性を大切にし、可能な限り、その連続性が保
　　障できるファミリーホーム事業者に委託するよう努めること。

(3) 　都道府県は、虚弱な児童、障害がある児童、虐待や非行等の問題を抱えた児童を委託する
　　場合には、知識や経験を有する等それらの児童を適切に養育できるファミリーホーム事業者
　　に委託すること。

(4) 　養育者等は、養育を行うに当たっては、児童及び保護者の意向を把握し懇切を旨とすると
　　ともに、秘密保持について十分留意すること。

(5) 　主たる養育者は、養育者等及び業務の管理その他の管理を一元的に行うとともに他の養育
　　者等に児童福祉法施行規則の規定を遵守させなければならない。

(6) 　ファミリーホーム事業者は、児童が不安定な状態となる場合や緊急時の対応などを含め、
　　児童の状況に応じた養育を行うことができるよう、学校、児童相談所、児童福祉施設、要保
　　護児童対策地域協議会その他の関係機関との連携その他の適切な支援体制を確保しなければ
　　ならない。

（7）ファミリーホーム事業者は、都道府県知事からの求めに応じて、児童の状況等について定期的（6か月に1回以上）に調査を受けなければならない。

（8）養育者等は、児童相談所長があらかじめ当該養育者等並びにその養育する児童及びその保護者の意見を聴いて当該児童ごとに作成する自立支援計画に従って、当該児童を養育しなければならない。

（9）養育者等は、児童に法第33条の10各号に掲げる行為その他委託児童の心身に有害な影響を与える行為をしてはならない。

（10）養育者等は、その行った養育に関する委託児童からの苦情その他の意思表示に対し迅速かつ適切に対応しなければならない。また、ファミリーホーム事業者は、苦情の公正な解決を図るために第三者を関与させ、養育者に対し研修を実施する等の措置を講じなければならない。

（11）ファミリーホーム事業者は、自らその行う養育の質の評価を行うとともに、定期的に外部の者による評価を受けて、それらの結果を公表し、常にその改善を図るよう努めなければならない。

（12）事業の運営に当たっては、児童の記録や、事務運営に係る会計に関する帳簿等を適切に整備すること。特に、養育者等の人件費の支出と児童の生活に係る費用の支出は、区分を明確にして帳簿に記入すること。

　また、特に運営主体が法人である場合については、養育者の法人における立場等も十分に踏まえ、労働法規等に則して実施すること。

（13）その他、児童福祉法施行規則に掲げる規定に留意し、児童が心身ともに健やかにして社会に適応するよう、適切な養育を行うこと。

第9　経費

　本事業の運営に関する経費は、「児童福祉法による児童入所施設措置費等国庫負担金について」（平成11年4月30日厚生省発児第86号厚生事務次官通知）によるものとする。

資料❸　子育て短期支援事業における里親の活用について

（令和3年1月27日付子家発0127第3号厚生労働省子ども家庭局家庭福祉課長通知「子育て短期支援事業における里親の活用について」より）

　地方分権改革に関する「令和元年の地方からの提案等に関する対応方針」（令和元年12月23日閣議決定）を踏まえて政府が国会に提出した「地域の自主性及び自立性を高めるための改革の推進を図るための関係法律の整備に関する法律案」が6月3日に成立し、6月10日に公布されたところである（令和2年法律第41号。以下「改正法」という。）。

　本改正法に基づき、子育て短期支援事業（以下「本事業」という。）における里親の活用について、下記のとおり通知する。

　都道府県においては、管内市町村（特別区を含み、指定都市及び中核市を除く。）に対する周知方をお願いする。

　なお、この通知は、地方自治法（昭和22年法律第67号）第245条の4第1項の規定に基づく技術的な助言である。

記

1　本事業における里親の活用について

（1）本事業については、児童福祉法（昭和22年法律第164号。以下「法」という。）第6条の3第3項の規定等に基づき、児童養護施設等において実施しているところであるが、改正法により、令和3年4月1日より里親等に児童を直接委託して実施することが可能となる。

（2）都道府県においては、平成28年の児童福祉法改正で明記された「家庭養育優先の原則」を徹底していくため、「都道府県社会的養育推進計画」を策定し、里親等への委託を推進されているところであるが、本事業の委託先として里親を活用することで、以下のとおり里親等委託の推進に資すると考えられるため、地域の実情に応じて積極的に活用されたい。

・本事業での短期間の養育経験を通じて、長期間の子どもの養育に対する具体的なイメージや里親制度に対する興味・関心を持ってもらうことにより、里親の成り手の増加（里親登録の増加）が期待されること。

・本事業を通じて養育経験を積み重ねることにより、未委託里親や新規登録里親も含めて、里親全体のスキルアップ（質の向上）も図られること。

　なお、本事業を円滑に実施するためには、事業の実施主体である市町村だけではなく、里親支援業務を担うフォスタリング機関や里親支援について専門性を有する児童養護施設等の里親支援専門相談員からの支援は非常に重要である。都道府県は、本事業による養育経験が里親にとって良い経験となるよう、フォスタリング機関や児童養護施設等と連携し、相談等の支援について積極的に市町村に協力を行うこと。

（3）市町村においては、本事業を里親に委託することにより、児童養護施設等が近隣にない地域においても本事業を実施できるようになり、地域の子育て支援の資源として里親を活用することができるため、積極的に活用されたい。

　なお、里親に子どもを直接委託して本事業を実施する場合は、里親が本事業による子どもの養育を行うことにより、本来の里親委託や一時保護委託に支障をきたすことのないよう、都道府県と市町村において、綿密に連携し対応すること。

　また、本事業の実施に当たり、担い手となる地域の里親を確保していくことは、市町村に

とっても重要な課題であることから、都道府県と連携し、市町村においても積極的に里親リクルートを行うように努め、主体的に地域の子育て資源の確保に努めること。

2　里親の活用に向けた都道府県と市町村の連携について

　　　都道府県と市町村においては、子どもの置かれた環境の状況等を的確に捉え、個々の子どもや家庭に最も効果的な援助を行うため、常日頃から綿密な連携が図られているところであるが、市町村が本事業を里親へ直接委託して実施する場合には、より一層綿密な連携が必要となる。

　　　このため、当該連携が円滑に進むよう、市町村が本事業を里親へ直接委託して実施する場合の手続きの例を以下のとおり示すので、これを参考として地域の実情を踏まえ、予め設定しておくこと。

　ア　都道府県は、市町村が本事業を里親へ直接委託して実施する場合に備え、予め、様式例1により里親に対して、①本事業による子どもの受入の可否など、委託を行う上での必要な情報を確認するとともに、②本事業について里親へ委託することを検討している管内の市町村へ情報を提供することの同意を取ったうえで、本事業の委託先となり得る里親名簿（以下「ショートステイ里親名簿」という。）を作成しておくこと。

　　　なお、里親の同意は、里親登録時や更新時などを活用することも考えられる。

　イ　市町村は、本事業の委託先として里親の活用を検討する場合、予め様式例2により都道府県へショートステイ里親名簿の提供を依頼すること。

　ウ　都道府県は、市町村からショートステイ里親名簿の提供依頼を受けた場合、遅滞なく市町村へショートステイ里親名簿を提供すること。なお、提供したショートステイ里親名簿の内容に変更がある場合には、提供した市町村に対して、速やかに修正後のショートステイ里親名簿を提供すること。

　エ　市町村は、都道府県から提供のあったショートステイ里親名簿をもとに、必要に応じて、都道府県への照会及び里親との面談等により、里親の状態を確認し、本事業の委託の可否を検討すること。

　オ　市町村は、都道府県から提供のあったショートステイ里親名簿等をもとに、本事業の利用希望者のニーズを丁寧に確認し、利用希望者と里親のマッチングを適切に行ったうえで委託すること。その際、市町村は、都道府県に対して予め相談・連絡を行うとともに、委託期間終了後には委託期間中の里親や委託児童の様子等の報告を行うなど、都道府県と綿密な連携を行うこと。

　カ　市町村は、本事業を里親へ委託した場合は、様式例3により速やかに都道府県に委託した里親及び委託期間を報告すること。

　キ　市町村は里親からの夜間休日を含む緊急の相談に適切に対応できるよう、都道府県と協議のうえ、予め緊急時の連絡体制を整備しておくこと。

3　フォスタリング機関（里親養育包括支援機関）の活用について
（1）都道府県においては、里親のリクルート及びアセスメント、里親登録前後及び委託後における里親に対する研修、子どもと里親家庭のマッチング、子どもの里親委託中における里親

養育への支援、里親委託措置解除後における支援に至るまでの一連の業務（フォスタリング業務）を包括的に実施するフォスタリング機関の整備が進められているところである。

(2) 里親に本事業を委託する際には、フォスタリング機関を介して行うことで、
 ・市町村と都道府県間のショートステイ里親名簿の情報提供など、手続きの合理化
 ・他市町村に居住する里親への委託など広域利用の調整
 ・里親の現状を踏まえたマッチング
 ・里親支援の専門性・ノウハウを活用した委託後のきめ細やかなフォローの実施などが期待される。

　このため、市町村においては、都道府県と協議のうえ、里親とのマッチングや里親への委託、委託後の支援等の業務をフォスタリング機関に委託するなど、フォスタリング機関の活用について検討いただきたい。

(3) なお、令和3年度予算案において、フォスタリング機関に市町村との連絡調整に必要な連携コーディネーターの配置に係る費用の補助を創設し、フォスタリング機関と市町村が連携して里親制度の普及促進や新規里親の開拓等の一層の推進を図ることとしているので、積極的に活用いただくようお願いする。

4　安全管理

(1) 市町村は、本事業を委託する里親に対し、「教育・保育施設等における事故防止及び事故発生時の対応のためのガイドラインについて（平成28年3月31日府子本第192号・27文科初第1789号・雇児保発0331第3号通知）」を参考に、予め、事故発生防止や事故発生時の対応について周知等行うこと。

(2) 本事業の実施主体である市町村及び市町村より本事業の委託を受ける里親は、委託中の子どもの事故に備え、補償保険に加入することが望ましい。

5　留意事項

(1) 里親へ委託できる子どもの数は、法第6条の4第1号及び児童福祉法施行規則（昭和23年厚生労働省令第11号）第1条の33により、4人以下とされている。委託されている子どもの養育環境への影響を踏まえ、本事業により里親へ子どもを委託する場合、その子どもも含め4人以下とすること。

(2) 市町村において、本事業を利用する者より利用料を徴収している場合があると承知しているが、本事業を里親に委託するに当たっては、里親が養育に専念出来るよう、徴収事務など養育関連以外の事務について、里親に過度な負担が生じないよう配慮すること。

6　個人情報の保護

(1) 都道府県及び市町村は、本事業を実施する上で里親の個人情報等を第三者に提供する必要がある場合には、事前に里親の同意を得る等、個人情報保護条例に基づき、適切に取扱うこと。

(2) 本事業の委託を受ける里親は、その業務を行うに当たって知り得た個人情報について、業務遂行以外に用いてはならないこと。

（様式例1）

子育て短期支援事業における子どもの受入れについて

　市町村では、保護者の疾病その他理由により、一時的に家庭で養育することが困難となった場合に、一定期間、その子どもの養育・保護を行う「子育て短期支援事業」（※）を行っております。
　市町村からの委託を受けて、「子育て短期支援事業」による子どもの受入れにご協力いただけます場合は、以下の必要事項をご記入いただき、（都道府県担当課）までご提出ください。

　※　子育て短期支援事業について
　　　・　児童相談所からの里親委託とは異なり、市町村から委託を受けるものです。
　　　・　原則7日以内の子どもの養育・保護を行う「短期入所生活援助（ショートステイ）事業」と、平日夜間又は休日において、子どもの養育・保護を行う「夜間養護等（トワイライトステイ）事業」があります。
　　　・　子どもの受入れ1日あたり（手当額）円の手当が支給されます

1．「子育て短期支援事業」による子どもの受入れにご協力いただけますか。

　　　　　　□はい　　　　□いいえ

2．受入れに必要な以下の個人情報について、子育て短期支援事業を里親へ委託することを検討している管内の市町村に提供しても良いですか。

　　　　　　□はい　　　　□いいえ

　※　市町村への情報提供に同意いただける場合のみ、以下をご記入ください。

お名前	
住　所	
連絡先	
備　考	（受託可能な曜日、時間帯など）

（様式例２）

年　　月　　日

都道府県担当課　御中

市町村担当課

子育て短期支援事業における里親の活用について（名簿提供依頼）

　子育て短期支援事業において貴都道府県に登録されている里親を活用したく、「子育て短期支援事業における里親の活用について（令和※年※月※日子家発※第※号厚生労働省家庭福祉課長通知）」に基づき、下記の市町村の管内に住所を有するショートステイ里親に係るショートステイ里親名簿の提供をお願いする。

記

ショートステイ里親名簿の提供を依頼するショートステイ里親が居住している市町村の範囲	

年　　月　　日

都道府県担当課　御中

市町村担当課

子育て短期支援事業における里親の活用について（報告）

　　貴都道府県に登録されている里親に対し、下記のとおり子育て短期支援事業による子どもの養育・保護を委託したため報告する。

記

里親の氏名：＿＿＿＿＿＿＿＿＿＿＿＿＿＿＿＿＿＿＿＿＿＿＿

委　託　期　間：＿＿＿年＿＿月＿＿日　～　＿＿年＿＿月＿＿日＿

資料❹　子ども・子育て支援法施行令の改正について

（令和3年4月1日付府子本第491号内閣府子ども・子育て本部統括官／3文科初第4号文部科学省初等中等教育局長／子発0401第4号厚生労働省子ども家庭局長通知「子ども・子育て支援法施行令の改正について」より）

　「令和2年の地方からの提案等に関する対応方針」（令和2年12月18日閣議決定。以下「令和2年度分権提案」という。）において、小規模住居型児童養育事業（児童福祉法第6条の3第8項。以下「ファミリーホーム」という。）を行う者に委託されている児童が保育所等へ入所する場合の費用の支弁等の取扱いについて検討し、令和2年度中に必要な措置を講じることとされたことを受けて、下記のとおり、子ども・子育て支援法施行令（平成26年政令第213号。以下「施行令」という。）の一部改正を行いました。内容について十分に御了知の上、事務処理上遺漏のないよう願います。

　各都道府県知事におかれましては、域内の市区町村長（指定都市長・中核市長を除く。）に対して、各都道府県教育委員会教育長におかれましては、域内の市区町村教育委員会（指定都市教育委員会・中核市教育委員会を除く。）に対して、本改正の周知を図るとともに、適切な事務処理が図られるよう配慮願います。

記

1　改正の概要

（1）子どものための教育・保育給付について（施行令第4条第2項第8号関係）

　　令和2年度分権提案において、ファミリーホームへの委託児童について保育所への入所が可能であることを明確化するため、「里親に委託されている児童が保育所へ入所する場合等の取扱いについて」（平成11年8月30日付け児発第50号厚生省大臣官房障害保健福祉部障害福祉課長、児童家庭局家庭福祉課長及び保育課長連名通知）を改正し、地方公共団体に令和2年度中に通知することとされた。あわせて、当該児童が保育所へ入所する場合の費用の支弁等の取扱いについても検討し、令和2年度中に結論を得て、その結果に基づいて必要な措置を講ずることとされた。

　　これを受け、ファミリーホームへの委託児童が特定教育・保育施設等を利用する場合に、同じく家庭養護に当たる里親と同様、施行令に定める利用者負担額の上限額を「零」としたこと。

　　なお、「『里親及びファミリーホームに委託されている児童が保育所へ入所する場合等の取扱いについて』の一部改正について」（令和3年3月31日付け子家発0331第1号・子保発0331第1号・障障発0331第1号厚生労働省子ども家庭局家庭福祉課長ほか連名通知）により、ファミリーホームへの委託児童についても、同居親族等の介護・看護の事由等で保育の必要性を認定し得る場合があることを前提に、保育所等へ入所する場合等の取扱いについて示している旨留意すること。

（2）子育てのための施設等利用給付について（施行令第15条の3第2項関係）

　　（1）において、ファミリーホームへの委託児童が認可保育所等の特定教育・保育施設等を利用する場合の利用者負担額の上限額を零とし、負担を求めないこととしたことを踏まえ、

満三歳に達する日以後の最初の3月31日までの間にある小学校就学前子どもが特定子ども・子育て支援を利用した場合の子育てのための施設等利用給付について、里親の場合と同様、当該児童が特定子ども・子育て支援を利用した場合も、支給対象に含めることとしたこと。

2　施行期日

施行日は、令和3年4月1日であること。

以上

【別添資料】

別添1　「令和2年の地方からの提案等に関する対応方針」（令和2年12月18日閣議決定）（抜粋）（省略）

別添2　子ども・子育て支援法施行令の一部改正（本文・新旧対照表）（省略）

別添3　「里親及びファミリーホームに委託されている児童が保育所へ入所する場合等の取扱いについて」（令和3年3月31日付け改正後全文）

（別添3）

里親及びファミリーホームに委託されている児童が保育所へ入所する場合等の取扱いについて

児童福祉行政及び障害福祉行政の推進については、かねてより特段の御配慮を煩わせているところであるが、今般、標記について、別紙のとおり取り扱うこととしたので、十分御留意の上、遺憾のないようにされたい。

1　里親及びファミリーホームに委託されている児童が保育所へ入所する場合の取扱いについて

ア　取扱い

里親又は小規模住居型児童養育事業を行う者（以下「ファミリーホーム」という。）の就労等により里親又はファミリーホームに委託されている児童の保育の必要性が生じた場合において、当該児童の最善の利益の観点から、当該里親又はファミリーホームへの委託を継続することが適切と認められる場合には、当該児童につき里親又はファミリーホームに委託されていることが、保育所（子ども・子育て支援法（平成24年法律第65号）に定める特定教育・保育施設（幼稚園を除く。）及び特定地域型保育事業を行う事業所をいう。以下同じ。）へ入所することを妨げないものとすること。

児童を既に就労等している里親又はファミリーホームに委託することが、当該児童の最善の利益に適うと認められる場合についても、同様の取り扱いであること。

本取扱いを行うに際しては、児童相談所と市町村の間で十分に連携を図り、当該児童につ

いて最善の措置を採ること。

イ　費用の支弁

①　里親及びファミリーホームに対する支弁

　　里親及びファミリーホーム委託に係る措置費の支弁については、「児童福祉法による児童入所施設措置費等国庫負担金について」（平成11年4月30日厚生省発児第86号厚生事務次官通知。以下「児童入所施設措置費等交付要綱」という。）及び「「児童福祉法による児童入所施設措置費等国庫負担金について」通知の施行について」（平成11年4月30日児発第416号厚生省児童家庭局長通知。以下「児童入所施設措置費等施行通知」という。）により、月額を支弁する。

②　保育所に対する支弁

　　子どものための教育・保育給付費の支弁については、「子どものための教育・保育給付費の国庫負担について」（平成28年5月2日府子本第303号内閣府総理大臣通知）に定めるところによる。

ウ　費用の徴収

①　里親及びファミリーホーム委託に係る費用徴収

　　里親及びファミリーホーム委託に係る措置費の国庫精算上の費用徴収については、児童入所施設措置費等交付要綱の第5に定める「児童入所施設徴収基準額表」により、月額を徴収する。

②　保育所入所に係る費用徴収

　　徴収を免除する。

2　里親及びファミリーホームに委託されている児童が障害児通所支援を受ける場合の取扱いについて

ア　取扱い

　　児童が里親又はファミリーホームに委託されており、障害児通所支援を受けることが必要と認められる場合は、里親については「里親制度の運営について」（平成14年9月5日雇児発第0905002号厚生労働省雇用均等・児童家庭局長通知。以下「里親制度運営要綱」という。）第5の1の(1)のキにより、障害児通所支援を受けさせることができることとされているところであるが、その取扱いについては、下記に留意するとともにファミリーホームについても同様の取扱いとされたい。

　　本取扱いを行うに際しては、

①　児童相談所は、障害児通所支援の必要性や心身の状況、日常生活全般の状況等の評価を通じて、生活全般の解決すべき課題や必要な支援内容等について自立支援計画上に位置づけること（自立支援計画の見直し）。

②　児童相談所は見直した自立支援計画について、里親又はファミリーホーム、市町村（親権を行う者が所在する市町村を原則とする。以下同じ。）等の障害児支援の担当者を招集

して行う会議の開催等により、内容を共有すること。

③　市町村は、関係者間で共有された自立支援計画を勘案して、障害児通所支援の提供の委託の可否を判断すること。

④　既に障害児通所支援を受けている児童が里親又はファミリーホームへ委託される場合についても、上記①から③と同様の取扱いであること。

イ　費用の支弁（支給）

①　里親及びファミリーホームに対する支弁

里親及びファミリーホーム委託に係る措置費の支弁については、児童入所施設措置費等交付要綱及び児童入所施設措置費等施行通知により月額を支弁する。

②　障害児通所支援に係る費用の支給

障害児通所支援に係る費用については、措置の扱いとなることから「やむを得ない事由による措置（障害児通所支援）を行った場合の単価等の取扱いについて」（平成24年6月25日障障発0625第1号厚生労働省社会・援護局障害保健福祉部障害福祉課長通知）に基づき、「児童福祉法に基づく

指定通所支援及び基準該当通所支援に要する費用の額の算定に関する基準」（平成24年厚生労働省告示第122号）に準じて算定した額とする。

ウ　費用の徴収

①　里親及びファミリーホーム委託に係る費用徴収

里親及びファミリーホーム委託に係る措置費の国庫精算上の費用徴収については、児童入所施設措置費等交付要綱の第5に定める「児童入所施設徴収基準額表」により、月額を徴収する。

②　障害児通所支援に係る費用徴収徴収を免除する。

3　里親及びファミリーホームに委託されている児童が、居宅介護、重度訪問介護、同行援護、行動援護、生活介護又は短期入所（以下「居宅介護等」という。）を受ける場合の取扱いについて

ア　取扱い

児童が里親又はファミリーホームに委託されており、居宅介護等を受けることが必要と認められる場合は、里親については里親制度運営要綱第5の1の(1)のキにより、居宅介護等を受けさせることができることとされているところであるが、その取扱いについては、下記に留意するとともにファミリーホームについても同様の取扱いとされたい。

本取扱いを行うに際しては、

①　児童相談所は、居宅介護等の必要性や心身の状況、日常生活全般の状況等の評価を通じて、生活全般の解決すべき課題や必要な支援内容等について自立支援計画上に位置づけること（自立支援計画の見直し）。

②　児童相談所は見直した自立支援計画について、里親又はファミリーホーム、市町村等の

障害児支援等の担当者を招集して行う会議の開催等により、内容を共有すること。
③　市町村は、関係者間で共有された自立支援計画を勘案して、居宅介護等の提供の委託の可否を判断すること。
④　既に居宅介護等を受けている児童が里親又はファミリーホームへ委託される場合についても、上記①から③と同様の取扱いであること。
⑤　重度訪問介護又は生活介護（以下「重度訪問介護等」という。）については、15歳以上で、児童福祉法第63条の2又は第63条の3の規定により児童相談所長が重度訪問介護等を利用することが適切であると認め、市町村の長に通知した場合に、障害者とみなされるものであることに留意すること。

イ　費用の支弁（支給）
①　里親及びファミリーホームに対する支弁
里親及びファミリーホーム委託に係る措置費の支弁については、児童入所施設措置費等交付要綱及び児童入所施設措置費等施行通知により月額を支弁する。
②　居宅介護等に係る費用の支給
居宅介護等に係る費用については、措置の扱いとなることから「やむを得ない事由による措置を行った場合の単価等の取扱いについて」（平成18年11月17日障障発第1117002号厚生労働省社会・援護局障害保健福祉部障害福祉課長通知）に基づき、「障害者の日常生活及び社会生活を総合的に支援するための法律に基づく指定障害福祉サービス等及び基準該当障害福祉サービスに要する費用の額の算定に関する基準」（平成18年厚生労働省告示第523号）に準じて算定した額とする。

ウ　費用の徴収
①　里親及びファミリーホーム委託に係る費用徴収
里親及びファミリーホーム委託に係る措置費の国庫精算上の費用徴収については、児童入所施設措置費等交付要綱の第5に定める「児童入所施設徴収基準額表」により、月額を徴収する。
②　居宅介護等に係る費用徴収徴収を免除する。

4　母子生活支援施設入所児童が障害児通所支援を受ける場合の取扱いについて

ア　取扱い
児童が母子生活支援施設に入所しており、障害児通所支援を受けることが必要と認められる場合は、当該児童につき、母子生活支援施設に入所していることが、障害児通所支援を受けることを妨げないものとする。なお、その取扱いについては、下記に留意されたい。
本取扱いを行うに際しては、
①　本取扱いを行うに際しては、児童相談所と福祉事務所又は市町村の間で十分連携を図り、当該児童において最善の措置を採ること。
②　既に障害児通所支援を受けている児童が母子生活支援施設へ入所する場合についても、

同様の取扱いであること。

イ　費用の支弁（支給）
　　①　母子生活支援施設に対する支弁
　　　　母子生活支援施設措置費の支弁については、児童入所施設措置費等交付要綱及び児童入所施設措置費等施行通知により月額を支弁する。
　　②　障害児通所支援に係る費用の支給
　　　　障害児通所支援に係る費用については、契約による利用となることから、「児童福祉法に基づく指定通所支援及び基準該当通所支援に要する費用の額の算定に関する基準」別表の障害児通所給付費単位数表により算定する単位数に「厚生労働大臣が定める一単位の単価」（平成24年厚生労働省告示第128号）を乗じて得た額から、障害児の保護者が障害児通所支援事業所に支払うウ②に規定する額を控除して得た額とする。

ウ　費用の徴収
　　①　母子生活支援施設入所に係る費用徴収
　　　　母子生活支援施設措置費の国庫精算上の費用徴収については、児童入所施設措置費等交付要綱の第5に定める「児童入所施設徴収基準額表」により、月額を徴収する。
　　②　障害児通所支援に係る費用負担
　　　　障害児通所支援の利用に係る費用負担については、障害児の保護者は、通常の契約利用と同様に原則児童福祉法第21条の5の2及び同法第21条の5の28に基づき障害児通所支援に要した費用の額等に応じ、算定された額を障害児通所支援事業所に支払うこと。

5　里親及びファミリーホームに委託されている児童、児童養護施設に入所している児童又は母子生活支援施設に入所している母が、就労移行支援、就労継続支援A型、就労継続支援B型（以下「就労移行支援等」という。）を受ける場合の取扱いについて

ア　取扱い
　　里親及びファミリーホームに委託されている児童、児童養護施設に入所している児童又は母子生活支援施設に入所している母について、就労移行支援等を受けることが必要と認められる場合は、当該児童等につき、里親及びファミリーホームに委託又は児童養護施設及び母子生活支援施設に入所していることが、就労移行支援等を受けることを妨げないものとする。なお、その取扱いについては、下記に留意されたい。
　（1）里親及びファミリーホームに委託されている児童の場合本取扱いを行うに際しては、
　　①　児童相談所は、就労移行支援等の必要性や心身の状況、日常生活全般の状況等の評価を通じて、生活全般の解決すべき課題や必要な支援内容等について自立支援計画上に位置づけること（自立支援計画の見直し）。
　　②　児童相談所は見直した自立支援計画について、里親又はファミリーホーム、市町村等の障害児支援等の担当者を招集して行う会議の開催等により、内容を共有すること。
　　③　市町村は、関係者間で共有された自立支援計画を勘案して、就労移行支援等の提供の委

託の可否を判断すること。

④　既に就労移行支援等を受けている児童等が里親及びファミリーホームに委託される場合についても、上記①から③と同様の取扱いであること。

⑤　就労移行支援等については、15歳以上の児童で、児童福祉法第63条の2又は第63条の3の規定により児童相談所長が就労移行支援等を利用することが適切であると認め、市町村の長に通知した場合に、障害者とみなされるものであることに留意すること。

（2）児童養護施設に入所している児童の場合本取扱いを行うに際しては、

①　児童養護施設は、児童相談所と十分連携し、就労移行支援等の必要性や心身の状況、日常生活全般の状況等の評価を通じて、生活全般の解決すべき課題や必要な支援内容等について自立支援計画（児童養護施設に新規入所時点で本取扱いを行う場合は児童相談所が作成する援助指針）上に位置づけること（自立支援計画の見直し）。

②　児童相談所は児童養護施設が見直した自立支援計画について、市町村等の障害児支援等の担当者を招集して行う会議の開催等により、内容を共有すること。

③　市町村は、関係者間で共有された自立支援計画を勘案して、就労移行支援等の提供の委託の可否を判断すること。

④　既に就労移行支援等を受けている児童等が児童養護施設へ入所する場合についても、上記①から③の取扱いであること。

⑤　就労移行支援等については、15歳以上の児童で、児童福祉法第63条の2又は第63条の3の規定により児童相談所長が就労移行支援等を利用することが適切であると認め、市町村の長に通知した場合に、障害者とみなされるものであることに留意すること。

（3）母子生活支援施設に入所している母及び児童の場合

①　本取扱いを行うに際しては、児童相談所と福祉事務所又は市町村の間で十分連携を図り、当該児童等において最善の措置を採ること。

②　既に就労移行支援等を受けている児童等が里親及びファミリーホームに委託又は児童養護施設及び母子生活支援施設へ入所する場合についても、同様の取扱いであること。

イ　費用の支弁（支給）

①　里親、ファミリーホーム、児童養護施設及び母子生活支援施設に対する支弁について里親、ファミリーホーム、児童養護施設及び母子生活支援施設に係る措置費支弁については、児童入所施設措置費等交付要綱及び児童入所施設措置費等施行通知により月額を支弁する。

②　就労移行支援等に係る費用の支給

里親及びファミリーホームの委託児童又は児童養護施設の入所児童が就労移行支援等を受ける際の費用については、措置の扱いとなることから「やむを得ない事由による措置を行った場合の単価等の取扱いについて」（平成18年11月17日障障発第1117002号）に基づき、「障害者の日常生活及び社会生活を総合的に支援するための法律に基づく指定障害福祉サービス等及び基準該当障害福祉サービスに要する費用の額の算定に関する基準」（平成18年厚生労働省告示第523号）に準じて算定した額とする。

母子生活支援施設に入所している母が就労移行支援等を受ける際の費用については、契約による利用になることから、「障害者の日常生活及び社会生活を総合的に支援するための法律に基づく指定障害福祉サービス等及び基準該当障害福祉サービスに要する費用の額の算定に関する基準」別表の介護給付費等単位数表により算定する単位数に「厚生労働大臣が定める一単位の単価」（平成18年厚生労働省告示第539号）を乗じて得た額から、障害児の保護者が就労移行支援等事業所に支払うウ②に規定する額を控除して得た額とする。

- ウ　費用の徴収
  - ①　里親及びファミリーホーム委託又は児童養護施設及び母子生活支援施設入所に係る費用徴収

　　里親、ファミリーホーム、児童養護施設及び母子生活支援施設に係る措置費の国庫精算上の費用徴収については、児童入所施設措置費等交付要綱の第5に定める「児童入所施設徴収基準額表」により、月額を徴収する。

  - ②　就労移行支援等に係る費用徴収

　　里親及びファミリーホームに委託されている児童又は児童養護施設に入所している児童については、徴収を免除し、母子生活支援施設に入所している母については、通常の利用と同様に原則障害者の日常生活及び社会生活を総合的に支援するための法律第28条第2項に基づき就労移行支援等に要した費用の額等に応じ、算定された額を就労移行支援等事業所に支払うこと。

6　乳児院に入所している乳幼児が障害児通所支援を受ける場合の取扱いについて

- ア　取扱い
　　乳幼児が乳児院に入所しており、障害児通所支援を受けることが必要と認められる場合は、当該乳幼児につき、乳児院に入所していることが、障害児通所支援を受けることを妨げないものとする。なお、その取扱いについては、下記に留意されたい。
　　本取扱いを行うに際しては、
  - ①　乳児院は、児童相談所と十分連携し、障害児通所支援の必要性や心身の状況、日常生活全般の状況等の評価を通じて、生活全般の解決すべき課題や必要な支援内容等について自立支援計画上（乳児院に新規入所時点で本取扱いを行う場合は児童相談所が作成する援助指針）に位置づけること（自立支援計画の見直し）。
  - ②　児童相談所は乳児院が見直した自立支援計画について、市町村等の障害児支援の担当者を招集して行う会議の開催等により、内容を共有すること。
  - ③　市町村は、関係者間で共有された自立支援計画を勘案して、障害児通所支援の提供の委託の可否を判断すること。
  - ④　既に障害児通所支援を受けている乳幼児が乳児院へ入所する場合についても、上記①から③と同様の取扱いであること。

イ　費用の支弁（支給）
　①　乳児院に対する支弁
　　　乳児院措置費の支弁については、児童入所施設措置費等交付要綱及び児童入所施設措置
　　費等施行通知により月額を支弁する。
　②　障害児通所支援に係る費用の支給
　　　障害児通所支援に係る費用については、措置の扱いとなることから「やむを得ない事由
　　による措置（障害児通所支援）を行った場合の単価等の取扱いについて」（平成24年6月
　　25日障障発0625第1号厚生労働省社会・援護局障害保健福祉部障害福祉課長通知）に
　　基づき、算定した額とする。

ウ　費用の徴収
　①　乳児院入所に係る費用徴収
　　　乳児院措置費の国庫精算上の費用徴収については、児童入所施設措置費等交付要綱の第
　　5に定める「児童入所施設徴収基準額表」により、月額を徴収する。
　②　障害児通所支援に係る費用徴収徴収を免除する。

7　児童養護施設に入所している児童が障害児通所支援を受ける場合の取扱いについて

ア　取扱い
　　児童が児童養護施設に入所しており、障害児通所支援を受けることが必要と認められる場
　合は、当該児童につき、児童養護施設に入所していること　が、障害児通所支援を受けるこ
　とを妨げないものとする。なお、その取扱いについては、下記に留意されたい。
　　本取扱いを行うに際しては、
　①　児童養護施設は、児童相談所と十分連携し、障害児通所支援の必要性や心身の状況、日
　　常生活全般の状況等の評価を通じて、生活全般の解決すべき課題や必要な支援内容等につ
　　いて自立支援計画（児童養護施設に新規入所時点で本取扱いを行う場合は児童相談所が作
　　成する援助指針）上に位置づけること（自立支援計画の見直し）。
　②　児童相談所は児童養護施設が見直した自立支援計画について、市町村等の障害児支援の
　　担当者を招集して行う会議の開催等により、内容を共有すること。
　③　市町村は、関係者間で共有された自立支援計画を勘案して、障害児通所支援の提供の委
　　託の可否を判断すること。
　④　既に障害児通所支援を受けている児童が児童養護施設へ入所する場合についても、上記
　　①から③と同様の取扱いであること。

イ　費用の支弁（支給）
　①　児童養護施設に対する支弁
　　　児童養護施設措置費の支弁については、児童入所施設措置費等交付要綱及び児童入所施
　　設措置費等施行通知により月額を支弁する。
　②　障害児通所支援に係る費用の支給障害児通所支援に係る費用については、措置の扱いと

なることから「やむを得ない事由による措置（障害児通所支援）を行った場合の単価等の取扱いについて」（平成24年6月25日障障発0625第1号厚生労働省社会・援護局障害保健福祉部障害福祉課長通知）に基づき、算定した額とする。

ウ　費用の徴収
①　児童養護施設入所に係る費用徴収
　児童養護施設措置費の国庫精算上の費用徴収については、児童入所施設措置費等交付要綱の第5に定める「児童入所施設徴収基準額表」により、月額を徴収する。
②　障害児通所支援に係る費用徴収徴収を免除する。

8　その他
　里親及びファミリーホームに委託されている児童又は児童養護施設及び母子生活支援施設に入所している児童が、児童心理治療施設又は児童自立支援施設へ通所する場合の費用の支弁及び徴収については次のとおりとする。

ア　費用の支弁
　里親、ファミリーホーム、児童養護施設、母子生活支援施設、児童心理治療施設通所部及び児童自立支援施設通所部措置費の支弁については、児童入所施設措置費等交付要綱及び児童入所施設措置費等施行通知により月額を支弁する。

イ　費用の徴収
①　里親及びファミリーホーム委託又は児童養護施設及び母子生活支援施設入所に係る費用徴収
　里親及びファミリーホーム委託に係る措置費又は児童養護施設及び母子生活支援施設措置費の国庫精算上の費用徴収については、児童入所施設措置費等交付要綱の第5に定める「児童入所施設徴収金基準額表」により、月額を徴収する。
②　児童心理治療施設通所部又は児童自立支援施設通所部に係る費用徴収徴収を免除する。

おわりに

　本書は、2名の編者を含めた9名の執筆者によって書かれました。そしてその9名全員が社会的養護の現場に長くかかわってきた経験を持っています。多くは支援者としての経験ですが、今回は社会的養護の当事者としての経験を持つ方にも執筆者に加わってもらいました。当事者としての経験からの語りや提言は力強く、たくさんの気付きをもたらしてくれるものとなったのではないかと思います。

　本書は9章からなっており、里親や養子縁組家庭をめぐる家族支援・自立支援・地域支援の現状そして課題を整理しました。このようなテーマを扱った書籍は決して新しいものではありませんが、本書はこれまでの書籍とは異なり、新しい知見を含めることができたと自負しています。その新しい知見とは、当事者参画です。社会的養護の経験者からの当事者参画だけでなく、9章すべての章、そしてコラムにおいて、当事者参画が反映されたものとなっています。このことが可能となったのは、執筆者全員が社会的養護の現場に長く関わってきただけでなく、それぞれの現場において、社会的養護に置かれる当事者（子ども・元子ども・実親）に寄り添い、そして、現状を少しでも改善しようともがいてきたからにほかなりません。

　今回、「実親となる妊産婦への相談・支援」では、社会的養護に子どもを委ねる実親の現状と課題について、そして、「年長の子どもへの自立支援」では、2章にわたり社会的養護から出たあとの当事者の現状と課題について、それらをよく知る者の立場から書かれています。これらの当事者については、これまで取り上げられること自体が少なく、関心が払われてこなかったと言えます。その意味でも、本書において、当事者のことについて言及できたことの意義は大きいように思われます。

　また、「養子縁組家庭への支援」においても、当事者からの思いが強く反映されたものとなっています。この章の執筆者は児童相談所の職員で、支援者としての側からの執筆を依頼したのですが、文章を読んでいただくと分かるように支援者としての側から書かれたものではなく、特別養子縁組をした子どもを育てる当事者（養親）として書かれたものとなっています。当事者としての自分たちのことを理解してほしい、という思いが強く伝わってくる内容となっています。

　社会福祉実践における当事者参画は決して新しいトピックではありません。しかしながら、社会的養護実践のなかで、我々はどれだけ当事者の声を聞こうとしてきたのでしょ

か。当事者の意見を聞く、そして、当事者の生活をよりよいものにすべく、当事者に参画してもらう。これは、社会福祉の原理原則であるのにもかかわらず、十分にはなされてこなかったのが現状だと言えます。

　本書が社会的養護における当事者へ注目するきっかけとなれば、編者としてうれしく思います。

2021年3月

野 口 啓 示

▌編集代表

相澤 仁（あいざわ・まさし）

1956 年埼玉県生まれ。

立教大学大学院文学研究科教育学専攻博士課程後期課程満期退学。

国立武蔵野学院長を経て、2016 年 4 月より、大分大学福祉健康科学部教授。

日本子ども家庭福祉学会会長、日本子ども虐待防止学会理事。

『子どもを健やかに養育するために』（共編、2003 年、日本児童福祉協会）、『児童生活臨床と社会的養護』（分担執筆、2012 年、金剛出版）、『やさしくわかる社会的養護シリーズ全 7 巻』（編集代表、2012 ～ 2014 年、明石書店）

▌編集

千賀則史（せんが・のりふみ）

1981 年愛知県豊橋市生まれ。

名古屋大学大学院教育発達科学研究科博士後期課程修了、博士（心理学）。

愛知県庁（児童相談所、一時保護所、児童自立支援施設）、名古屋大学ハラスメント相談センター准教授などを経て、2020 年 4 月より、同朋大学社会福祉学部准教授。

対人援助職のための「統合的アプローチ研究会」代表。

『子ども虐待　家族再統合に向けた心理的支援』（2017 年、明石書店）、『「三つの家」を活用した子ども虐待のアセスメントとプランニング』（分担執筆、2015 年、明石書店）

野口啓示（のぐち・けいじ）

1971 年大阪府生まれ。

関西学院大学大学院社会学研究科博士課程後期課程修了、博士（社会福祉学）。

神戸少年の町児童養護施設長、福山市立大学教育学部准教授を経て、2021 年 4 月より、同校教授。

日本子ども家庭福祉学会理事、日本子ども虐待防止学会理事。

『被虐待児の家族支援』（2008 年、福村出版）、『社会的養護の子どもと措置変更』（分担執筆、2017 年、明石書店）

■執筆者一覧〈執筆順、（　）は担当個所〉

野口　啓示　福山市立大学教育学部教授（第 1 章、第 3 章、コラム）

相澤　　仁　大分大学福祉健康科学部教授（第 2 章）

千賀　則史　同朋大学社会福祉学部准教授（第 3 章、第 4 章、第 9 章、コラム）

新籾　晃子　大阪府中央子ども家庭センター次長（第 5 章）

ロング朋子　一般社団法人ベアホープ代表（第 6 章）

畑山　麗衣　NPO 法人 Giving Tree 相談員（第 7 章）

永野　　咲　武蔵野大学人間科学部講師（第 8 章、コラム）

河合　直樹　岐阜県中央子ども相談センター主査（第 9 章）

鈴木　浩之　立正大学社会福祉学部准教授（コラム）

シリーズ **みんなで育てる家庭養護** 里親・ファミリーホーム・養子縁組 **❺**

家族支援・自立支援・地域支援と当事者参画

2021年4月30日　初版第1刷発行

編集代表　　相　澤　　　仁
編　　集　　千　賀　則　史
　　　　　　野　口　啓　示
発 行 者　　大　江　道　雅
発 行 所　　株式会社　明石書店
〒 101-0021　東京都千代田区外神田 6-9-5
　　　　　　電　話　03（5818）1171
　　　　　　ＦＡＸ　03（5818）1174
　　　　　　振　替　00100-7-24505
　　　　　　http://www.akashi.co.jp
装丁　　　　　　　　谷川のりこ
印刷・製本　モリモト印刷株式会社

（定価はカバーに表示してあります）　　　　　　ISBN978-4-7503-5193-3

子どものための里親委託・養子縁組の支援

宮島清、林浩康、米沢普子　編著

A5判／並製／244頁　◎2400円

2016年の児童福祉法改正と養子縁組あっせん法の成立、2017年の新しい社会的養育ビジョンを経て、日本の家庭養護は大きな転換期を迎えている。それを受け本書では、子どもの最善の利益を図る里親制度、養子縁組とは何かを改めて議論するためのプラットホームを提供する。

里親と子ども

『里親制度・里親養育』編集委員会　編

A5判／並製　◎各1500円

「里親制度・里親養育とその関連領域」に関する専門誌。里親のみならず、施設関係者、保健医療関係者、教育・保育など幅広い領域の方々に向けて、学術的な内容をわかりやすい形で提供していく。

〈価格は本体価格です〉

実践に活かせる専門性が身につく！

やさしくわかる【全7巻】
社会的養護シリーズ

編集代表 相澤 仁（大分大学）　　A5判／並製／各巻2400円

- ●社会的養護全般について学べる総括的な養成・研修テキスト。
- ●「里親等養育指針・施設運営指針」「社会的養護関係施設第三者評価基準」（平成24年3月）、「社会的養護の課題と将来像」（平成23年7月）の内容に準拠。
- ●現場で役立つ臨床的視点を取り入れた具体的な実践論を中心に解説。
- ●執筆陣は、わが国の児童福祉研究者の総力をあげるとともに、第一線で活躍する現場職員が多数参加。

1 子どもの養育・支援の原理──社会的養護総論
柏女霊峰（淑徳大学）・澁谷昌史（関東学院大学）編

2 子どもの権利擁護と里親家庭・施設づくり
松原康雄（明治学院大学）編

3 子どもの発達・アセスメントと養育・支援プラン
犬塚峰子（大正大学）編

4 生活の中の養育・支援の実際
奥山眞紀子（国立成育医療研究センター）編

5 家族支援と子育て支援
──ファミリーソーシャルワークの方法と実践
宮島 清（日本社会事業大学専門職大学院）編

6 児童相談所・関係機関や地域との連携・協働
川﨑二三彦（子どもの虹情報研修センター）編

7 施設における子どもの非行臨床
──児童自立支援事業概論
野田正人（立命館大学）編

〈価格は本体価格です〉

シリーズ

みんなで育てる家庭養護

里親・ファミリーホーム・養子縁組

相澤仁 [編集代表]

これまでの子どものケアワーク中心の個人的養育から、親子の関係調整など多職種・多機関との連携によるソーシャルワーク実践への転換をはかる、里親・ファミリーホームとそれを支援する関係機関に向けた、画期的かつ総合的な研修テキスト。

◎B5判／並製／◎各巻 2,600円

① **家庭養護のしくみと権利擁護**
澁谷昌史、伊藤嘉余子 [編]

② **ネットワークによるフォスタリング**
渡邊守、長田淳子 [編]

③ **アセスメントと養育・家庭復帰プランニング**
酒井厚、舟橋敬一 [編]

④ **中途からの養育・支援の実際**
──子どもの行動の理解と対応
上鹿渡和宏、御園生直美 [編]

⑤ **家庭支援・自立支援・地域支援と当事者参画**
千賀則史、野口啓示 [編]

〈価格は本体価格です〉